Profitable Ethik - effiziente Kultur

SCHRIFTENREIHE INDUSTRIELLE BEZIEHUNGEN

Band 5 herausgegeben von Walther Müller-Jentsch

Walther Müller-Jentsch (Hg.)

Profitable Ethik - effiziente Kultur

Neue Sinnstiftungen durch das Management?

Rainer Hampp Verlag München und Mering 1993

Die Deutsche Bibliothek - CIP-Einheitsaufnahme

Profitable Ethik - effiziente Kultur : neue Sinnstiftungen durch
durch das Management? / Walther Müller-Jentsch (Hg.). - München ;
Mering : Hampp, 1993
(Schriftenreihe Industrielle Beziehungen ; Bd. 5)
ISBN 3-87988-048-4
NE: Müller-Jentsch, Walther [Hrsg.]; GT

ISBN 3-87988-048-4
ISSN 0937-6445

Inhalt

III. Partizipatives Management

IV. Kontrolle und Mitbestimmung in Wirtschaftsunternehmen

Vorwort des Herausgebers

Die *Schriftenreihe Industrielle Beziehungen* versammelt Texte über einen Gegenstand, dessen empirische Erforschung und theoretische Reflexion in den deutschen Sozial- und Wirtschaftswissenschaften bisher keinen hohen Stellenwert einnahm. Gemeint sind die wirtschaftlichen Austauschverhältnisse und sozialen Konfliktbeziehungen zwischen Kapital und Arbeit im gesellschaftlichen Kontext, die - in Anlehnung an die englische Terminologie - als Industrielle Beziehungen bezeichnet werden (andere sprechen von Arbeitsbeziehungen, Sozialpartnerschaft, Arbeitgeber-Arbeitnehmer-Beziehungen oder dergleichen). Im Brennpunkt dieses Gegenstandsbereichs stehen die Auseinandersetzungen und Kompromisse der beteiligten Akteure über die faktische Gestaltung und normative Regelung von Arbeitsverhältnissen abhängig Beschäftigter sowie die aus diesen Prozessen hervorgehenden Normen, Verträge, Institutionen und Organisationen. Da das Forschungsgebiet zentrale gesellschaftliche Konflikte und widerstreitende Interessen einschließt, ist schon aus diesem Grunde eine geschlossene und allseits akzeptierte Theorie des Gegenstandsbereichs nicht zu erwarten. Ein anderer Grund ergibt sich aus der Interdisziplinarität des Zugangs. Theoretischer Pluralismus und Eklektizismus herrscht auch in jenen Ländern vor, die - wie die angelsächsischen - bereits auf eine lange und bemerkenswerte Forschungstradition zurückblicken können.

Freilich kann es nicht Aufgabe dieser Schriftenreihe sein, die Gründung einer (in Deutschland fehlenden) Disziplin nachzuholen. Aber unstreitig fordert der globale Strukturwandel eine intensivere Beschäftigung mit der Rolle der Industriellen Beziehungen in den gegenwärtigen, weltweiten Umbrüchen des Systems der gesellschaftlichen Produktion und Arbeit. Für verschiedene Wissenschaftszweige (z.B. Industrie- und Techniksoziologie, Betriebs- und Personalwirtschaftslehre, Arbeitsökonomik und Arbeitsrecht) haben die Industriellen Beziehungen erheblich an Bedeutung gewonnen. Seit einigen Jahren arbeiten Forschergruppen an verschiedenen Hochschulen und Instituten, teilweise unterstützt durch ein von der Deutschen Forschungsgemeinschaft hierfür eigens eingerichtetes Schwerpunktprogramm, intensiv über Fragen des "Strukturwandels der Industriellen Beziehungen".

Einbezogen in diesen Strukturwandel sind auch jene "weichen" Faktoren, die gewöhnlich mit Stichworten wie Organisationskultur und *Corporate Identity*, Wirtschafts- und Unternehmensethik, Vertrauensorganisation und partizipatives Management umschrieben werden. Angestoßen durch die japanische Herausforderung und die schärfere Konkurrenz auf dem Weltmarkt findet seit mehreren Jahren eine intensive Debatte über Wert und Grenzen traditioneller Organisations-, Führungs- und Motivationstheorien statt. Der vorliegende Band "Profitable Ethik - effiziente Kultur" will in diese Diskussion eingreifen, indem er einmal eine Bestandsaufnahme des neuen begrifflichen Instrumentariums vornimmt, dessen sich das *postfordistische* Management mit Vorliebe bedient, und zum anderen, indem er den substantiellen Gehalt der neuen Semantik einer kritischen Überprüfung unterzieht. Gefragt wird, welche objektiven Veränderungen in den Betrieben die Indienstnahme von Ethik und Kultur rechtfertigen.

Die Beiträge des ersten Teils - *Organisationskultur* - stecken das Terrain der neuen Sinnstiftungen durch das Management ab. Grundlegend ist der Aufsatz von *Ulrike Berger*. Sie diskutiert die unterschiedlichen Richtungen und Perspektiven der Unternehmenskultur-Debatte und zeigt die prinzipiellen Grenzen auf, die der Steuerungskapazität der Organisationskultur gesetzt sind. Aus einer anderen Perspektive - der der Vergemeinschaftung durch symbolische Führung - beleuchtet *Gertraude Krell* die Medien und Mechanismen, mit denen Leistungswille und Loyalität der Beschäftigten gestärkt werden sollen. Ihr kritisches Resümee historischer und gegenwärtiger Versuche, das Spannungsverhältnis zwischen Individuum und Organisation aufzulösen, kulminiert in der Erkenntnis, daß die emotionale Einbindung der einen, den Ausschluß und die Diskriminierung der anderen impliziert. *Christoph Deutschmann* nimmt sich das expandierende Consulting-Gewerbe, die "neue Reflexionselite", zum Thema. Angeregt von einer These Schelskys aus den siebziger Jahren, analysiert er Formen und Funktionen der modernen Unternehmensberatung unter dem Aspekt der kulturellen Hegemonie.

Die beiden ersten Aufsätze des zweiten Teils befassen sich mit einem neuen (oder besser: wiederentdeckten) Gegenstand der Wirtschaftswissenschaften - der Wirtschafts- und *Unternehmensethik*. Beide erörtern, mit durchaus kontroversen Ergebnissen und Schlußfolgerungen, den Grundlagenstreit zwischen Ökonomie und Ethik. *Margit Osterloh* diskutiert auf der Meta-Ebene, inwieweit ökonomische Theorieansätze (Transaktionskosten-Ansatz, Spieltheorie) das Zustandekommen von normenreguliertem Handeln und Kooperation erklären können. Ihr Befund ist negativ, so daß sie der Ethik den Primat über die Ökonomie einräumt: Nur die Ethik kann Normen systematisch begründen, während die Ökonomie allein Auskunft über die Chancen und Restriktionen der Normendurchsetzung geben kann. Wesentlich skeptischer und gleichsam kontrapunktisch zum voranstehendem Aufsatz nähert sich *Hans-Gerd Ridder* den Fragen einer ethischen Betriebswirtschaftslehre und einer Ethik in der Betriebswirtschaftslehre. Nach der Darstellung neuer und alter Vorstellungen hierüber münden seine Überlegungen - expliziert am Beispiel des Umweltschutzes und der Personalpolitik - in der Schlußfolgerung, daß Unternehmungen Ethik und ethische Grundsätze nur dann zur Kenntnis nehmen, wenn sie in ökonomische Kategorien und Effekte übersetzt werden. Der folgende Beitrag von *Hartwig Heine* und *Rüdiger Mautz* ist hervorgegangen aus einer empirischen Untersuchung zum Umweltbewußtsein im Management der Großchemie. Die Autoren diskutieren am empirischen Material die mentale Verarbeitung einer von außen kommenden, ökologisch sensibilisierten Kritik und skizzieren die sich dabei einstellenden Kommunikationsbarrieren einerseits und die möglichen Kommunikationsbrücken andererseits.

Im dritten Teil - *Partizipatives Management* - werden Themen abgehandelt, die veränderte Formen, Inhalte und Instrumente der Unternehmensführung zum Gegenstand haben. *Thomas Breisig* überprüft das Konzept des "partizipativen Managements" auf seinen Realitätsgehalt und unterbreitet - neben einem informativen Rückblick auf frühere Partizipationsforderungen und -bemühungen sowie einer hilfreichen Klärung verschiedener Partizipationsbegriffe - als wichtigsten Befund eine funktional notwendige und durch das novellierte Betriebsverfassungsgesetz vorbereitete Ergänzung und Erweiterung der repräsentativen durch die direkte und individuelle Partizipation. In ihrem gemeinsamen Aufsatz stellen *Hansjörg Weitbrecht* und *Stephan Fischer* die Ergebnisse einer empirischen Studie vor, welche die Effekte von *Human Resource Management* (HRM) auf die individuellen und kollektiven Arbeitsbeziehungen untersuchte. Im Gegensatz zum angelsächsischen Bereich, wo Konzept und Praxis des HRM gleichsam als Konkurrenzveranstaltung zur kollektiven Arbeitnehmervertretung fungieren, hat

HRM im deutschen Kontext verrechtlichter Arbeitsbeziehungen einen anderen Stellenwert. Die empirischen Befunde besagen, daß HRM geeignet ist, die Vertrauensbeziehungen vor allem auf der individuellen Ebene zu verbessern und in der Konsequenz - als intervenierende Variable - auch positiv die kollektiven Arbeitsbeziehungen zu beeinflussen vermag. Mit einer ideologiekritischen *tour d'horizon* schließlich weitet *Claudia Weber* den Blick auf Motive und reale Hintergründe der Debatte über "Frauen im Management". Sie nimmt die populären Erklärungsmuster ihrer Unterrepräsentation kritisch unter die Lupe; und in der neuerlichen Lobpreisung "weiblicher Führungsqualitäten" sieht sie alles andere als eine Ankündigung zur Räumung von Management-Positionen zugunsten des weiblichen Nachwuchses.

Aus industriesoziologischer und organisationstheoretischer Perspektive werden im abschließenden vierten Teil - *Kontrolle und Mitbestimmung* - die dokumentierten und diskutierten Veränderungen in der Organisation und Führung von Wirtschaftsunternehmen resümierend interpretiert. Während *Gerd Schienstock* die angelsächsische Kontroll-Debatte aufgreift und ihre verschiedenen Erklärungsansätze um das Konzept der hegemonialen Kontrolle erweitert, unternimmt mein *eigener* Beitrag den Versuch, die konvergierenden Tendenzen in den - von Organisationstheorie und Partizipationsforschung registrierten - Veränderungen des jeweiligen Substrats herauszuarbeiten und den Blick zu lenken auf die evolvierenden Korrespondenzen der modernen Anforderungen an die Partizipation auf der einen und an die Organisationsgestaltung auf der anderen Seite.

Nach ihrer Konzeption kann die vorliegende Publikation als Komplement zum ersten in dieser Schriftenreihe erschienen Band, der *Konfliktpartnerschaft*, begriffen werden. War jener Band auf die Darstellung und Analyse der "harten" Themen und dauerhaften Institutionen kollektiver Arbeitsbeziehungen ausgerichtet, dann diese Publikation auf die "weichen" Daten und den kulturellen Überbau der Industriellen Beziehungen. Die nicht immer beglückende editorische Arbeit fände sich belohnt, wenn diesem Sammelband eine ähnlich positive Rezeption zuteil würde wie der *Konfliktpartnerschaft*.

Bochum/Düsseldorf, im August 1993 — Walther Müller-Jentsch

Organisationskultur und der Mythos der kulturellen Integration

Ulrike Berger

In den achtziger Jahren hat das Thema Organisationskultur in Organisationsforschung und Managementliteratur eine wahre Hochkonjunktur erlebt. Akademische Konferenzen, Sammelbände, Sonderhefte von Fachzeitschriften und eine inzwischen unüberschaubare Menge von Beiträgen waren in dieser Zeit ebenso zu verzeichnen, wie ein lebhaftes Interesse in der Wirtschafts- und Managementpresse[1]. Quantitative Auswertungen von Literaturdatenbanken verzeichneten einen steilen Anstieg von einschlägigen Arbeiten seit 1982 (vgl. Barley et al. 1988) und eine wahre Schwemme in dem Jahrzehnt von 1980 bis 1990 (vgl. Alvesson/Berg 1992, S. 9f.).

1 Zu erwähnen sind hier etwa eine frühe Konferenz im Jahr 1979 über "Organizational Symbolism" an der Universität von Illinois und eine Fülle von Konferenzen der Universität von Kalifornien Los Angeles (UCLA), beginnend mit den Konferenzen über "Myths, Symbols and Folklore: Expanding the Analysis of Organisation" im Jahr 1983 und der Konferenz über "Organizational Culture and the Meaning of Life in the Work Place" im Jahr 1984 (vgl. Adams/Ingersoll 1990). In Europa veranstaltet die im Jahr 1981 gegründete "Standing Conference on Organizational Symbolism" (SCOS) der "European Group of Organizational Studies" (EGOS) seit 1982 regelmäßig Tagungen zu diesem Thema (vgl. im einzelnen Alvesson/Berg 1992, S. 10). Diese wissenschaftlichen Aktivitäten sind zum Teil in Sammelbänden dokumentiert, so vor allem in Pondy et al. 1983, Frost et al. 1985, Frost et al. 1991, Turner 1990, Gagliardi 1990a (vgl. auch den Überblick von Alvesson/Berg 1992). Dem Thema Organisationskultur waren mehrere Hefte wichtiger Fachzeitschriften gewidmet, so Administrative Science Quarterly 1983 (3), Journal of Management 1985 (2), Journal of Management Studies 1986 (3), Organization Studies 1986 (2) und International Studies of Management and Organization 1987 (3). Das in diesem Jahrzehnt erwachende und boomende Interesse der "Praxis" an Unternehmenskultur zeigt sich nicht nur an den hohen Auflagen der Bestseller von Ouchi (1981), Deal/Kennedy (1982) und Peters/Waterman (1982), sondern auch in Wirtschaftszeitungen wie z.B. Fortune (7. Oktober 1983), das diesem Thema sein Titelblatt widmete, oder Business Week (20. Januar 1986), das Organisationskultur zu den Themen zählte, die zu diesem Zeitpunkt "in" waren (vgl. Gagliardi 1990c, S. 159).

Unter dem Etikett Organisationskultur versammeln sich Arbeiten mit sehr unterschiedlichen theoretischen und praktischen Hintergründen, Erkenntnisinteressen und Fragestellungen. Die unterschiedlichen Arbeiten lassen sich, bei allen Unterschieden im Detail, in bezug auf die Erkenntnisinteressen in zwei große Lager teilen[2]. Das erste Lager interessiert sich primär für den Beitrag der Unternehmenskultur zum Unternehmenserfolg, d.h. für die Funktionen - und Dysfunktionen - der Variable Kultur für den Systembestand. Dieses Lager der "Unternehmenskultur" oder "corporate culture" konzipiert Unternehmenskultur als Variable, mit deren Hilfe das Handeln der Organisationsmitglieder gesteuert und erklärt werden kann. In diesem Kontext werden also, um es in traditionellen soziologischen Kategorien auszudrücken, kulturelles System und soziales System analytisch getrennt (vgl. Parsons 1951). Das *Corporate Culture*-Lager steht der betriebswirtschaftlichen Management- und Führungslehre nahe, hat primär instrumentelle Absichten und beherbergt viele Unternehmensberater.

Das zweite Lager stellt einen eher akademischen Kontext dar und bezieht sich auf die "soziale Konstruktion der Wirklichkeit" (Berger/Luckmann 1969). Diesem Lager geht es primär darum, den Sinn organisationaler Phänomene zu deuten und zu verstehen. Arbeiten aus diesem Zusammenhang interessieren sich etwa für die symbolischen Qualitäten organisationaler Phänomene wie Folklore, Führungsverhalten oder räumliche Anordnung[3]. Das zweite Lager greift auf soziologische Wurzeln, wie den Symbolischen Interaktionismus[4] und die Ethnomethodologie zurück. Diesem Lager geht

---

2 Eine ähnliche Zweiteilung nehmen Barley/Gash/Meyer 1988 vor. Zu Klassifikationen in Anlehnung an anthropologische Schulen vgl. Smircich 1983 und Allaire/Firsirotu 1984.

3 Vgl. vor allem die Literatur zum Stichwort organizational symbolism wie z.B. Pondy et al. 1983; Gagliardi 1990a; Turner 1990; Alvesson/Berg 1992. Die Begriffe organizational symbolism und Symbol werden allerdings, wie der Kulturbegriff, nicht einheitlich verwendet. Diese Autoren versuchen, den verborgenen und einigenden Sinn von Tätigkeiten - etwa einer Berufsgruppe - zu entschlüsseln (vgl. z.B. Barley 1983), oder zeichnen die Prozesse der Interpretation und Erzeugung von Sinn in Interaktionen nach (vgl. z.B. die Analyse der verschiedenen Situationsdeutungen der Beteiligten, die zum Flugzeugunglück in Teneriffa führten, in Weick 1991).

4 Vgl. z.B. die eingehende Diskussion der "Street Corner Society" von W.F. Whyte in Frost et al. 1991. Ein erheblicher Teil der Autoren konzipiert Organisationen als Kul-

es darum, gegenüber einer als "strukturalistisch", "rationalistisch", "systemtheoretisch" oder "funktionalistisch" apostrophierten - und kritisierten - Tradition ein "interpretatives Paradigma" der Organisationsforschung aufzunehmen und weiterzuführen: "Organisationskultur" wird hier dementsprechend nicht als Variable, sondern als "root-metaphor" einer "kulturalistischen" Organisationsanalyse verstanden (vgl. Smircich 1983).

Kulturelles System und soziales System stehen im ersten Lager also in einem Verhältnis der gegenseitigen - kausalen - Beeinflussung, im zweiten dagegen in einem Verhältnis der wechselseitigen Konstitution. Das bedeutet, daß im ersten Lager nach dem Einfluß des kulturellen Systems auf das soziale System - und umgekehrt - gefragt werden kann, während diese Frage im zweiten Lager sinnlos ist. So kann im Fall der analytischen Trennung z.B. untersucht werden, unter welchen Bedingungen und in welcher Weise ein Wandel der Kultur zu einem Wandel der sozialen Strukturen führt und umgekehrt, oder wann und wie sich beide wechselseitig stabilisieren. Die analytische Trennung läßt auch die Möglichkeit zu, daß kulturelles und soziales System unabhängig voneinander variieren. Sie öffnet damit den Blick auf Konstellationen von kulturellem und sozialem System, von denen wichtige Veränderungsimpulse - für Kultur und/oder Struktur - ausgehen können, und die einer begrifflichen Verschmelzungsstrategie verborgen bleiben (vgl. Archer 1988).

Im Zentrum dieser Arbeit[5] steht die dem ersten Lager angehörende Literatur zur Unternehmenskultur und die Frage, welchen Beitrag sie zur Erklärung des Organisationshandelns leisten kann. Auch diese Literatur ist inzwischen kaum mehr überschaubar und bezieht sich auf viele verschiedene Problemfelder. Unternehmenskultur wird in diesem Kontext mit so verschiedenen Problemen wie Leistungsmotivation und Gemeinschaftsbildung,

---

turen oder hebt, so eine viel verwendete Charakterisierung, darauf ab, daß Organisationen keine Kulturen haben, sondern Kulturen sind (vgl. dazu Smircich 1983 und ausführlich Ebers 1985). Sie machen also keine analytische Trennung zwischen kulturellem und sozialem System und fassen Verhalten und soziale Beziehungen ebenso als Bestandteil von Kultur wie Ideen und Wissen (vgl. zur Begründung - m.E. wenig überzeugend - Martin/Meyerson 1988, S. 96).

5 Ich danke Winfried Gotsch herzlich für seine aufmerksame Lekütre eines Entwurfs und für wertvolle kritische Hinweise.

Entscheidungsfindung, dogmatischen Managern, Strategien, Strukturen, Innovationen, Fusionen oder internationales Management in Zusammenhang gebracht. Im Rahmen dieser Arbeit kann es nicht darum gehen, einen Überblick über dieses "weite Feld" zu geben. Ich möchte mich stattdessen darauf beschränken, zwei Argumentationsstränge nachzuzeichnen und kritisch zu diskutieren, die sich mit den Etiketten *kulturelle Steuerung* und *kultureller Konservatismus* belegen lassen. Sie repräsentieren zwei Perspektiven, aus denen heraus die Literatur zur Unternehmenskultur sich mit kulturellen Phänomenen in Organisationen befaßt und sind in diesem Sinn exemplarisch. "Kulturelle Steuerung" repräsentiert die Perspektive auf die positiven Steuerungsfunktionen der Unternehmenskultur. Demgegenüber rückt "kultureller Konservatismus" die eingeschliffenen Denkmuster und "Weltbilder" in den Blick, die die Anpassung des Handelns an veränderte Umstände behindern können. Beide Perspektiven sind nicht exklusiv und werden oft, wenn auch mit unterschiedlicher Gewichtung, in den gleichen Arbeiten eingenommen.

Das Ziel dieser Arbeit ist es, auf die begrenzte Steuerungskapazität der (Organisations-) Kultur aufmerksam zu machen. Die Grenzen liegen darin begründet, daß Kultur - anders als in der hier vorzustellenden Literatur i.d.R. angenommen - kein hochgradig integriertes System darstellt. Ich möchte vielmehr zeigen, daß sie aus einer Vielfalt nur lose gekoppelter (Weick 1976) und teilweise inkonsistenter Sinnsysteme besteht, über die kein allgemeiner Konsens herrscht, und die mit dem Handeln nur lose gekoppelt sind. Die Arbeit ist in zwei Teile gegliedert. Der erste Teil zeichnet die beiden Argumentationsmuster "kulturelle Steuerung" und "kultureller Konservatismus" nach. Der zweite Teil identifiziert drei verschiedene Prämissen, die in diesen Argumenten - und in vielen anderen Ausführungen zur Organisationskultur - enthalten sind und die als "Mythos der kulturellen Integration" (Archer 1988) bezeichnet werden können. Es handelt sich dabei um die Prämissen der kulturellen Konsistenz, der kulturellen Homogenität und der festen Koppelung von Kultur und Handeln.

Unternehmenskultur: Zwei Perspektiven

Die *Corporate Culture*-Literatur interessiert sich, wie bereits erwähnt, für den Beitrag der Organisationskultur zum Unternehmensbestand. Sie verfolgt primär das praktische Erkenntnisinteresse, die Organisationskultur für den Unternehmenserfolg zu instrumentalisieren. Bei allen Unterschieden in Fragestellung und Details läßt sich ein gemeinsamer Nenner dieser Literatur feststellen, der das Interesse an kulturellen Aspekten der Unternehmung trägt. Es handelt sich dabei um die Thematisierung der Grenzen technisch rationaler Steuerungsmethoden und struktureller Verhaltenssteuerung. So wird unter diesem Stichwort - wieder einmal - das Problem der Leistungsmotivation angesprochen, dem mit materiellen Anreizen und Sanktionen nicht hinreichend beizukommen ist. Unternehmenskultur wird auch auf das Problem bezogen, daß Entscheidungen in Organisationen nur unvollständig programmierbar sind, und nicht hinreichend durch Pläne oder durch technokratische und bürokratische Koordinationsintrumente (vgl. Kieser/Kubicek 1992) abgestimmt werden können. Unternehmenskultur wird in diesem Kontext die Funktion zugeschrieben, die Lücken zu schließen, die der strukturellen und technisch rationalen Steuerung nicht zugänglich sind. Manager treten hier als "Heroen" der "Symbolischen Führung" auf. Unternehmenskultur wird zudem mit Problemen in Zusammenhang gebracht, die bei der Realisierung von Plänen auftauchen, so z.B. bei der Realisierung von Produkt- und Prozeßinnovationen, neuen Strategien und Strukturen, Fusionen oder internationalen Geschäften. In diesem Kontext wird Unternehmenskultur nicht als Lösung des Problems, sondern als das Problem angesehen: Eingeschliffene Denkmuster, beschränkte Horizonte und unvereinbare "Weltbilder" des "subjektiven Faktors" vereiteln die rationalsten Pläne und zementieren den Status quo. An der Wurzel derartiger Starrheiten und Unvereinbarkeiten liegen gemeinsame Denkmuster und Grundannahmen, die für selbstverständlich gehalten werden und tendenziell der Reflexion entzogen sind. Auf diese Wurzel des Problems konzentriert sich der zweite Teil dieses Abschnitts. In diesem Zusammenhang erscheinen die Manager weniger als "Heroen" der kulturellen Steuerung, denn als Opfer kultureller Schranken oder "cultural dopes".

Kulturelle Steuerung

Die Popularität des Themas Organisationskultur in den achtziger Jahren ist sicherlich zu einem erheblichen Teil auf die Arbeiten zurückzuführen, die - wie die Bestseller von Deal/Kennedy (1982) und Peters/Waterman (1982) - Unternehmenskultur als eine wesentliche verhaltenssteuernde Ressource "entdeckten" und propagierten"[6]. Ihre - uneinheitliche und oft wenig präzise - Verwendung des Begriffs Unternehmenskultur umfaßt gemeinsame Ideen oder Sinnsysteme ebenso, wie Zeremonien, Riten und Rituale, Legenden, Mythen oder materielle Artefakte und, nicht selten, die unternehmensspezifischen Verhaltensweisen oder "the way things are done here". Diese Vielfalt wird i.d.R. in der Art geordnet, daß gemeinsame kognitive und evaluative Orientierungen - oft mit dem Etikett "gemeinsame Werte" versehen - als "Kern", "Wesen" oder "Grundlage" der Kultur von den wahrnehmbaren "Manifestationen" dieser Ideen in der Unternehmensfolklore[7], in materiellen Artefakten und im Alltagsverhalten unterschieden werden. Diese Arbeiten halten eine "starke" Unternehmenskultur, in der alle Mitglieder die Werte der Unternehmung teilen, oder die Welt "mit den Augen der Organisation sehen", für einen wesentlichen Erfolgsfaktor "exzellenter" Unternehmen: "Exzellente" Manager "exzellenter" Unternehmen setzen weniger auf materielle Anreize und technokratische Steuerungsmethoden, als auf kulturelle Steuerung.

Die propagierte Steuerung des Mitgliederverhaltens ist in zweierlei Hinsicht "kulturell". Sie bezieht sich einerseits auf den "Kern" der Kultur, die "Werte" der Unternehmung, die es den "Mitarbeitern" zu vermitteln gilt: Von den derart mit den Gesichtspunkten der Unternehmung "versorgten" Organisationsmitgliedern kann ein gewisses Maß an produktivitätssteigernder Selbststeuerung und Selbstabstimmung erwartet werden. "Kulturell" ist aber nicht nur der Gegenstand der Steuerung, sondern auch das Verfahren, nämlich die "Führung" durch die Manipulation von Symbolen oder "symbolische Führung" (vgl. Pfeffer 1981). Es geht darum, den "Kern" der Kultur, die "Werte", durch Manipulation der kulturellen "Oberfläche" den Organi-

---

6 Zu den verschiedenen Entwicklungen in Wissenschaft und Praxis, die die Hochkonjunktur des Themas Organisationskultur erklären, vgl. Ebers 1992.

7 Zur Bedeutung von "Folklore" im Kontext von Organisationen vgl. Jones 1991, S. 200.

sationsmitgliedern effektiver zu vermitteln, als es einer abstrakten, verbalen Kommunikation allein möglich ist: "We think (...) the way to manage them (people, U.B.) is not directly by computer reports, but by the subtle cues of culture" (Deal/Kennedy 1982, S. 15). In der Regel werden hier alle denkbaren Elemente der Unternehmens-Folklore bemüht - notorisch sind hier etwa "Legenden" um Unternehmungsgründer oder "Zeremonien" zur Feier von "Helden der Arbeit". Zu diesem Methodenarsenal gehört auch die gezielte Inszenierung und symbolische Aufladung von alltäglichen Routinen und von Komponenten der materiellen Unternehmensumwelt, so etwa die Symbolisierung von Egalität durch den Verzicht von Vorzimmern oder durch Kantinen und Parkplätze, die nicht nach Statusgruppen getrennt sind. Eine derartige Inszenierung der Organisationswirklichkeit bringt nicht nur die Ideen und Überzeugungen der Organisationsmitglieder "auf Linie", sondern verleiht der Organisation zugleich eine kohärente, unverwechselbare und deutlich wahrnehmbare eigene "Identität" oder "Persönlichkeit".

Die Steuerung des Mitgliederverhaltens durch Unternehmenskultur bezieht sich auf zwei verschiedene Dimensionen des Mitgliederverhaltens und dient der Bewältigung zweier verschiedener Systemprobleme.

Eine "starke" Unternehmenskultur soll, erstens, die Leistungsmotivation und die Loyalität der Organisationsmitglieder gegenüber der Organisation maximieren helfen. Sie bezieht sich auf das Problem der Leistungszurückhaltung, das auch schon *Taylor* und die *Human Relations*-Forscher umtrieb, d.h. auf Organisationsmitglieder, die zwischen ihren persönlichen Interessen und denen der Organisation einen Unterschied machen. Die Welt "mit den Augen der Organisation sehen" meint in diesem Zusammenhang, daß sich die Mitglieder die Interessen der Organisation, unter Verleugnung eigener, abweichender Interessen, als persönliche Interessen zu eigen machen und sich in diesem Sinn mit der Organisation identifizieren. Steuerung durch Unternehmenskultur bedeutet hier also den Wiederbelebungsversuch der Barnardschen "Organisationspersönlichkeit" (vgl. Barnard 1938). Eine "starke" Unternehmenskultur dient, zweitens, der Vereinfachung und der Koordination von Entscheidungen. Diese Funktionen der Organisationskultur beziehen sich nicht auf die persönlichen Teilnahme- und Leistungsentscheidungen der Mitglieder, sondern auf die Organisationsentscheidungen, d.h. die Entscheidungen, aus denen die Organisation "besteht". Kulturelle Steuerung hat in diesem Zusammenhang nicht Personen und ihre Abrichtung zu "Organisationspersönlichkeiten" im Visier, sondern Rollenspieler oder "organizational men". Sie hebt nicht auf die beschränkte Loyalität und Leistungsmotivation ab, sondern auf das Problem der beschränkten Rationalität des Managements und der damit verbundenen relativen Machtlosigkeit von Herrschaft (vgl. Simon 1976, S. 227): Ganz im Gegensatz zu Taylors Annahmen verfügt das Management nie über alle Informationen, die für die kompetente Erledigung und Koordination der betrieblichen Aufgaben nötig sind und kann daher auf ein gewisses Maß an Selbststeuerung und Selbstabstimmung der Untergebenen nicht verzichten. Die Internalisierung der Unternehmenswerte dient zum einen der Selbststeuerung der individuellen Untergebenen. Sie schränkt den Horizont der Organisationsmitglieder auf wenige Entscheidungsalternativen, -folgen und -kriterien ein und erlaubt ihnen damit, schnell zu entscheiden, ohne endlos nach allen möglichen Alternativen, Folgen und Bewertungskriterien zu suchen (vgl. Deal/Kennedy 1982, S. 15). Die Internalisierung der Unternehmenswerte hat zum andern für die einigenden Gesichtspunkte und Orientierungen der Akteure in all den Situationen zu sorgen, in denen "Koordination durch Selbstabstimmung" (Kieser/Kubicek 1992) unerläßlich erscheint.

Die Kennzeichnung dieser Werte als informale Regeln bzw. informales Steuerungssystem (Deal/Kennedy 1982, S. 15 bzw. 33) trifft dabei nicht den Kern: Es handelt sich in diesem Zusammenhang weniger um spontan entstandene, inoffizielle Verhaltensregeln, als um die wesentlichen Grundannahmen und Normen, die der Unternehmensstrategie zugrundeliegen oder sich aus ihr ableiten lassen[8]. Die "exzellenten" Unternehmen der *Corporate Culture*-Literatur zeichnen sich gerade nicht durch ein emergentes und spontan "driftendes" Wertesystem, sondern durch besondere Anstrengungen des Managements aus, eine globale Strategie oder "Unternehmensphilosophie" zu artikulieren, in ein konsistentes System von Werten zu übersetzen und bis in den letzten Winkel der Unternehmung zu kommunizieren (vgl. Deal/Kennedy 1982, S. 22).

8 Zu der nahen Verwandschaft der Begriffe Kultur und Strategie in der Unternehmenskultur-Literatur vgl. Weick 1985.

Was die kulturelle Steuerung in der hier in Frage stehenden Funktion von anderen Formen der Verhaltenssteuerung unterscheidet, dürfte - außer der "sinnlichen" Art, in der die Werte vermittelt werden - der globale, unternehmensweite Bezug der vermittelten Werte und ihre damit zwangsläufig verbundene Vagheit sein: "Philosophische Kernwerte" wie die von Caterpillar - "24-hour parts service anywhere in the world" - oder von Sears, Roebuck - "Quality at a good price" - (vgl. Deal/Kennedy 1982, S. 23) lassen sich in traditionellen Begriffen als gering detaillierte und operationalisierte Zweckprogramme fassen. Der Versuch, diese vagen Programme durch "Heldengeschichten und -feiern" und das übrige Arsenal der symbolischen Führung den Organisationsmitgliedern "einzubläuen", macht sie nicht weniger formal als andere vom Management aufgelegte Programme auch.

Kulturelle Schranken des Managements

Eine zweite Gruppe von Arbeiten befaßt sich schwerpunktmäßig mit den beschränkenden und konservierenden Effekten der Organisationskultur, die die Anpassungsfähigkeit der Organisation an veränderte Umstände schwächen können. Unter den Autoren befinden sich Sozialpsychologen, die zum Teil, wie z.B. Schein (1984; 1985; 1991) dem Organisationsentwicklungs-Ansatz[9] nahestehen. Sie sind anwendungsorientiert und üben auch Beratertätigkeiten aus, mit dem Ziel, die Organisationskultur zu beeinflussen. Im Unterschied zur ersten Gruppe richten sich ihre Interessen und Interventionen auch auf die Denkmuster der Manager und auf die Veränderung ihrer Werte und Grundannahmen: Es geht ihnen im wesentlichen darum, eingefahrene oder - in Begriffen der "Organisationsentwicklung" - "eingefrorene" Denkmuster "aufzutauen" und Lernprozesse zu stimulieren. Ausgangspunkt der Argumentation ist der Sachverhalt, daß die Organisationskultur den sinnhaften Horizont aller Organisationsmitglieder einschränkt und dabei nicht vor den Managern haltmacht. Die kulturellen Beschränkungen der Manager sind wegen der Entscheidungsbefugnisse dieses Personenkreises kritisch für das Geschick des Unternehmens. Das zentrale Problem der kulturellen Beschränktheit der Manager besteht darin, daß sie sich ihrer nicht bewußt sind.

---

9 Zur Organisationsentwicklung vgl. French/Bell 1977.

Exemplarisch für diesen Ansatz ist das Argumentationsmuster von Schein (1984; 1985; 1991). Er definiert Kultur bzw. ihre "tiefste Schicht" oder ihr "Wesen" als die von allen Mitgliedern einer Gruppe geteilten und bei der Lösung von Problemen gemeinsam gelernten Grundannahmen, die an neue Mitglieder weitergegeben werden (vgl. Schein 1991, S. 247). Diese Grundannahmen beeinflussen das Wahrnehmen, Denken und Fühlen sowie das Handeln der Organisationsmitglieder und "färben" damit alle Organisationsphänomene (vgl. Schein 1991, S. 246).

Im Maße, wie sie von anhaltenden gemeinsamen Erfahrungen bestätigt werden, bilden diese Grundannahmen im Laufe der Zeit zwei Merkmale heraus. Wegen des menschlichen Bedürfnisses nach Konsistenz fügen sie sich, erstens, zu einem konsistenten und zusammenhängenden Muster oder System von Ideen, zu einem "kulturellen Paradigma" (vgl. Schein 1984, S. 4). Die Grundannahmen werden, zweitens, so selbstverständlich, daß sie nicht mehr überprüft, sondern als richtig unterstellt werden. Solche "taken for granted assumptions" haben zudem die Tendenz, sich dem Bewußtsein zu entziehen. Das gemeinsame subjektive Modell der Wirklichkeit ist in diesem Fall nicht mehr als solches erkennbar und wird mit der objektiven Welt verwechselt. Das von diesen Grundannahmen geleitete Handeln erscheint dementsprechend als natürlich und zwingend: Seine Kontingenz, d.h. die Möglichkeit von Alternativen, gerät aus dem Blick.

Solche für selbstverständlich gehaltenen Grundannahmen widersetzen sich der Anpassung an veränderte Umstände, weil sie der Reflexion entzogen sind. Ihr Beharrungsvermögen beruht auch darauf, daß sie die menschlichen Bedürfnisse nach Sicherheit und Ordnung erfüllen und ihre Infragestellung daher u.U. Angst und Abwehr auslöst. Diese verborgenen Gundannahmen sind dem Forscher und intervenierenden Berater ebensowenig unmittelbar zugänglich, wie den in sie verstrickten Gruppenmitgliedern und Managern. Die Aufdeckung dieser "tiefsten Schicht" der Organisationskultur muß von den leichter zugänglichen "Schichten" ausgehen: Zusammen mit den Gruppenmitgliedern müssen die außenstehenden Berater versuchen, den Grundannahmen auf die Spur zu kommen, die hinter den sichtbaren, aber schwer zu entziffernden, Organisationsstrukturen und -prozessen ("Artefakten") und den artikulierten Strategien, Zielen und Philosophien ("Werten") verborgen sind.

Organisationskultur und Integrationsmythos

Die Unternehmenskultur-Literatur spricht, wie gezeigt, verschiedene kulturelle Aspekte von Organisationen an, die für eine Erklärung des Organisationshandelns relevant sein können. Sie rückt die symbolischen Qualitäten organisationaler Phänomene in den Blick, spricht die Aspekte Gemeinschaftsbildung, Loyalität und Leistungsmotivation an und interessiert sich für die gemeinsamen Wahrnehmungsmuster, Wirklichkeitsdeutungen und Werte mit ihrem steuernden und beschränkenden Einfluß auf das Handeln der Organisationsmitglieder und für die Reproduktion bzw. Veränderung dieser kognitiven Elemente. Die - bei der Schwemme an Arbeiten zwangsläufig selektive - Durchsicht der einschlägigen Literatur erweckt jedoch nicht den Eindruck, daß die Ergebnisse dieser enormen Forschungsanstrengungen in einem angemessenen Verhältnis zum Aufwand - und zu dem oft "hohen" Ton dieser Literatur - stehen[10]. Ein verwirrendes begriffliches Durcheinander und eine Vielzahl empirischer Fallstudien, deren heterogene Fragestellungen, Konzepte und theoretische Orientierungsrahmen sich selten aufeinander beziehen und deren Relevanz sich nicht immer leicht erschließt, tragen wenig zur Wissenskumulation bei. Bei aller Unterschiedlichkeit und Disparatheit wird in dieser Literatur über weite Strecken das Bild eines einheitlichen und einheitsstiftenden Systems kognitiver und evaluativer Annahmen gezeichnet. Dieses Bild ist m.E. ein wichtiger Grund für die konstatierten Probleme in diesem Forschungskontext. Eine Analyse der kulturellen Aspekte von Organisationen sollte sich daher von diesem Bild verabschieden.

Eine ähnliche Situation hat Margaret Archer (1988) für die soziologische Kulturforschung konstatiert und auf einen unausrottbaren "Mythos der kulturellen Integration" zurückgeführt. Dieser Integrationsmythos, der sich aus der Anthroplogie in die soziologische Analyse von Kultur hinübergerettet hat, beschreibt Kultur als ein festgeknüpftes Netz oder perfekt integriertes System, das alle Lebensäußerungen einspinnt und unentrinnbar bestimmt (vgl. Archer 1988, S. 2). Dieser Mythos einer "kompakten" Kultur, die den Menschen wie eine Marionette im Griff hält und ihm jede Freiheit des

10 Eine solche Einschätzung wird gelegentlich auch von Repräsentanten der Organisationskultur-Forschung geteilt (vgl. z.B. Alvesson/Berg 1992, S. 5ff. und 45ff.).

Denkens, Fühlens und Handelns vorenthält, besteht aus mehreren Komponenten, die sich - unterschiedlich stark ausgeprägt - in weiten Teilen der Unternehmenskultur-Literatur wiederfinden. Sie lassen sich mit den Stichworten Konsistenz und Kohärenz der Kultur (1), kulturelle Homogenität (2) und feste Koppelung von Kultur und Handeln (3) umschreiben.

(1) Konsistenz und Kohärenz der Kultur

Viele Ausführungen zur Organisationskultur setzen voraus, daß die Ideen, die den "Kern", die "tiefste Schicht" oder das "Wesen" der Organisationskultur ausmachen, fest miteinander vernüpft und widerspruchsfrei sind und in diesem Sinn ein konsistentes System bilden. Hierher gehören etwa die Autoren, die alle wahrnehmbaren organisationalen Phänomene - von der "Folklore" über das "Alltagshandeln" und die Organisationsstrukturen bis zur räumlichen Gestaltung - als "Manifestationen", "Oberfläche", "Zeichen" oder "Symbole" eines verborgenen, zusammenhängenden und widerspruchsfreien Sinnsystems fassen, das es durch hermeneutische Methoden des Sinnverstehens ans Licht zu befördern gilt.

Ein Beispiel aus der Unternehmenskultur-Literatur bietet Gagliardi (1990b, S. 21ff.) mit dem Fall einer Unternehmung, aus deren wahrnehmbarer "Oberfläche", den Verhaltensmustern und räumlichen Gegebenheiten er ein konsistentes Welt- und Selbstbild - das einer Festung in einer feindlichen Umwelt - intuitiv erschließen zu können meinte. Ein anderes Beispiel[11] stellt die methodisch ausgeklügelte Arbeit von Barley (1983) dar, die den Alltag von Bestattungsunternehmern einer semiotischen Analyse unterzieht und hinter allen Phänomenen den folgenden konsistenten Sinnzusammenhang entdeckt: Oberstes Ziel ist der störungsfreie Ablauf aller mit der Bestattung zusammenhängender Tätigkeiten; die Konfrontation mit dem Tod versetzt die Angehörigen in eine Ausnahmesituation, die heftige Emotionen auslösen kann; heftige Emotionen führen u.U. zu Verhaltensweisen, die nicht zu steuern sind und den reibungslosen Ablauf der Arbeit stören; zur Vermeidung solcher Störungen ist der Eindruck einer Ausnah-

11 Diese Arbeit gehört nicht in den Kontext der Unternehmenskultur-Literatur, sondern in das oben erwähnte zweite Lager.

mesituation - Tod - zu vermeiden und der von Normalität - Leben - zu erzeugen: Dies ist der tiefere Sinn aller Phänomene, so z.B. der Architektur und Einrichtung der Leichenhalle ("normale Wohnung"), der Art der Einbalsamierung und Bettung der Toten ("ruhiges Schlafen") oder der Herrichtung des Sterbezimmers ("aufgeräumtes Schlafzimmer").

Die Problematik solcher Arbeiten besteht unter anderem darin, daß die a priori gesetzte Konsistenz- und Kohärenzprämisse den Blick auf mögliche Inkonsistenzen ebenso verwehrt, wie auf unterschiedliche Sinnsysteme, die nur lose oder gar nicht miteinander verknüpft sind. Diese Prämisse kann einerseits dazu führen, daß die wahrgenommenen Phänomene fehlgedeutet werden. So ist etwa denkbar, daß das Öffnen der Fenster und die Entfernung der Bettwäsche im Sterbezimmer auf einen ganz anderen Sinnzusammenhang verweisen, als auf den von Barley bemühten: Diese Praktiken könnten z.B. Ausdruck einer "Hygiene-Kultur" sein, d.h. eines anderen und relativ separaten Sinnsystems, zu dem auch Karbolgeruch und andere irritierende Phänomene gehören und das partiell im Widerspruch zu der identifizierten "Normalitäts-Kultur" steht. Die Konsistenz- und Kohärenzprämisse kann andererseits dazu führen, daß bestimmte Phänomene übersehen werden, so z.B. der Karbolgeruch: Das derart holistischen Ansätzen eigene Problem, die Ganzheitlichkeit oder "Gestalt" einer Kultur immer nur aus Fragmenten erschließen zu können - selbst die detaillierteste Beschreibung einer Kultur im Rahmen aufwendiger Feldstudien bleibt selektiv -, begünstigt solche Auslassungen.

Im Kontext der "kulturellen Steuerung" findet sich die Konsistenz- und Kohärenzprämisse in Gestalt eines konsistenten Systems von Unternehmenswerten. Die Prämisse verdeckt hier die Möglichkeit widersprüchlicher Bestandserfordernisse, denen Unternehmen gerecht werden müssen und die daran gebundenen inkonsistenten Perspektiven und "Weltbilder". Hier ist etwa an die möglichen Widersprüche zwischen den Bedingungen kurz- und langfristigen Erfolgs, zwischen Innovations- und Stabilitätsbedarf oder zwischen Kosten- und "Mitarbeiter"-Orientierungen zu denken, die in der Organisationsliteratur gemeinhin im Zusammenhang mit der funktionalen Differenzierung und der Identifikation der Organisationsmitglieder mit Subzielen thematisiert werden. Ein unternehmensweit zu vermittelndes globales Wertesystem oder Weltbild, das das Problem inkonsistenter Bestandserfordernisse und Orientierungen heilen soll, kann Inkonsistenzen nur vermeiden, solange es vage, und damit wenig instruktiv, bleibt.

Schließlich taucht die Konsistenz- und Kohärenzprämisse auch in Scheins "kulturellem Paradigma", d.h. der Vorstellung eines konsistenten Systems von Grundannahmen auf. Schein schließt inkonsistente Grundannahmen in einer Gruppe oder Organisation keineswegs aus, spricht der Gruppe aber in einem solchen Fall eine gemeinsame Kultur ab. Unter den in der Definition angegebenen Bedingungen - vor allem lange und erfolgreiche Zusammenarbeit der Organisationsmitglieder auf der Basis der geteilten Grundannahmen - hält er allerdings die Entstehung eines konsistenten "kulturellen Paradigma" wegen des menschlichen Bedürfnisses nach Konsistenz für zwingend.

Diese Argumentation leuchtet - von der Begründung mit der mutmaßlichen anthropologischen Konstante einmal abgesehen - aus zwei Gründen nicht ein. Sie übersieht, erstens, die Möglichkeit, daß die Angehörigen einer Kultur die logischen Widersprüche ihrer Grundannahmen nicht erkennen. Sie sieht, zweitens, von der Möglichkeit ab, daß auch erfolgreiche und stabile Gruppen aus Mitgliedern mit verschiedenen Interessen und Machtressourcen bestehen und daß die Repräsentanten der u.U. aus verschiedenen Interessen resultierenden inkonsistenten Grundannahmen in den gemeinsamen Problemlösungsprozessen nicht gleichermaßen zu Wort kommen. Die ungleiche Macht- und Kompetenzverteilung kann zur Unterdrückung abweichender Meinungen führen, merzt damit aber nicht zwangsläufig die Koexistenz inkonsistenter Grundannahmen auch in stabilen und erfolgreichen Gruppen aus.

Scheins Annahme einer unter den spezifizierten Bedingungen gegebenen Tendenz zur kognitiven Verstrickung der Organisationsmitglieder in erstarrte "kulturelle Paradigmata", die aus der Organisation heraus nicht aufbrechbar sind, ist in der Konsistenzprämisse und der Abstraktion von Machtunterschieden begründet. Damit übersieht sie die Bedingung der Möglichkeit endogener kultureller Veränderungen, nämlich die Existenz von widersprüchlichen Grundannahmen sowie von Akteuren, die darauf warten und daran arbeiten, ihre abweichenden Meinungen zur Geltung zu bringen[12].

Mit diesen kritischen Überlegungen soll nicht die Möglichkeit kultureller Erstarrung oder die Bedeutung von "taken for granted assumptions" - bei Managern wie bei ihren Untergebenen - geleugnet werden. Sie wollen vielmehr darauf aufmerksam machen, daß das empirisch relevante Faktum kultureller Erstarrung von Managern, das für Nachfrage in der Organisationsentwickler-Branche sorgt, nicht zwingend auf ein konsistentes "kulturelles Paradigma", sondern u.U. auf die Unterdrückung abweichender Meinungen in den Unternehmungen, d.h. auf Machthandeln, zurückzuführen ist. Welche Konstellation in einem gegebenen Fall für die kulturelle Erstarrung verantwortlich ist, ist eine empirische Frage.

(2) Kulturelle Homogenität

Ein weiteres Erbe der Anthropologie stellt das Vorurteil kultureller Homogenität dar, d.h. die verbreitete Vorstellung, daß alle Organisationsmitglieder die gleichen Werte oder Grundannahmen teilen (sollten). Es ist wohl die in der Anthropologie verbreitete Praxis, den untersuchten Stämmen und "primitiven" Gesellschaften eine in diesem Sinne homogene Kultur als Konstituens sozialer Ordnung zuzuschreiben, die das Interesse der *Corporate Culture*-Literatur an Kultur über weite Strecken trägt: Die Sympathie der Managementforscher und -berater für die Anthropologie dürfte hauptsächlich in der dort verbreiteten Unterstellung wurzeln, das Verhalten der "Wilden" werde durch einheitliche Weltbilder und Normen gesteuert und integriert.

Gegen die Vorstellung einer homogenen Organisationskultur lassen sich verschiedene Einwände vorgetragen, die alle darauf hinauslaufen, die Möglichkeit einheitlicher Orientierungen aller Organisationsmitglieder zwar zu konzedieren, ihre "Stärke" und Relevanz jedoch in Frage zu stellen.

---

12 Vgl. Archer 1988. Zur Instabilität von "taken for granted assumptions" oder, synonym verwendet, "Institutionen" vgl. Zucker 1988.

Im Rahmen der Organisationskultur-Forschung spielt die kritische theoretische und empirische Auseinandersetzung mit dem monolithischen Konzept der Organisationskultur eine erhebliche Rolle. Ein Teil der Argumente und Untersuchungen hebt auf den "multikulturellen" Charakter von Organisationen, d.h. die Bedeutung relativ homogener Sub- und Gegenkulturen ab, ein zweiter rückt die mögliche "Fragmentierung" von Subkulturen in den Blick, während ein dritter Ansatz auf themenspezifische "kulturelle Gruppierungen" mit wechselnder personeller Besetzung verweist.

Hinweise auf die "multikulturellen" Qualitäten von Organisationen ergeben sich bereits aus zwei "basics" der traditionellen, nicht - kulturalistischen Organisationstheorie, nämlich den Konzepten *strukturelle Differenzierung* und *partielle Inklusion*. Die gemeinsamen Orientierungen der Organisationsmitglieder, so das erste Argument, werden sich wegen der vertikalen und horizontalen Differenzierung von Organisationen und der damit für die Mitglieder verbundenen unterschiedlichen Funktionen, Informationen und Interessen in Grenzen halten. Die funktionale - und unter Umständen divisionale - Gliederung von Organisationen versetzt die Organisationsmitglieder in unterschiedliche organisationsinterne und -externe Sub-Umwelten und weist ihnen verschiedene Subziele zu. Unterschiedliche Orientierungen der Angehörigen von Subsystemen mit unterschiedlichen Zeithorizonten, Binnen- oder Außenbeziehungen etc. sind wahrscheinlich und funktional (vgl. Simon 1976; Lawrence/Lorsch 1967). Auch in der vertikalen Dimension der Organisationsstruktur sind verschiedene Orientierungen zu erwarten: Unterschiedliche, teils gegensätzliche Interessen und verschiedene Informationen dürften - vor allem bei großer hierarchischer Distanz - das Ausmaß gemeinsamer Orientierungen in Grenzen halten.

Eine mögliche Quelle kultureller Pluralität stellt, so das zweite Argument, die freiwillige Mitgliedschaft und "partielle Inklusion" der Mitglieder in formalen Organisationen dar. Die Mitgliedschaft in einer Organisation unterscheidet sich in dieser Hinsicht fundamental von der Zugehörigkeit zu den relativ isolierten Stämmen, die Gegenstand vieler anthropologischer Untersuchungen waren. Eine Quelle unterschiedlicher Orientierungen besteht darin, daß die Mitglieder gleichzeitig oder früher verschiedenen anderen Organisationen angehören oder angehört haben. Diese Differenzierung der Orientierungen durch die Zugehörigkeit zu anderen Organisationen, wie Parteien, Gewerkschaften, Schulen, Universitäten etc. kann sich mit der strukturell induzierten Differenzierung tendenziell decken, wie etwa bei Mitgliedschaft in einer Berufsgewerkschaft, oder aber, wie im Fall von Industriegewerkschaften, überschneiden.

Hinweise auf den "multikulturellen" Charakter von Organisationen ergeben sich auch aus einem interpretativen oder phänomenologischen Ansatz der Organisationsforschung. Repräsentanten eines solchen Ansatzes halten nicht nur die Vorstellung einer homogenen Organisationskultur für fragwürdig, sondern auch die Annahme relativ homogener struktureller Untergliederungen hierarchischer oder funktionaler Art (vgl. z.B. Van Maanen/ Barley 1984, S. 335 und 348). Sie verstehen die aus der strukturellen Perspektive der traditionellen Organisationsforschung gewonnenen hierarchischen und funktionalen Gliederungen als nützliche, aber unzureichende erste Annäherungen an mögliche Subkulturen. Einsicht in die relevanten kulturellen Differenzierungen läßt sich, diesem Argument zufolge, nur durch die Untersuchung der subjektiven Untergliederungen, d.h. der Grenzziehungen gewinnen, die die Organisationsmitglieder selber vornehmen. Die Analyse ihrer Denk- und Verhaltensmuster kann sehr verschiedene Subkulturen und unterschiedliche Gliederungskriterien ergeben, wie z.B. physische Nähe des Arbeitsplatzes, Gemeinsamkeit von Geschlecht und Ausbildung oder Ähnlichkeit der Arbeit. Einzelne Individuen können zudem in bezug auf verschiedene Themen unterschiedlichen Subkulturen angehören.

Eine besondere Bedeutung wird in diesem Zusammenhang der Berufsarbeit und der Entstehung von Berufskulturen[13] zugeschrieben[14]. Es ist eher die Ähnlichkeit der Berufsarbeit als die gemeinsame Organisationszugehörigkeit, die Gelegenheit bietet, gemeinsame Erfahrungen und Lernprozesse bei der Lösung von Problemen zu machen und damit gemeinsame Wirklichkeitsdeutungen und andere Elemente einer gemeinsamen Kultur zu entwickeln. Organisationskultur hat somit - bei starken Berufskulturen -

---

13 "Berufskultur" wird von diesen Autoren synonym mit "Berufsgemeinschaft verwendet. "Berufskulturen" sind "Arbeitskulturen", deren organisierende Zentren aus gemeinsamen berufsbezogenen Sinnsystemen bestehen (vgl. Van Maanen/Barley 1984, S. 307ff.).

14 So z.B. Trice 1991; Trice/Morand 1991, S. 91; Van Maanen/Barley 1984, S. 288.

keine nennenswerte eigene, sondern allenfalls eine "schattenhafte" und abgeleitete, Existenz als "Schnittmenge" verschiedener Subkulturen (vgl. Van Maanen/Barley 1985, S. 38). Neben solchen "schattenhaften" Organisationskulturen sind allerdings, das konzedieren Van Maanen und Barley, auch andere Konstellationen von Organisations- und Berufskultur möglich, nämlich Organisationskulturen, die mit einer Berufskultur identisch sind, weil die Organisation nur Angehörige einer einzigen Berufsgemeinschaft beschäftigt, und Organisationskulturen, die Berufskulturen unter sich "begraben" (vgl. Van Maanen/Barley 1984, S. 353f.). Verschiedene empirische Fallstudien aus dem Kontext der Organisationskultur-Forschung lassen die "multikulturellen" Qualitäten von Organisationen erkennen[15]. So zeigten sich z.B. Subkulturen, die mit der Funktion und der Hierarchieebene variierten (vgl. Martin/Sitkin/Boehm 1985), professionelle Kulturen, die die Grenzen einzelner Organisationen überspannten (vgl. Gregory 1983), oder Gegenkulturen, die die offizielle "Hochkultur" als Fassade erscheinen ließen (vgl. Jermier et al. 1991).

Die bisher beschriebenen Differenzierungen stellen, einerseits, die vielen *Corporate Culture*-Denkern eigene Einheitlichkeits- und Harmonievorstellung in Frage und rücken unterschiedliche Orientierungen und Interessen sowie die möglichen desintegrierenden Wirkungen von Kulturbildung für die Gesamtorganisation in den Blick. Mit dem Fokus auf Sub- und Gegenkulturen oder Berufskulturen ist jedoch, andererseits, oft die Neigung verbunden, diesen Gruppierungen kognitive Homogenität zuzuschreiben. Vor allem in dem "kompakten" Konzept einer das gesamte berufliche Leben durchdringenden Berufskultur findet sich somit die hinsichtlich der Gesamtorganisation verworfene Vorstellung einer homogenen Kultur wieder. Diese Unterbelichtung von kognitiven Differenzierungen und Gegensätzen innerhalb der jeweiligen Gruppierungen hat vermutlich damit zu tun, daß viele Autoren, die im Rahmen der Organisationskultur-Literatur auf den "multikulturellen" Charakter von Organisationen abheben, analytisch nicht zwischen Handeln und Kultur, gemeinsamen Verhaltensmustern und

15 Die Analyse von Berufsgemeinschaften, auf deren Relevanz sich viele Autoren verständigen, spielt bei den empirischen Untersuchungen dieses Forschungskontextes allerdings eine geringe Rolle (vgl. dazu kritisch Trice 1991, S. 307f.; Trice/Morand 1991, S. 91).

Denkmustern unterscheiden. Dieser "kompakte" Kulturbegriff verbirgt den Sachverhalt, daß Verhaltenskonformität und kognitive Konformität unabhängig voneinander variieren können (s.u.), und daß z.B. gleichartiges Verhalten im "Leben" der Berufsgemeinschaft mit kognitiver Pluralität und unvereinbaren Vorstellungen der "Berufsgenossen" einhergehen kann.

Einige Autoren gehen einen Schritt weiter und machen bei der Suche nach kultureller Pluralität nicht an Subsystem- oder Subkulturgrenzen halt. Dabei lassen sich zwei verschiedene Vorgehensweisen und Argumentationsmuster unterscheiden. Eine Gruppe interessiert sich für kulturelle Unterschiede auch innerhalb von Subkulturen und knüpft eine solche "Fragmentierung" an die Bedingung von "Ambiguität", d.h. an unklare Situationen (vgl. vor allem Martin/Meyerson 1988; Meyerson 1991; Meyerson/Martin 1987)[16]. Wenn Unklarheit über die Zwecke oder "Mission" einer Berufsgruppe besteht und die Technologien unvollkommen sind, bestehen, so das Argument, nur vage und abstrakte gemeinsame Orientierungen. Diese bieten den Individuen die Möglichkeit zu vielfältigen Interpretationen und Ideen darüber, worin die Aufgabe besteht und wie sie am besten zu erledigen ist. In solchen unklaren Situationen sind, außer den vagen gemeinsamen Ideen, nur begrenzte - themenspezifische und vorübergehende - Gemeinsamkeiten verschiedener Personengruppen zu erwarten. Im Zentrum des Interesses stehen demgemäß, unter dem Gesichtspunkt der Fragmentierung, Berufe oder Tätigkeitsfelder mit unklaren "Missionen" oder Zweken und unvollkommenen Technologien, die keine klaren Handlungsorientierungen vermitteln können (vgl. Meyerson/Martin 1987, S. 641).

Eine derart "fragmentierte Berufskultur" zeigte sich z.B. in einer Untersuchung von Sozialarbeitern in fünf Krankenhäusern der San Francisco Bay Area (Meyerson 1991). Die Sozialarbeiter ließen nur eine abstrakte und vage gemeinsame Definition der Situation erkennen, nämlich die Vorstellung, sich in einer von Ärzten dominierten Organisation zu befinden und den Patienten helfen zu wollen. Die Ideen darüber, was das im einzelnen für ihre Arbeit bedeutete, variierten dagegen bei verschiedenen Sozialarbeitern erheblich. So unterschieden sich z.B. die Vorstellungen über

16 Zum Begriff Ambiguität, der von March/Olsen 1976 entlehnt ist, vgl. Meyerson/Martin 1987, S. 636ff.

Zwecke und Erfolgskriterien (z.B. schnelle Entlassung vs. umfassende Hilfe bei der Entlassung), über die Abgrenzung der eigenen Aufgaben gegenüber anderen Berufsgruppen (z.B. gegenüber den Schwestern) oder über die legitime Art der Autoritätsausübung (hierarchisch vs. egalitär).

Die Existenz von "Fragmentierung" schließt jedoch, wie im Fallbeispiel angedeutet, subkulturelle kognitive Gemeinsamkeiten und, in diesem Sinn, kulturelle "Differenzierung" der Organisation nicht aus. Sie läßt auch zu, daß bestimmte Ideen organisationsweit geteilt werden und in dieser Hinsicht "Integration" besteht. Die Autorinnen plädieren dementsprechend für eine Kombination von "Integrations-", "Differenzierungs-" und "Fragmentierungsperspektive" und zeigen in verschiedenen Fallstudien auf, hinsichtlich welcher kultureller Elemente jeweils "Integration", "Differenzierung" und "Fragmentierung" besteht (vgl. Martin/Meyerson 1988; Meyerson/Martin 1987). So "radikal" auflösend diese "Fragmentierungsperspektive" gegenüber einem monolithischen Konzept von Organisationskultur bzw. Subkultur ist, so wenig wird sie gleichwohl eine Vorentscheidung für kulturelle Homogenität los. Indem sie unterschiedliche Ideen innerhalb von Subkulturen an die Bedingung von Unklarheit oder Ambiguität knüpft, unterstellt sie für den Fall von Klarheit kulturelle Homogenität und schließt damit die Möglichkeit kultureller Pluralität unter diesen Bedingungen aus.

Eine andere Forschungsstrategie verzichtet ganz auf derartige Vorentscheidungen. Sie desaggregiert den kompakten Begriff (Organisations-)Kultur in verschiedene Komponenten und forscht nach Gruppierungen, die im Hinblick auf diese Komponenten homogen sind. Eine neue empirische Untersuchung (Sackmann 1991) schlägt eine solche Forschungsstrategie ein. Sie unterscheidet verschiedene Wissensarten und -dimensionen und fördert anstelle fest umrissener - homogener oder fragmentierter - Subsysteme oder Subkulturen verschiedene "kulturelle Gruppierungen" ("cultural groupings") mit jeweils unterschiedlicher personeller Besetzung zutage[17]. Ein solches Vorgehen macht es möglich, die Frage nach der kulturellen Homogenität

17 Die Untersuchung - und das Konzept kulturelle Gruppierungen - bezieht sich ausschließlich auf die kognitive oder ideelle Dimension der Kultur, d.h. auf die kollektiven Denkmuster und Wissensbestände der Organisationsmitglieder, die ihren Verhaltensmustern und Artefakten zugrundeliegen (Sackmann 1991, S. 33).

von Organisationen, Subsystemen oder Berufsgemeinschaften in weniger "kompakte" Fragen aufzulösen und empirisch zu erforschen.

(3) Feste Koppelung von Kultur und Handeln

Die dritte Komponente des Integrationsmythos besteht in der Figur des "cultural dope", d.h. in der Annahme, das Verhalten der Menschen sei unentrinnbar durch kollektive Ideen und Normen gesteuert[18]. Diese Figur besiedelt vor allem das Feld der "kulturellen Steuerung" (s.o.), taucht aber auch als dogmatisch erstarrter Manager in den Trainingsgruppen der Organisationsentwickler auf. Im Kontext der "kulturellen Steuerung" wird erwartet, daß die vermittelten Werte das gewünschte Verhalten der "Mitarbeiter" herbeiführen. Abgesehen von der grobschlächtigen und zweifelhaften Vorstellung, die "Mitarbeiter" ohne weiteres durch "symbolische Führung" indoktrinieren zu können - Symbole sind bekanntlich mehrdeutig (vgl. Duncan 1969), Indoktrinationsversuche und die Unterdrückung abweichender Meinungen können die kulturelle Distanz verschärfen statt kulturelle Konformität zu erzeugen (vgl. Archer 1988) - ist auch fraglich, ob die erfolgreiche Einimpfung von Werten das gewünschte Verhalten garantiert. Ein wesentlicher Einwand gegen eine solche feste Koppelung von Werten und Handeln ist bereits oben mit dem Hinweis auf die mögliche Vagheit und Unklarheit der globalen, unternehmensweiten Werte formuliert worden. Wenn es richtig ist, daß eine wesentliche Funktion der "kulturellen Steuerung" darin besteht, die "Mitarbeiter" für alle Situationen, deren Komplexität und Unberechenbarkeit bürokratische Methoden der Verhaltenssteuerung - durch detaillierte Regeln und Programme - ausschließt, mit orientierenden Ideen zu versorgen, sind diese zwangsläufig unpräzise und mehrdeutig. Vage oder mehrdeutige Ideen lassen jedoch verschiedene Interpretationen und Handlungskonsequenzen zu.

Die Mehrdeutigkeit vieler kollektiver Ideen wird in verschiedenen Arbeiten im Kontext der Organisationskultur-Forschung thematisiert und in empirischen Untersuchungen aufgespürt. Ein Argument, das bereits im vorigen

18 Zur Vorstellung des durch internalisierte soziale Normen gesteuerten, "übersozialisierten", Menschen vgl. kritisch Wrong 1961.

Abschnitt vorgestellt wurde, hebt darauf ab, daß Kultur neben klaren Komponenten auch mehr oder weniger große Anteile von Unklarheit oder "Ambiguität" enthält. Während oben die kognitive Pluralität im Vordergrund stand, die aus Unklarheit resultiert, stehen hier ihre Konsequenzen für das Handeln im Vordergrund. Wenn und soweit Kultur mehrdeutig ist, schafft sie nicht Ordnung, sondern "Anarchie", lichtet nicht den "Dschungel" möglicher Wirklichkeitsdeutungen und Handlungen, sondern ist der "Dschungel" (vgl. Meyerson/Martin 1987, S. 637).

Die geringe Klarheit von Ideen, die es erlaubt, sie unterschiedlich zu interpretieren und verschiedene Handlungskonsequenzen daraus zu ziehen, wird, wie gezeigt, von den Repräsentanten der "Fragmentierungsperspektive" mit der Vorstellung von Konfusion und "Dschungel" in Verbindung gebracht und in einen Gegensatz zu Ordnung gestellt. Demgegenüber kann argumentiert werden, daß es gerade die Unklarheit von Konzepten - etwa über die "Mission" einer Organisation - ist, die Ordnung erlaubt. Ihre Unklarheit verdeckt die unter Umständen unvereinbaren Vorstellungen und Interessen, die verschiedene Beteiligte hegen und deren klare Formulierung eine Einigung und Zusammenarbeit verhindern kann. Mehrdeutigkeit kann in diesem Sinne die Funktion "dilatorischer Formelkompromisse" erfüllen. Unklare Konzepte, die jeder anders deuten kann, erlauben es, die soziale Beziehung aufrechtzuerhalten und Einzelheiten der Interpretation und der daraus folgenden Handlungen den künftigen Aushandlungsprozessen zu überlassen. Sie lassen auch situationsspezifische und -sensible Deutungen zu und bieten damit Anpassungs- und Flexibilitätspotentiale. Eine ähnliche Argumentationslinie verfolgt Bougon (1992) mit dem Konzept "cryptic labels": Unter dem Etikett innovativer Kinderbetreuung etwa können sich Individuen mit unterschiedlichen Orientierungen oder "cognitive maps" - wie Eltern, Lehrer oder der Kindertagesstätten anbietende Unternehmer - zur Zusammenarbeit bereit finden, nicht obwohl, sondern weil sich alle etwas anderes darunter vorstellen.

Ein weiteres Argument, das gegen eine feste Koppelung von Handeln und Kultur oder die Figur des "cultural dope" spricht, läßt sich metaphorisch auf die Kurzformel bringen, daß Kultur nicht als unentrinnbares "Netz" zu verstehen ist, das den Handelnden fesselt, sondern eher als "Werkzeugkasten" (Swidler 1986), aus dem sich Individuen relativ frei bedienen. Kultur stellt, so verstanden, ein den Individuen zugängliches Reservoir unterschiedlicher Sinnsysteme dar, die kontextspezifisch aktualisiert werden[19]. Dieses Argument geht von dem Sachverhalt aus, daß Kultur kein konsistentes, perfekt integriertes Sinnsystem ist, sondern aus vielfältigen, lose gekoppelten und partiell inkonsistenten Sinnsystemen besteht, und damit die Ableitung sehr verschiedener Handlungsstrategien zuläßt. So kann etwa ein und dieselbe Person als Angehöriger einer Bürgerinitiative oder Partei das Sinnsystem und die "Handlungstheorie" (Argyris/Schön 1978) Umweltschutz abrufen und es als Autobesitzer oder Skifahrer gegen die Sinnsysteme Mobilität oder Körperertüchtigung eintauschen. Nicht nur verschiedene Kontexte, sondern auch verschiedene kognitive Ebenen können einander widersprechen und für die lose Koppelung von Handlung und Kultur verantwortlich sein. Eine Person kann z.B. gleichzeitig das kollektive Wissen teilen, daß Rauchen schädlich ist, der kollektiven Norm anhängen, nicht zu rauchen, und gleichzeitig ein "Skript" für den Beginn der Arbeit haben, das das Anzünden einer Zigarette vorsieht[20].

An der Figur des "cultural dope" läßt sich schließlich die Neigung in Frage stellen, Verhaltensmuster auf Denkmuster und Verhaltenskonformität auf kulturelle Konformität zurückzuführen. Ein solches Denkmuster verliert die Möglichkeit aus dem Blick, daß Handeln und Kultur unabhängig voneinander variieren, und daß das Handeln durch andere als kulturelle Schranken konditioniert wird. Es tendiert vor allem dazu, die konditionierende Wirkung von Organisationsstrukturen und herkömmlichen Steuerungsinstrumenten zu unterschätzen. Diese Problematik wird z.B. im Zusammenhang mit der Frage nach den Erfolgsaussichten der Organisations-

19 Swidler spricht allerdings nicht von Sinnsystemen oder Ideen, sondern versteht, als Anhängerin eines "symbolischen" Ansatzes der Kulturforschung, Kultur als die physisch wahrnehmbaren, d.h. "manifesten" "symbolischen Formen", durch die Sinn von den Menschen erfahren und ausgedrückt wird. Sie ist dabei allerdings nicht konsequent, sondern läßt mit Überzeugungen (beliefs) auch nicht-manifesten Sinn in ihre Definition einfließen: "(C)ulture consists of such symbolic vehicles of meaning, including beliefs, ritual practices, art forms, and ceremonies, as well as informal cultural practices such as language, gossip, stories, and rituals of daily life" (Swidler 1986, S. 273).

20 Dieses Beispiel nennt DiMaggio 1990, S. 113. Zum Begriff Skript vgl. Schank/Abelson 1977.

entwicklung deutlich. Selbst wenn es gelingt, in Trainingsgruppen die erstarrten Denkmuster der Manager "aufzutauen", sind Verhaltensänderungen bei der Rückkehr in unveränderte Strukturen wenig wahrscheinlich. Herkömmliche Sanktionssysteme, wie z.B. Beförderungsmuster, Kompetenzabgrenzungen, Informationssysteme und Kommunikationskanäle und die eingefahrenen Programme erzeugen zwangsläufig wieder die alten Verhaltensmuster: Ohne Strukturveränderungen sind Verhaltensänderungen i.d.R. nicht zu haben (vgl. Kieser et al. 1981).

Resümee

Die Diskussion des Integrationsmythos erlaubt die Vermutung, daß die kulturellen Steuerungsmöglichkeiten in der Unternehmenskultur-Literatur ebenso überschätzt werden wie die Rolle kultureller Schranken. Ein kulturelles System, das durch eine Vielfalt lose gekoppelter und teilweise inkonsistenter Sinnsysteme gekennzeichnet ist, kulturelle Pluralität der Organisationsmitglieder und die lose Koppelung von Kultur und Handeln stellen die Steuerungskapazitäten der "subtle cues of culture" ebenso in Frage - in dem wörtlichen Sinn, daß danach ernsthaft gefragt werden muß - wie die "Mächtigkeit" des kulturellen Konservatismus in Unternehmen. Sie legen es nahe, bei der Erklärung des Organisationshandelns mehr Aufmerksamkeit auf traditionelle Steuerungsmethoden und strukturelle Faktoren zu legen, als in der Unternehmenskultur-Literatur üblich.

Damit soll keineswegs für die Rückkehr zu "strukturalistischen" und "rationalistischen" Ansätzen plädiert und die Ansatzpunkte der *Corporate Culture*-Literatur für irrelevant erklärt werden. Diese Literatur hat vielmehr mit ihrer Attacke auf ein rationalistisches Modell von Organisation und Management einige wichtige Einsichten der Organisationsforschung aufgegriffen und ihnen zu weiter Beachtung verholfen. Sie hat nicht nur das alte Thema Leistungsmotivation erneut in einen Zusammenhang mit Gemeinschaftsideen gebracht, sondern rückt auch die begrenzte Rationalität der Entscheidungen, die Schranken der Fremdsteuerung und den Bedarf an Selbststeuerung der Arbeitskräfte in den Blick. Sie distanziert sich also nicht nur von dem mit dem Namen Taylor verbundenen utilitaristischen Konzept der Leistungsmotivation, sondern auch von einer ganz auf rationale Planungs- und Steuerungsmethoden setzenden mächtigen Tradition der "wissenschaftlichen Betriebsführung". Damit reiht sie sich, wie kurzschlüssig instrumentell und manipulativ auch immer, in die Reihen derer ein, die einem Abschied von tayloristischen Konzepten der Arbeitskraft und Arbeitsorganisation das Wort reden.

Unter dem Stichwort Unternehmenskultur wird schließlich auch der Gedanke aufgegriffen, daß das Handeln von Unternehmungen nicht unmittelbar von ökonomischen "Zwängen" oder "der Umwelt" gesteuert wird, sondern von der "subjektiven Definition der Situation". Dieser Blick auf die Wahrnehmungsmuster und Wirklichkeitsdeutungen der Akteure zeigt nicht nur die der Reflexion entzogenen "taken for granted assumptions" dogmatisch erstarrter Manager und die kulturellen Hindernisse des Organisationswandels. Sie macht auch darauf aufmerksam, daß die - im Rahmen des bestehenden Wirtschaftssystems - oft für selbstverständlich gehaltenen Praktiken und Strukturen von Unternehmungen nicht zwingend aus der "Logik des Systems" folgen, sondern kulturell gefärbt sind. Damit weckt sie Interesse für andere Möglichkeiten und für den Vergleich von Unternehmungen und Wirtschaftsbeziehungen in verschiedenen kulturellen Kontexten.

Es sei dahingestellt, ob die Konzepte Unternehmenskultur und Organisationskultur für die Analyse der beschriebenen Problemkreise notwendig sind und einen nennenswerten heuristischen Wert haben. Die angesprochenen Probleme und - allgemeiner - die Zusammenhänge zwischen kulturellem und sozialem System bzw. zwischen kulturellem und strukturellen Wandel in Organisationen verdienen jedoch zweifellos die Aufmerksamkeit der Organisationsforschung.

Literatur

Adams, G.B./V.H. Ingersoll 1990: Painting Over Old Works: The Culture of Organization in an Age of Technical Rationality. In: Turner (Hg.). S. 15-31

Allaire, Y./M.E. Firsirotu 1984: Theories of Organisational Culture. In: Organization Studies, 5, S. 193-226

Alvesson, M./P.O. Berg 1992: Corporate Culture and Organizational Symbolism. Berlin, New York

Archer, M.S. 1988: Culture and Agency. Cambridge

Argyris, Ch./D.A. Schön 1978: Organizational Learning: A Theory of Action Perspective. Reading, MA

Barley, S.R. 1983: Semiotics and the Study of Occupational and Organizational Culture. Administrative Science Quarterley, 23, S. 393-413

Barley S.R./G. Kunda 1992: Design and Devotion: Surges of Rational and Normative Ideologies of Contol in Managerial Discourse. In: Administrative Science Quarterly, 37, S. 363-399

Barley, S.R./G.W. Meyer/D.C. Gash 1988: Cultures of Culture: Academics, Practitioners and the Pragmatics of Normative Control. In: Administrative Science Quarterly, 33, S. 24-60

Barnard, Ch.I. 1938: The Functions of the Executive. Cambridge, MA

Berger, P.L./Th. Luckmann 1969: Die gesellschaftliche Konstruktion der Wirklichkeit. Frankfurt a.M.

Bougon, M.G. 1992: Congregate Cognitive Maps: A Unified Dynamic Theory of Organization and Strategy. In: Journal of Management Studies, 29, S. 369-389

Brunsson, N. 1982: The Irrationality of Action and Action Rationality: Decisions, Ideologies and Organizational Actions. In: Journal of Management Studies, 19, S. 29-44

Deal, T.E./A.A. Kennedy 1982: Corporate Cultures. Reading, MA etc.

DiMaggio, P. 1990: Cultural Aspects of Economic Action and Organization. In: Friedland R./ Robertson (Hg.): Beyond the Marketplace. New York, S. 113-136

Duncan, H.D. 1969: Symbols and Social Theory. New York

Ebers, M. 1985: Organisationskultur: Ein neues Forschungsprogramm? Wiesbaden

Ebers, M. 1991: Der Aufstieg des Themas Organisationskultur in problem- und disziplingeschichtlicher Perspektive. In: Dülfer, E. (Hg.) Organisationskultur: Phänomen - Philosophie - Technologie. Zweite erweiterte Auflage. Stuttgart, S. 39-63

French, F.E./C.H. Bell 1977: Organisationsentwicklung. Bern, Stuttgart

Frost, P.J./L.F. Moore/M.R. Louis/C.C. Lundberg/J. Martin (Hg.) 1985: Organizational Culture. Beverly Hills etc.

Frost, P.J./L.F. Moore/M.R. Louis/C.C. Lundberg/J. Martin (Hg.) 1991: Reframing Organizational Culture. Newbury Park etc.

Gagliardi, P. (Hg.) 1990a: Symbols and Artifacts: Views of the Corporate Landscape. Berlin, New York

Gagliardi, P. 1990b: Artifacts as Pathways and Remains of Organizational Life. In: Gagliardi (Hg.): Symbols and Artifacts, S. 3-38

Gagliardi, P. 1990c: Culture and Management Training: Closed Minds and Change in Managers belonging to Organizational and Occupational Communities. In: Turner (Hg.), S. 159-171

Gregory, K.L. 1983: Native-View Paradigms: Multiple Cultures and Culture Conflicts in Organizations. In: Administrative Science Quarterly, 28, S. 359-376

Jermier, J.M./J.W. Slocum Jr./L.W. Fry/J. Gaines 1991: Organizational Subcultures in a Soft Bureaucracy: Resistance Behind the Myth and Facade of an Official Culture. In: Organization Science, 2, S. 170-194

Jones, M.O. 1991: On Fieldwork, Symbols, and Folklore in the Writings of William Foote Whyte. In: Frost et al. (Hg.), S. 192-204

Kieser, A./M. Krüger/M. Röber 1981: Organisationsentwicklung: Ziele und Techniken. In: Kieser, A. (Hg.): Organisationstheoretische Ansätze. München, S. 112-128

Kieser, A./H. Kubicek 1992: Organisation. Dritte, völlig neu bearbeitete Auflage. Berlin, New York

Lawrence, P.R./J.W. Lorsch 1967: Organization and Environment. Cambridge, MA

March, J.G./J.P. Olsen 1976: Ambiguity and Choice in Organizations. Bergen

Martin, J./D.E. Meyerson 1988: Organizational cultures and the Denial, Channeling and Acknowledgment of Ambiguity. In: L. Pondy/R. Boland, H. Thomas (Hg.): Managing Ambiguity and Change. New York

L.R./R.J.Boland Jr./H. Thomas (Hg.) 1988: Managing Ambiguity and Change. Chichester etc., S. 93-125

Martin,J./S.B. Sitkin/M. Boehm 1985: Founders and the Elusiveness of Cultural Legacy. In: Frost et al. (Hg.), S. 99-124

Meyerson, D.E. 1991: Normal Ambiguity? A Glimpse on an Occupational Culture. In: Frost et al. (Hg.), S. 131-144

Meyerson,D.E./J. Martin 1987: Cultural Change: An Integration of Three Different Views. In: Journal of Management Studies, 24, S. 623-647

Ouchi, W.G. 1981: Theory Z. Reading, MA etc.

Parsons, T. 1951: The Social System. London

Peters, T.J./R.H. Waterman Jr. 1982: In Search of Excellence. New York etc.

Pfeffer, J. (1981): Management as Symbolic Action: The Creation and Maintenance of Organizational Paradigms. Research in Organizational Behavior, 3, S. 1-51

Pondy, L.R./P.J. Frost/G. Morgan/T.C. Dandridge (Hg.) 1983: Organizational Symbolism. Greenwich, CT

Sackmann, S.A. 1991: Cultural Knowledge in Organizations. Newbury Park etc.

Schank, R./R. Abelson 1977: Scripts, Plans, Goals and Understanding: An Inquiry into Human Knowledge Structures. Hillsdale, N.Y.

Schein, E.H. 1985: Culture and Leadership. San Francisco etc.

Schein, E.H. 1991: What is Culture? In Frost et al. (Hg.), S. 243-253

Simon, H.A. 1976: Administrative Behavior. Dritte erweiterte Auflage. New York

Smircich, L. 1983: Concepts of Culture and Organizational Analysis. In: Administrative Science Quarterly, 28, S. 339-358

Swidler, A. 1986: Culture in Action: Symbols and Strategies. In: American Sociological Review, 51, S. 273-286

Trice, H.M.: Comments and Discussion. In: Frost et al. (Hg.), S. 298-308

Trice, H./D. Morand 1991: Cultural Diversity: Subcultures and Countercultures in Work Organizations. In: Miller, G. (Hg.) 1991: Studies in Organizational Sociology. Greenwich, CT, S. 69-105

Turner, B.A. (Hg.) 1990: Organizational Symbolism. Berlin, New York

Van Maanen, J./S.R. Barley 1984: Occupational Communities: Culture and Control in Organizations. In: Research in Organizational Behavior, 6, S. 287-365

Weick, K.E. 1976: Educational Organizations as Loosely Coupled Systems. In: Administrative Science Quarterly, 21, S. 1-19

Weick, K.E. 1985: The Significance of Corporate Culture. In: Frost et al. (Hg.), S. 381-389

Weick, K.E. 1991: The Vulnerable System: An Analysis of the Tenerife Air Disaster. In: Frost et al (Hg.), S. 117-130

Wrong, D.H. 1961: The Oversocialized Conception of Man in Modern Sociology. In: American Sociological Review, 26, S. 183-193

Zucker, L.G. 1988: Where do Institutional Patterns Come From? Organizations as Actors in Social Systems. In: Zucker, L. (Hg.): Institutional Patterns and Organizations. Cambridge, MA, S. 23-49

Vergemeinschaftung durch symbolische Führung

Gertraude Krell

Vergemeinschaftende Personalpolitik als Managementstrategie

Zu den wichtigsten - und für mich spannendsten - Fragen der Organisationstheorie gehören jene, die das Spannungsverhältnis zwischen Individuum und Organisation bzw. darauf bezogene Lösungsversuche betreffen. Zu den Lösungsversuchen gehören jene Konzepte, die ich als "vergemeinschaftende Personalpolitik" bezeichne (vgl. Krell 1993). Dazu zähle ich die Werks- und Betriebsgemeinschaft der zwanziger und dreißiger Jahre, das "Nachkriegsmodell" betriebliche Partnerschaft, die japanische Variante und das Konzept der Unternehmenskultur. Trotz aller unbestreitbaren Differenzen ist diesen Konzepten eines gemeinsam: Aus Beschäftigten als Individuen mit unterschiedlichen Bedürfnissen, Werten und Interessen, die nur teilweise mit denen der Organisation - oder weniger versachlicht: mit denen der Organisationsleitenden - übereinstimmen, soll eine "verschworene" (Betriebs-)Gemeinschaft leistungswilliger und loyaler Mitarbeiter und Mitarbeiterinnen gemacht werden.

Vergemeinschaftende Personalpolitik ist eine Strategie des Managements zur sozialen Kontrolle der Beschäftigten. Da durch Arbeitsverträge nur ein Rahmen abgesteckt werden kann, innerhalb dessen Spielräume bleiben - die Bandbreite reicht vom "Dienst nach Vorschrift" bis zur "Leistung aus Leidenschaft"[1] -, sind arbeitsvertragliche Regelungen ergänzungsbedürftig. Ergänzt werden sie u.a. durch einen "psychologischen Vertrag" (Schein 1980, S. 103f.), durch Traditionen, soziale Normen sowie durch vielfältige Medien, die auf eine (auch emotionale) Einbindung des Personals zielen.

---

1 So der aufschlußreiche Titel eines Bestsellers zum Thema Unternehmenskultur. Vgl. Peters/Austin (1986).

Nicht nur hinsichtlich der Zielsetzung, sondern auch und insbesondere in bezug auf die Medien vergemeinschaftender Personalpolitik lassen sich gemeinsame Grundmuster herausarbeiten. Hierfür eignet sich m.E. das Konstrukt "symbolische Führung". Mit der Entstehung und Entwicklung des Organisationskultur-Ansatzes focussiert die Organisationsforschung die symbolische Seite des organisationalen Lebens.[2] Symbole (Worte, Handlungen, Gegenstände) vermitteln Botschaften. Damit das, was sie versinnbildlichen, interpretiert oder entschlüsselt werden kann, ist allerdings ein Grundkonsens der Interpretierenden vorausgesetzt. Symbolische Führung wird dementsprechend als Versuch der Sinnvermittlung durch das Management verstanden. Führung - so Neuberger - sei symbolisiert, d.h. interpretiere die Wirklichkeit, und nutze so Objekte, Traditionen, Situationen zur Verhaltenssteuerung. Zugleich symbolisiere Führung durch Handlungen. Führende machten Firma wie man "Staat" mache: durch Hymnen, Fahnen, Embleme, Zeremonien, Rituale. Sie seien "Programm-Gestalter" oder "Zeremonienmeister". "Die als verbindlich anerkannten oder vorbildlich gelebten Maximen sichern/stützen/definieren die 'Deutegemeinschaft', die das gleiche für wichtig und richtig hält" (Neuberger 1990, S. 101).

"Symbolische Führung" wird in diesem Beitrag zum einen als analytische Kategorie, als Forschungsperspektive, verwendet, zum anderen im Sinne einer - mehr oder weniger bewußt - eingesetzten Managementstrategie zur Vergemeinschaftung des Personals.

"Gemeinschaft" - Appell in Sachen Arbeitsbeziehungen

Symbolcharakter hat zunächst die Bezeichnung der mit einer Organisation durch arbeitsvertragliche Beziehungen verbundenen Personen als (Betriebs-)Gemeinschaft.

Folgt man Ferdinand Tönnies' (1926, S. 5 u. S. 247ff.) Unterscheidung, derzufolge "Gemeinschaft" eine dauerhafte Form des Zusammenlebens darstellt, die durch Glaube, Gewohnheiten, Bräuche, Eintracht, Sitte und Religion entsteht, während für "Gesellschaft" Kontrakte und Satzungen konsti-

2 Einen einführenden Überblick über diese Forschungsrichtung vermitteln Pondy u.a. (1983).

tutiv sind, müßte man von der Betriebs-Gesellschaft sprechen. Hinsichtlich der Beziehung zwischen Personal und Organisation scheint mir jedoch Max Webers Hinweis (1922, S. 22) hilfreicher, die meisten sozialen Beziehungen hätten teils den Charakter der "Vergesellschaftung", teils den der "Vergemeinschaftung"[3]. In diesem Sinne betont auch Vierkandt (1923, S. 201), jede "Arbeitsgemeinschaft" sei immer zugleich eine "Gefühlsgemeinschaft".

Mit der Bezeichnung "Betriebsgemeinschaft" soll in diesem Zusammenhang nicht nur versinnbildlicht werden, daß zwischen Betrieb und Beschäftigten über den Arbeitsvertrag hinausgehende, auf Traditionen und Gefühlen beruhende Bindungen bestehen. "Betriebsgemeinschaft" steht für ein spezifisches Grundmuster von Arbeitsbeziehungen. "Vergemeinschaftung" - so Max Weber (1922, S. 22) - ist "der radikalste Gegensatz" zum Kampf. Gemeinsamer Nenner aller Konzepte vergemeinschaftender Personalpolitik ist ein dementsprechender Appell an die Beschäftigten und deren Interessenvertretung.

Auf der Suche nach einem Weg vom "Klassenkampf zum sozialen Frieden" (Albrecht 1932) entdeckten und propagierten die geistigen Väter der "Werksgemeinschaft" diese als Lösung. Daß es Interessengegensätze zwischen Fabrikherren und Beschäftigten gibt, sahen sie durchaus. Dies sollte jedoch nicht zur Bildung gegeneinander kämpfender Interessenverbände auf überbetrieblicher Ebene führen, sondern alle Mitglieder eines Betriebes sollten sich zur Werksgemeinschaft zusammenschließen. Die Mehrheit der Werks(ver)gemeinschafter lehnte die sog. Kampfgewerkschaften kategorisch ab. Das galt nicht nur für den "Allgemeinen Deutschen Gewerkschaftsbund" (ADGB), sondern für alle "Klassenorganisationen" (Albrecht 1932, S. 85f.), zu denen u.a. auch die christlichen Gewerkschaften gezählt wurden. Als Bündnispartner anerkannt wurden einzig und allein die Werkvereine. Diese "durch den ausdrücklichen Willen und die Initiative des Unternehmertums entstanden(en)" (Stadler 1926, S. 19) Zusammenschlüsse von loyalen Belegschaftsmitgliedern bildeten den Kern der wirtschaftsfriedlichen oder "gelben" Arbeitnehmerbewegung (vgl. Müller-Jentsch 1985, S. 378f.).

---

3 "Vergemeinschaftung kann auf jeder Art affektueller oder emotionaler oder aber traditionaler Grundlage ruhen." (M. Weber 1922, S. 22)

Für Robert Ley (1939, S. 127ff.), den Leiter der Deutschen Arbeitsfront, war es ein "Glaubensbekenntnis, daß der Betrieb zusammengehört. Wir müssen eifersüchtig darüber wachen, daß die Einheit des Betriebes nicht angetastet wird. (...) Das ist die Überwindung des Klassenkampfes". Mit dem "Gesetz zur Ordnung der nationalen Arbeit" (AOG) vom 20. Januar 1934, dessen Erlaß die Zerschlagung der Gewerkschaften und die Verfolgung von Gewerkschaftsmitgliedern und Betriebsratsangehörigen als "gemeinschaftsfeindlicher Elemente" vorangegangen war, wurde das Glaubensbekenntnis zur Rechtsnorm. Das AOG gab dem Betriebsführer das Recht, alle wichtigen Entscheidungen allein zu treffen. Das im Sinne der Gemeinschaftsidee umgestaltete Substitut für die Betriebsräte erhielt die Bezeichnung "Vertrauensrat". Seine Funktion bestand "nicht in einer einseitigen Interessenvertretung der Arbeiter"; er sollte "nichts anderes als Mithelfer in der Betriebsführung" sein (Hupfauer 1935, zit. n. Rüther 1988, S. 84).

Nach dem Zweiten Weltkrieg trat die durch den Nationalsozialismus in Mißkredit geratene "Betriebsgemeinschaft" unter einem neuen Namen auf: "betriebliche Partnerschaft". Arbeitnehmer und Arbeitgeber - so die Botschaft, die der Begriff transportiert - sollten "Partner" sein, aus Beschäftigten sollten durch materielle und immaterielle Beteiligung "Mitunternehmer" werden. In Befragungen (vgl. z.B. Schanz 1983, S. 428) betonen Leiter von Partnerschaftsbetrieben immer wieder, der Gegensatz von Kapital und Arbeit solle verringert oder sogar aufgehoben werden. Einzelne Partnerschaftsbetriebe stehen der institutionalisierten Interessenvertretung der Beschäftigten ablehnend gegenüber (vgl. Lezius/Beyer 1989, S. 238f.). Die Mehrheit setzt allerdings auf eine vertrauensvolle, "partnerschaftliche" Zusammenarbeit mit Betriebsrat und Gewerkschaft - als Mittel einer "kanalisierten Konfliktregelung" (Lezius 1977, S. 26).

Auch die Arbeitsbeziehungen in japanischen Betrieben, die Vorbild des Unternehmenskultur-Ansatzes sind, werden als "(Betriebs-)Gemeinschaft" charakterisiert (z.B. Morishima 1985; Bergmann 1990). Die japanische Betriebsgemeinschaft ist ebenfalls Ergebnis von Managementstrategien (vgl. Sumiya 1966) - z.T. orientiert an deutschen Vorbildern - und unter Nutzung von "traditional, diffuse cultural dispositions as a resource for labour control" (Fox 1974, S. 175). Das Schlagwort "Ein Unternehmen - eine Familie" wurde um die Jahrhundertwende geprägt, um die gemeinsamen Interessen von Stammbelegschaft und Arbeitgebern hervorzuheben. Es gilt als entscheidender ideologischer Anstoß für die Herausbildung des unternehmensorientierten Arbeitsethos (vgl. Pauer 1985, S. 129). Gleichzeitig wurde gegen die heftig tobenden Arbeitskämpfe und gegen gewerkschaftliche Organisationsversuche von staatlicher Seite massiv vorgegangen, gestützt auf ein 1900 erlassenes "Gesetz zur Sicherung der öffentlichen Ruhe" nach dem Vorbild des Bismarckschen Sozialistengesetzes. Der Entstehung der Betriebsgewerkschaften, von Tokunaga (1986, S. 336) mit der "gelben Gewerkschaft" der Weimarer Republik verglichen, ging demnach die Zerschlagung kämpferischer Gewerkschaften voraus. Trotz ihres kooperativen Verhaltens wurden während des Faschismus diese Gewerkschaften verboten und mit der sog. Sanpo-Organisation eine der Deutschen Arbeitsfront (DAF) vergleichbare Einheitsorganisation geschaffen, welche die "Betriebsfamilie" propagierte (vgl. Bobke/Lecher 1990, S. 45 u. 153). Deren Strukturen sind laut Bergmann (vgl. 1990, S. 61) auch noch für die Neuorganisation der Gewerkschaften nach dem Krieg prägend. Die heutige Situation ist gekennzeichnet durch die Existenz von kooperativen Betriebsgewerkschaften einerseits und überbetrieblichen Zusammenschlüssen der Arbeitgeber andererseits. Dem japanischen Arbeitgeberverband wird ein großer Einfluß auf die Regierung, insbesondere die Gesetzgebung bescheinigt. Schneidewind (1991, S. 268) spricht von einer für die Arbeitnehmerorganisationen "fast überwältigenden Unternehmensmacht". Als ein Beitrag zur Vergemeinschaftung nach deutschem Vorbild kann schließlich der Import der betrieblichen Partnerschaft angesehen werden. Nach G. Fischer (1971, S. 76ff.) gab es in Japan 1970 etwa 300 Partnerschaftsbetriebe - und sogar ein "Partnerschafts-Begegnungshaus", das den Namen "Guido-Fischer-Haus" trägt. Das Motto auf der dort angebrachten Steintafel lautet: "Einer für alle, alle für einen".

Das - derzeit - letzte Glied in der Kette der Konzepte vergemeinschaftender Personalpolitik ist der Unternehmenskultur-Ansatz. Das Modell "Wir, die Firma" (Neuberger/Kompa 1987) steht - und das wird bei der Fixierung auf das Vorbild Japan und die "exzellenten" amerikanischen Unternehmen übersehen - durchaus in der Tradition der Vorkriegsmodelle "Werks- und

Betriebsgemeinschaft"[4] und des Nachkriegsmodells "betriebliche Partnerschaft". Unternehmenskulturen werden als "sinnstiftende und gemeinschaftbildende Orientierungsmuster" (Schreyögg 1991, S. 211) begriffen. Ouchi (1982, insbes. S. 70ff.) und dessen Koautoren verwenden in diesem Zusammenhang den aufschlußreichen Begriff des "Clan" als "a culturally homogeneous organization, one in which most members share a common set of values or objectives plus beliefs about how to coordinate effort in order to reach common objectives" (Ouchi/Price 1978, S. 36). Mit dem Organisationsmodell des Clans als Werte- und Sinngemeinschaft haben das Management und dessen Ratgeber ein (vermeintlich neues) Mittel zur sozialen Kontrolle der Belegschaften entdeckt. Und auch im Modell "Wir, die Firma" soll die Interessenvertretung der Beschäftigten (mit)vergemeinschaftet werden: Einer der Schritte zur Herstellung von Clans lautet nach Ouchi (1982, S. 97ff.): "Involve the Union".

Bemerkenswert an diesen Konzepten erscheint mir, daß an die Belegschaften und deren Interessenvertretung appelliert wird, die Interessen des Betriebes als Gemeinschaft über die eigenen "Sonderinteressen" zu stellen, und sich - wenn überhaupt - "betriebsbezogen" und "wirtschaftsfriedlich" zu organisieren. Im gleichen Atemzug wird von seiten der Arbeitgeber - vereinzelt und organisiert - zu antigewerkschaftlichen Maßnahmen gegriffen, und zwar nicht nur zu symbolischen.

Ausgewählte Medien symbolischer Führung

Eingliederung in die Betriebsgemeinschaft

Einen zentralen Stellenwert in Gemeinschaften und im Prozeß der Vergemeinschaftung des Personals hat die Eingliederung neuer Mitglieder. Ihnen sollen die Werte und Normen der Gemeinschaft so vermittelt werden, daß ein Identifikationsprozeß in Gang gesetzt wird, ein "Wir-Gefühl" entsteht. Zwei Beispiele zur Illustration:

Die Einführungszeremonien für die Stammbeschäftigten japanischer Betriebe werden bezeichnenderweise als "Übergangsriten" (Yamamoto 1986,

4 Ausführlicher dazu Krell (1991).

S. 102) charakterisiert. Bei Rohlen (vgl. 1974, S. 35ff.) findet sich die Schilderung einer solchen Zeremonie für Angestellte der "Uedagin-Bank", bei der u.a. die Firmenhymne gesungen wird, die Firmenprinzipien als "ein zweiter Katechismus" sowie die Lehren des Präsidenten (z.B. Harmonie, Aufrichtigkeit, Freundlichkeit, Originalität, Reinheit, Gesundheit) vermittelt werden. Alle Neueingestellten werden für drei Monate in eine Art Trainingslager gesteckt, das sie während dieser Zeit nicht verlassen dürfen. Dort beginnt der Tag mit Morgengymnastik und dem gemeinsamen Rezitieren des Firmengelübdes. In einem streng geregelten Stundenplan folgen Vorträge, Übungen, Kurse und gemeinsame Sportveranstaltungen. All das soll der "Integration in die Uedagin Gemeinschaft" dienen (Rohlen 1974, S. 194).

Auch im Zusammenhang mit dem Unternehmenskultur-Ansatz wird der Einführung neuer Unternehmensmitglieder besondere Aufmerksamkeit geschenkt. Informationen über das Unternehmen und seine Kultur werden in mehrtägigen Einführungsseminaren vermittelt, bei denen zugleich versucht wird, die neu Rekrutierten auf die Gemeinschaft "einzuschwören" (vgl. z.B. Rüßmann 1985). In manchen Firmen werden diese bis an die Grenzen ihrer Leistungsfähigkeit mit Arbeit überhäuft. Die Krise, in die sie geraten, soll sie den Kollegen näher bringen und empfänglicher für die Normen und Werte der Gemeinschaft machen (vgl. Pascale 1985, S. 30).

Maßnahmen, wie die Überhäufung mit Arbeit bis an die Grenze der Leistungsfähigkeit, werden in der Literatur zur Unternehmenskultur als "Schinder-Riten" (Deal/Kennedy 1982, S. 65) bezeichnet. Eine andere Variante ist die bewußte Demütigung: Der frischdiplomierte Ingenieur muß als erste Tätigkeit den Hof fegen oder - ein in mehrfacher Hinsicht bemerkenswertes Beispiel - der japanische Nachwuchsmanager muß im "Höllen-Lager" Befehle von jungen Frauen ausführen (vgl. Schneider 1990, S. 182). Im Gegensatz zu den oben beschriebenen Einführungveranstaltungen, die durchaus einem Bedürfnis der Beschäftigten nach Orientierung entgegenkommen, handelt es sich hier um Methoden der "Gehirnwäsche", derer sich totalitäre Bewegungen oder Institutionen bedienen. Die Botschaft solcher "Initiationsriten" lautet: "Was immer Du bis jetzt getan hast, und wer immer Du bist, hier bist Du erst mal ein Nichts". Die "alte" Identität wird in Frage gestellt bzw. tendenziell zerstört mit dem Ziel, eine "neue" als Firmenmitglied aufzubauen.

"Gehirnwäsche" funktioniert dann am besten, wenn die ihr unterzogenen Personen von ihrer vertrauten Umgebung isoliert werden. Dies bewirkt sowohl das Verbot, die japanischen Trainingslager zu verlassen, als auch die Überhäufung mit Arbeit, wodurch die neu Engagierten ja ebenfalls in der Firma festgehalten werden. Beides soll sicherstellen, daß die zu schaffende Bindung an das Unternehmen nicht durch bereits bestehende Beziehungen beeinträchtigt wird. Mehr noch: "Thus, the employees are integrated (...) in such a way that there are few opportunities to have an independent life outside" (Soeters 1986, S. 305). Die Eingliederung wird tendenziell zur "Einschließung".

Die Eingliederung der neuen Unternehmensmitglieder ist nur der erste Schritt zu deren Vergemeinschaftung. Fortgesetzt wird dieser Prozeß mittels ritualisierter Zusammenkünfte (wie z.B. das gemeinsame Frühstück bei Hewlett Packard[5]) und anderer Zeremonien und Rituale, mittels Feiern, Auszeichnungen etc. Dabei ist den Führungskräften eine Schlüsselrolle zugedacht.

Die Rolle der "Führer"

In der sozialwissenschaftlichen Literatur wird als wichtiges Charakteristikum bzw. als wichtiges Element von "Gemeinschaft" ein emotional getragenes Führertum genannt. Der - charismatische - Führer gilt als lebendige Mitte der Gemeinschaft. Er personifiziert die gemeinsamen Werte und lebt das Stadium der zu erreichenden Vollkommenheit vor (vgl. z.B. Kanter 1972, S. 195f.). Seitens der Geführten wird von einer grundsätzlichen "Willigkeit" und einer "spezifische(n) Verbundenheit" ausgegangen (Vierkandt 1923, S. 209). Dieses emotional getragene - z.T. mythisch überhöhte - Führertum findet sich auch in den Konzepten vergemeinschaftender Personal-

5 In seinem Beitrag "Von der Morgensprache zum 'Gemeinsamen HP-Frühstück'" untersucht Kieser (1991) die Funktion von Werten, Mythen, Ritualen und Symbolen in der Zunft und in modernen Unternehmen.

politik, und zwar von der Werks- und Betriebsgemeinschaft bis zur "Unternehmenskultur".

Laut Karl Arnhold, dem Leiter des 1925 gegründeten "Deutschen Instituts für technische Arbeitsschulung" (DINTA), das den "Kampf um die Seele"[6] der Beschäftigten auf seine Fahnen geschrieben hatte, offenbart sich das "unerforschliche Geheimnis gemeinschaftlichen Wollens unter einheitlicher Führung (...) darin, daß (sich) die Einzelkräfte nicht addieren, sondern multiplizieren. Hier versagt der Rechenstift und fängt das Wirken jener geheimen Kräfte an, von denen wir im Kriege oft einen lebendigen Hauch verspürten" (Arnhold 1939, S. 59). So werde der Betrieb "eine lebendige, stark symbolhaltige geistespolitisch geprägte Einheit..." (ebd., S. 11). Für die Nationalsozialisten waren Gemeinschaft und Führer untrennbar verbunden, dies galt gleichermaßen für die Volks- und die Betriebsgemeinschaft. "Jede Gemeinschaft (aber) bedarf - soll sie lebendig sein und wirken - der Führung", schrieb beispielsweise Mansfeld (1943, S. 3).

Eine Renaissance erleben schließlich das emotional getragene Führertum und die charismatische Führerpersönlichkeit im Unternehmenskultur-Ansatz. Von den Führungskräften wird eine an der gewünschten Kultur orientierte Ausrichtung aller Instrumente der betrieblichen Personalpolitik erwartet, wobei sie als vorbildliches Modell agieren sollen. Davon, daß sie die gewollte Kultur sichtbar vorleben, wird ein gleichgerichteter Lernprozeß bei den Geführten erwartet.

Bei Deal/Kennedy (1981, S. 37) sind es die "Helden", die zeigen sollen, "that the ideal of success lies in human capacity". Generell wird von Vertretern des Unternehmenskulturkonzeptes gefordert, das Management solle sich nicht länger vor seiner Aufgabe "echter Menschenführung" drücken (Peters/Waterman 1984, S. 280). Erfolgreiche Führer zeichnen sich nach Bennis und Nanus (1987, S. 33 u. S. 86ff.) u.a. dadurch aus, daß sie

- o durch eine Vision Aufmerksamkeit erzielen,
- o durch Kommunikation Sinn vermitteln und
- o Vertrauen erwerben.

---

6 "Der Kampf um die Seele unseres Arbeiters" lautet auch der Titel einer Schrift von Paul Osthold (1926), der ebenfalls zu den führenden Köpfen des DINTA gehörte.

Als eine Voraussetzung dafür, daß die "Führer" ihre Rolle als vorbildliches Modell spielen und die entsprechenden Botschaften vermitteln können, gilt ihre Präsenz bzw. Sichtbarkeit. Dies ist der Grund für die Beliebtheit, der sich das "Management durch Umherwandern" in den Ratgebern zum Thema Unternehmenskultur erfreut. Bei Peters und Waterman (1984, S. 330) wird die Führungskraft zum "Wanderprediger", Gerken (1991) schreibt das Skript für die "Managementrolle Visionär". Die Vision wird zum Gegenstand der Ratgeberliteratur, weil davon ausgegangen wird, daß "sie Spaß und Sinn vermittelt" (Gerken 1991, S. 89). "Eine kraftvolle Vision energetisiert die Handelnden" (ebd.). Zur "Implementierung" von Visionen werden "Show-Techniken und Präsentationsformen aus der Theaterwelt, also emotionale Inszenierungen" empfohlen (ebd., S. 93).

Was die Apologeten des "New Age" als vermeintlich neues Mittel im "Kampf um die Seele" verkaufen, wird in den älteren Konzepten vergemeinschaftender Personalpolitik schon lange praktiziert. Die Führer sind dort nicht nur sichtbar, sondern sogar "zum Anfassen". Ley postuliert, der Betriebsführer solle, um die Herzen seiner Gefolgschaft zu gewinnen, einen morgendlichen Rundgang durch das Werk machen, mit den "Arbeitskameraden" reden. Als vorbildliches Modell wandert er selbst und berichtet gern und oft (vgl. Ley 1935, S. 229f.), wie er bei seinen Reisen durch die deutschen Betriebe ein offenes Ohr für die Sorgen und Nöte der Gefolgschaftsmitglieder hat - und wie er deren Hände schüttelt. Der Händedruck versinnbildlicht in diesem Zusammenhang, daß "die da oben" sich nicht scheuen, Hände zu schütteln, mit denen gearbeitet wird, d.h., daß die vom Führer am 1. Mai 1933 ausgegebene Losung von der "Ehre der Handarbeit" ernst genommen wird (vgl. Lüdtke 1991, S. 346ff. u. S. 361).

In der Literatur zur betrieblichen Partnerschaft finden sich ebenfalls Geschichten über umherwandernde "Führer". Bei Hartman (1958, S. 47) kommt ein "Pionier" in Sachen Partnerschaft zu Wort, der verkündet, "er habe eine ganz besondere Auffassung von den Zeit- und Bewegungsstudien. Seine Zeitstudie sei, daß er sich Zeit nehme, seine Leute zu begrüßen, und seine Bewegungsstudie, daß er ihnen auf den Rücken klopfe und sie frage, wie es ihnen gehe". Auch in der neueren Partnerschaftsliteratur wird propagiert, Führung müsse "wieder ein normatives, werteorientiertes Element enthalten, das die Mitarbeiter nicht nur in ihrer betrieblichen Funktion anspricht, sondern in ganzheitlicher Weise auf die Persönlichkeit des Menschen eingehe" (Lezius/Beyer 1989, S. 317).

Ebenso wie die Eingliederung soll auch die Personalführung in der Betriebsgemeinschaft den "ganzen Menschen" vergemeinschaften.

Vergemeinschaftet durch symbolische Führung wird allerdings nicht nur mit den bislang skizzierten Medien, sondern letztlich mittels aller Instrumente der betrieblichen Personalpolitik. Dies möchte ich abschließend am Beispiel der Weiterbildung verdeutlichen.

Weiterbildung im Dienste der Vergemeinschaftung

Der Weiterbildung als Instrument der betrieblichen Personalpolitik werden generell zwei Funktionen zugeschrieben: Zum einen soll sie der Vermittlung jener Kenntnisse und Fähigkeiten dienen, die zur Aufgabenbewältigung erforderlich sind; zum anderen sollen Einstellungen, Motivationen und Werthaltungen der Beschäftigten geformt werden. Bereits *daß* Weiterbildung stattfindet, hat Symbolcharakter. ("Wir tun etwas für die Entwicklung unserer Mitarbeiter".). Mit den folgenden Beispielen soll dokumentiert werden, *wie* im einzelnen versucht wird, die Beschäftigten durch Trainingsmaßnahmen zu "vergemeinschaften".

In sog. "Betriebsgemeinschaftsschulen" betrieb die DAF Erziehung zur Gemeinschaft. Dort lebten der Betriebsführer und zwei Gefolgschaftsmitglieder eine Woche lang als kleine "Betriebsfamilie" zusammen. Dabei sollten sie ihre Sorgen und Nöte austauschen, sich kennenlernen und einsehen, daß sie einander brauchen. "Immer ist es die Gemeinsamkeit, die hier Betriebsführer und Gefolgschaft umspannt. Sie sitzen gemeinsam im Vortragszimmer, sie marschieren gemeinsam in Reih und Glied (...) Symbolische Handlungen geben der Tagesarbeit die richtige Weihe. Es ist eine völkische Weihestunde, wenn alle diese Männer der Arbeit zur 'Morgen-' und zur 'Abendsprache' am schlichten Hakenkreuzmal im Garten zusammenkommen" (Ring 1935, S. 12). Und: "symbolisch reichen sie sich am Schluß der Woche über einen 'trennenden' Graben die Hände..." (ebd.).

Auch in der Literatur zur betrieblichen Partnerschaft und zur Unternehmenskultur finden sich zahlreiche Beispiele für eine bewußte "Erziehung zur Gemeinschaft". Bildung im Partnerschaftsbetrieb wird als Prozeß des "sozialen Lernens in einer Betriebsgemeinschaft" (zit.n. Lezius/Beyer 1989, S. 208f.) charakterisiert. Auch aus der Perspektive des Unternehmenskultur-Ansatzes sollen die Beschäftigten "Gemeinschaft leben" - "Leistungen in Gemeinschaft zu erbringen, sollte deshalb ein durchgängiges Gestaltungsprinzip der Lernorganisation (...) sein" (H.-P. Fischer 1989, S. 284). Personalentwicklung wird zur "Kulturarbeit". Ein anderer Autor proklamiert ein "symbolisches Management der PE-Arbeit" - durch den "Einbau von Ritualen, Zeremonien" sowie den "Einsatz von Schlüsselführungskräften" in PE-Programme (Sattelberger 1989, S. 254ff.).

Damit Führungskräfte als vorbildliches Modell fungieren können, wird ihrer Auswahl und Sozialisierung eine besondere Bedeutung beigemessen. Und auch in diesem Zusammenhang finden sich die oben skizzierten Praktiken: Von japanischen Firmen wird berichtet, daß sie ihre Führungskräfte zu eintägigen "Diensten" zur Armee und/oder zu religiösen Organisationen schicken, wo sie "einer Art Gehirnwäsche" unterzogen werden (Eswein 1987, S. 189).

Schließlich läßt sich bezogen auf die Weiterbildung exemplarisch herausarbeiten, daß und wie Vergemeinschaftung mit Differenzierung verflochten ist. In der nationalsozialistischen Betriebsgemeinschaft z.B. erfolgte eine systematische "Aufschulung" (vgl. Hachtmann 1989, S. 84ff.) des deutschen Arbeiters - verbunden mit Maßnahmen des job-enrichment -, damit "er sich als 'Herr' seiner Tätigkeit fühlt" (Siemens-Oberingenieur Lange 1942, zit.n. Siegel/Freyberg 1991, S. 411), während für die an Fließbändern und für repetitive Teilarbeiten eingesetzten "fremdvölkischen" Arbeitskräfte und für Frauen ein Anlernarrangement als ausreichend galt.

"Wir da drinnen - ihr da draußen": Vergemeinschaftung durch Segmentierung

In ihrer Studie "Commitment and Community" stellt Kanter (1972, S. 169) fest: "Strong communities have strong boundaries". "Starke" Kulturen auch.

Das Modell "Wir, die Firma" ist ein im unmittelbaren Wortsinn exklusives Modell. Erst die Abgrenzung gegenüber denen, die nicht dazu gehören, schweißt die "drinnen" richtig zusammen. Hinsichtlich der Betriebe verschränkt sich hier die vergemeinschaftende Personalpolitik des Managements mit den Interessen der Stammbeschäftigten und deren Vertretung.

Diskriminierende Praktiken des Managements werden von den japanischen Betriebsgewerkschaften, die nur die Stammbeschäftigten vertreten, nicht nur gebilligt, sondern unterstützt (vgl. Tokunaga 1986, S. 331). Sie gelten als Mittel, um den Zusammenschluß der Gemeinschaft der Stammbeschäftigten zu stärken. "Draußen" sind in Japan alle im - wachsenden - ungeschützten Arbeitsmarktsegment Beschäftigten: die Belegschaften in Klein-, Mittel- und Zuliefererbetrieben, Leiharbeitnehmer und temporär Beschäftigte, wobei in diesen Gruppen der Anteil weiblicher, älterer und ausländischer Menschen besonders hoch ist. Die stammbeschäftigten Frauen gehören zwar zur Betriebsgemeinschaft, aber die "geschlechtshomogene Männergruppe (kann) sie nicht integrieren; sie sind 'drinnen und draußen' zugleich" (Lenz 1987, S. 72). Ausgeschlossen bleiben Frauen - selbst wenn sie die Hochschule absolviert haben - von der Führungsebene. Weniger als ein Prozent der leitenden Tätigkeiten in japanischen Unternehmen werden von Frauen ausgeübt.[7]

Das Extrembeispiel für Vergemeinschaftung durch Segmentierung ist die nationalsozialistische Betriebsgemeinschaft, zu der Juden, Sinti, Roma und Ostarbeiter per definitionem nicht gehörten (vgl. Mansfeld 1943, S. 14f.), und wo die Ausgrenzung auf die physische Vernichtung der Ausgegrenzten zielte. Wo jüdische und ausländische Arbeitskräfte in deutschen Betrieben beschäftigt waren, wurde verfügt, diese - räumlich und zeitlich - von den deutschen Beschäftigten zu trennen (vgl. Siegel/Freyberg 1991, S. 299). Bei Siemens z.B. wurde die Abtrennung der "Ausländer" (es handelte sich um Juden) durch eine Teilung der Werkstatt mit Hilfe von verstellbaren Trennwänden vorgenommen (vgl. ebd., S. 389). Welcher Platz den Frauen in der nationalsozialistischen Betriebsgemeinschaft zugedacht war, verdeutlicht eine Rede der Reichsfrauenführerin, Gertrud Scholtz-Klink, vom

7 Vgl. Teruoka (1990, S.100), wobei unter "leitenden" Tätigkeiten - im Gegensatz zu "allgemeinen" - solche verstanden werden, die Aufstiegsmöglichkeiten bieten.

Mai 1936: "Wir aber wollen die Frau, die neben ihm (dem Mann; G.K.) steht und ihre Grenze einhält" (zit.n. Sachse 1982, S. 240). An dieser Grenze scheiterte z.B. ein Vorschlag Leys, bei gleichwertiger Leistung die Frauenlöhne an die Männerlöhne anzugleichen. "Eine völlige Gleichsetzung der Frauenlöhne mit den Männerlöhnen" - stellte Hitler unmißverständlich klar - "würde eine Mißachtung der Leistung des Mannes für die Volksgemeinschaft sein, die ich unter allen Umständen vermieden zu sehen wünsche" (zit.n. Siegel 1982, S. 112).

Diese Beispiele belegen nicht nur, daß Ausgrenzungen Voraussetzung und Ergebnis der Konstituierung von Gemeinschaften sind. Sie dokumentieren darüber hinaus, daß bzw. wie innerhalb der Betriebe differenziert wird, und zwar nicht nur zwischen Stamm- und Randbelegschaften, sondern auch innerhalb der Gruppe der Stammbeschäftigten. Ausgegrenzt bzw. diskriminiert wird insbesondere nach den Kriterien "Rasse/Nationalität" und "Geschlecht". Diese Tendenz zum Rassismus und Sexismus konstatiert bezogen auf die "Clans" übrigens Ouchi selbst (vgl. 1982, S. 77f.). Insofern ist eine vergemeinschaftende Personalpolitik nicht nur aus der Perspektive der "Eingeschlossenen", sondern auch aus jener der Ausgeschlossenen und Diskriminierten kritikbedürftig.

Literatur

Albrecht, G. (1932): Vom Klassenkampf zum sozialen Frieden, Jena

Arnhold, K. (1939): Umrisse einer deutschen Betriebslehre, in: Ders.: Der deutsche Betrieb. Aufgaben und Ziele nationalsozialistischer Betriebsführung, Leipzig, S. 33-64

Bennis, W.G./Nanus, B. (1987): Führungskräfte. Die vier Schlüsselstrategien erfolgreichen Führens, 3. Aufl., Frankfurt a.M./New York

Bergmann, J. (1990): Rationalisierungsdynamik und Betriebsgemeinschaft. Die Rolle der japanischen Betriebsgewerkschaften, München/Mering

Bobke, M.H./Lecher, W. (1990): Arbeitsstaat Japan. Arbeitsbeziehungen, Arbeitszeit und Arbeitsrecht, Frankfurt a.M.

Deal, T.E./Kennedy, A.A. (1982): Corporate Cultures. The Rites and Rituals of Corporate Life, Reading, Mass. u.a.

Dülfer, E. (Hg.) (1991): Organisationskultur. Phänomen - Philosophie - Technologie, 2. Aufl., Stuttgart

Eswein, M. (1988): Gemeinschaftserziehung in japanischen Betrieben, Frankfurt a.M. u.a.

Fischer, G. (1971): Ein Guido-Fischer-Partnerschaftshaus in Japan, Personal, 23. Jg., Heft 3, S. 96f.

Fischer, H.-P.: (1989): Netzwerke knüpfen, in: Sattelberger, Th. (Hg.): Innovative Personalentwicklung, Wiesbaden, S. 281-286

Fox, A. (1974): Beyond Contract: Work, Power and Trust Relations, London

Gerken, G. (1991): Managementrolle: Visionär, in: Staehle, W.H. (Hg.): Handbuch Management. Die 24 Rollen der exzellenten Führungskraft, Wiesbaden, S. 87-98

Hachtmann, R. (1989): Industriearbeit im "Dritten Reich". Untersuchungen zu den Lohn- und Arbeitsbedingungen in Deutschland 1933-1945, Göttingen

Hartman, R.S. (1958): Die Partnerschaft von Kapital und Arbeit, Köln/Opladen

Kanter, R.M. (1972): Commitment and Community. Communes and Utopias in Sociological Perspective, Cambridge, Mass.

Kieser, A. (1991): Von der Morgensprache zum "Gemeinsamen HP-Frühstück". Zur Funktion von Werten, Mythen, Ritualen und Symbolen - "Organisationskulturen" in der Zukunft und im modernen Unternehmen, in: Dülfer, E. (Hg.): Organisationskultur. Phänomen - Philosophie - Technologie, 2. Aufl., Stuttgart, S. 253-271

Krell, G. (1991): Organisationskultur - Renaissance der Betriebsgemeinschaft?, in: Dülfer, E. (Hg.): Organisationskultur. Phänomen - Philosophie - Technologie, 2. Aufl., Stuttgart, S. 147-160

Krell, G. (1993): Vergemeinschaftende Personalpolitik, erscheint im Rainer Hampp Verlag, München/Mering

Lenz, I.M. (1987): Der große Unterschied und die kleine Gleichheit, Prokla, Band 66, Berlin, S. 54-75

Ley, R. (1935): Durchbruch der sozialen Ehre. Reden und Gedanken für das schaffende Deutschland, Berlin

Ley, R. (1939): Deutschland ist schöner geworden, 3. Aufl., München

Lezius, M. (1977): Das Konzept der betrieblichen Partnerschaft, in: Schneider, H.J. (Hg.): Handbuch der Mitarbeiter-Kapitalbeteiligung, Köln, S. 24-42

Lezius, H.M./Bayer, H. (1989): Menschen machen Wirtschaft. Betriebliche Partnerschaft als Erfolgsfaktor, Wiesbaden/Frankfurt a.M

Lüdtke, A. (1991): "Ehre der Arbeit": Industriearbeiter und Macht der Symbole. Zur Reichweite symbolischer Orientierungen im Nationalsozialismus, in: Tenfelde, K. (Hg.): Arbeiter im 20. Jahrhundert, Stuttgart, S. 343-392

Mansfeld, W. (1943): Die Ordnung der nationalen Arbeit. Gesetz zur Ordnung der nationalen Arbeit mit allen Durchführungsverordnungen, Nebengesetzen und den ergänzenden Regelungen einschl. der Kriegsgesetzgebung, 2. ergänzte Aufl., Berlin

Morishima, M. (1985): Warum Japan so erfolgreich ist. Westliche Technologie und japanisches Ethos, München

Müller-Jentsch, W. (1985): Berufs-, Betriebs- oder Industriegewerkschaften?, in: Endruweit, G./Gaugler, G./Staehle, W.H./Wilpert, B. (Hg.): Handbuch der Arbeitsbeziehungen, Berlin, S. 369-381

Neuberger, O. (1990): Führung (ist) symbolisiert. Plädoyer für eine sinnvolle Führungsforschung, in: Wieswede, G./Wiendieck, G. (Hg.): Führung im Wandel. Neue Perspektiven für Führungsforschung und Führungspraxis, Stuttgart, S. 89-129

Neuberger, O./Kompa, A. (1987): Wir, die Firma. Der Kult um die Unternehmenskultur, Weinheim/Basel

Osthold, P. (1926): Der Kampf um die Seele unseres Arbeiters, Düsseldorf

Ouchi, W.G. (1982): Theory Z: How American Business Can Meet the Japanese Challenge, New York

Pascale, R.T. (1985): The paradox of "corporate culture": reconciling ourselves to socialization, California Management Review, vol. 27, No. 2, S. 26-41

Pascale, R.T./Athos, A.G. (1982): The Art of Japanese Management. Applications for American Executives, New York

Pauer, E. (1985): Arbeit und Unternehmen in historischer Sicht, in: Hanau, P./Kimoto, S./Markmann, H./Tezuka, K. (Hg.): Die Arbeitswelt in Japan und in der Bundesrepublik Deutschland - ein Vergleich, Neuwied/Darmstadt, S. 117-133

Peters, T.J./Austin, N. (1986): Leistung aus Leidenschaft. "A Passion For Excellence". Über Management und Führung, Hamburg

Peters, T.J./Waterman, R.H. jun. (1984): Auf der Suche nach Spitzenleistungen, 10. Aufl., Landsberg a. Lech

Pondy, L.R./Frost, P.J./Morgan, G./Dandridge, T. (Hg.) (1983): Organizational Symbolism, Greenwich

Ring, J.B. (1935): Die erste Betriebsgemeinschaftsschule, Arbeitertum vom 1. Juni 1935, S. 10-12

Rohlen, T.P. (1974): For Harmony and Strength. Japanese White-Collar Organization in Anthropological Perspektive, Berkeley u.a.

Rüßmann, K.H. (1985): Wettkampf nach Mitternacht, manager magazin, 15. Jg., Heft 6, S. 160-169

Rüther, M. (1988): Zur Sozialpolitik bei Klöckner-Humboldt-Deutz während des Nationalsozialismus: "Die Masse der Arbeiterschaft muß aufgespalten werden", Zeitschrift für Unternehmensgeschichte, 33. Jg., Heft 2, S. 81-117

Sachse, C. (1982): Hausarbeit im Betrieb. Betriebliche Sozialarbeit unter dem Nationalsozialismus, in: Dies./Siegel, T./Spode, H./Spohn, W. (1982): Angst, Belohnung, Zucht und Ordnung. Herrschaftsmechanismen im Nationalsozialismus, Opladen, S. 209-274

Sattelberger, Th. (1989): Kulturarbeit und Personalentwicklung: Ansätze einer integrativen Verknüpfung, in: Ders. (Hg.): Innovative Personalentwicklung, Wiesbaden, S. 239-258

Schanz, G. (1983): Immaterielle Mitarbeiterbeteiligung - Ergebnisse einer Erhebung, Personalwirtschaft, 10. Jg., Heft 12, S. 426-430

Schein, Edgar H. (1980): Organisationspsychologie, Wiesbaden

Schneidewind, D. (1991): Zur Struktur, Organisation und globalen Politik japanischer Keiretsu, in: Zeitschrift für betriebswirtschaftliche Forschung, 43. Jg., Heft 3, S. 255-274

Schreyögg, G. (1991): Kann und darf man Unternehmenskulturen ändern?, in: Dülfer, E. (Hg.) (1991): Organisationskultur. Phänomen - Philosophie - Technologie, 2. Aufl., Stuttgart, S. 201-214

Siegel, T. (1982): Lohnpolitik im nationalsozialistischen Deutschland, in: Sachse, C./Siegel, T./Spode, H./Spohn, W. (1982): Angst, Belohnung, Zucht und Ordnung. Herrschaftsmechanismen im Nationalsozialismus, Opladen, S. 54-139

Siegel, T./Freyberg T. v. (1991): Industrielle Rationalisierung unter dem Nationalsozialismus, Frankfurt a.M./New York

Soeters, J.L. (1986): Excellent Companies as Social Movements, Journal of Management Studies, Vol. 23, S. 299-312

Stadler, E. (1926): Werksgemeinschaft als soziologisches Problem, Berlin

Sumiya, M. (1966): The Development of Japanese Labour Relations, The Developing Economies, Vol. 4, S. 499-515

Tokunaga, S. (1986): Die japanischen Arbeitsbeziehungen - Eine erneute kritische Prüfung -, WSI-Mitteilungen, 39. Jg., Heft 4, S. 329-336

Tönnies, F. (1926): Gemeinschaft und Gesellschaft, 6. u. 7. Aufl. Berlin.

Vierkandt, A. (1923): Gesellschaftslehre, Stuttgart

Weber, M. (1922): Wirtschaft und Gesellschaft (Grundriß der Sozialökonomik, III. Abteilung), Tübingen

Yamamoto, S. (1986): Ursprünge der japanischen Arbeitsethik, in: Barloewen, C. v./ Werhahn-Mees, K. (Hg.): Japan und der Westen, Band 1: Philosophie, Geistesgeschite, Anthropologie, Frankfurt a.M., S. 89-129

Unternehmensberater - eine neue "Reflexionselite"?

Christoph Deutschmann

Consulting-Industrie und "neue Klasse"

1975 veröffentlichte Helmut Schelsky unter dem Titel "Die Arbeit tun die Anderen" eine Polemik gegen linksliberale Intellektuelle, denen er einen verschwiegenen Drang zur Macht vorwarf (Schelsky 1975). Sie nutzten, wie Schelsky behauptete, die Suggestivkraft der von ihnen propagierten säkularen Heilslehren, um ihre von produktiver Arbeit und Verantwortung befreite soziale Position zu legitimieren und sich damit stillschweigend als "Reflexionselite" oder gar als neue "herrschende Klasse" zu etablieren. Ein neuer "Klassenkampf" zwischen den "Sinn- und Heilsvermittlern" und den "Produzenten von lebenswichtigen Gütern" (zu letzteren zählte Schelsky Arbeiter und Angestellte ebenso wie Manager, Unternehmer und Hausbesitzer) sei im Entstehen. Schelsky hatte wenig Hoffnung, das Vordringen der neuen Prediger aufhalten zu können:

"Wie diese Heilslehren und ihre Herrschaftsbedürfnisse sich in den fortgeschrittenen Industriegesellschaften fest- und durchsetzen, wie sie krebshaft die versachlichten Institutionen der modernen Gesellschaft unterwandern und zersetzen, wird zu den erregendsten geistigen und sozialen Geschehnissen der kommenden Jahrzehnte, wahrscheinlich des kommenden Jahrhunderts, gehören." (Schelsky 1975, S. 101)

Der Text war ideenreich, aber unausgereift, in der Gedankenführung und Begrifflichkeit unscharf und hatte streckenweise den Charakter eines Pamphlets. Er hatte zwar zunächst große Resonanz, erntete aber harte Kritik und geriet bald in Vergessenheit. Die abweisende Reaktion der Kritik ließ freilich übersehen, daß die Schelskysche Zeitdiagnose in ihrem Kern keineswegs allein stand. Die zunehmende Bedeutung von Bildung, Wissen und Kultur für die Formation von Herrschaft in modernen Gesellschaften, um die es Schelsky ging, war ein Thema, mit dem sich nicht nur schon Veblen (den Schelsky zitierte), sondern auch auch eine Reihe früherer Autoren (die Schelsky nicht erwähnte) befaßt hatte: Mallet, Touraine, Galbraith und Bell. In der Ära der verwissenschaftlichten Produktion stellt sich, so argumentierte etwa Bell, nicht nur das technisch-naturwissenschaftliche Wissen als eine unentbehrliche, über wirtschaftliches Wachstum und Produktivität entscheidende "Ressource" dar, deren Besitz soziale Macht verleiht. Mehr noch als technisches werde kulturelles Wissen und der kulturell geprägte Lebensstil zu einem entscheidenden Faktor sozialer Differenzierung und zur treibenden Kraft gesellschaftlicher Entwicklung (Bell 1974, S. 37f.).

Die These, daß die Herrschaft von Klassen in der modernen Gesellschaft in erster Linie von symbolischer Hegemonie abhänge, bedeutet eine Abkehr von der klassischen Auffassung Marx' und Webers, die neben symbolischer Hegemonie stets auch die Bedeutung von Macht, d.h. sozial asymmetrischer Kontrolle über materielle Ressourcen als Fundament der Herrschaft von Klassen betont hatten. Macht, darauf läuft die Position Bells wie Schelskys hinaus, löst sich zunehmend auf in kulturelle "Dominanz" von Symbolen und Lebensstilen. Diese zweifelhafte, jedoch unter Intellektuellen verständlicherweise populäre Prämisse wurde im Gefolge der Studentenbewegung der siebziger Jahre zum gemeinsamen Nenner einer umfangreichen Debatte über die "neue Klasse", die sich, von Autoren wie Bell, Gouldner, Berger, Kristol, Ehrenreich/Ehrenreich getragen, vor allem in den USA entwickelte (zusammenfassend: Kellner/Berger 1992 und Kellner/Heuberger 1992). Die linken und konservativen Protagonisten dieser Debatte waren sich darin einig, daß nicht die wirtschaftlichen Eliten oder die technische Intelligenz, sondern die politische, sozial- und kulturwissenschaftliche Intelligenz zur entscheidenden gestaltenden Kraft in der Gesellschaft geworden sei und in diesem Sinne in der Tat als neue "herrschende Klasse" begriffen werden müsse. Übereinstimmung bestand auch darin, daß die Herrschaft der "neuen Klasse" sich vor allem auf *außerökonomische* Institutionen, insbesondere den expandierenden Wohlfahrtsstaat und das staatliche Bildungswesen stütze, die den Boden für die Entfaltung der emanzipatorischen Ideologien der neuen Klasse bildeten. Rechte und linke Versionen der These unterschieden sich lediglich in der politischen Bewertung des Befundes: Die linke Version gab sich überzeugt, daß die neue Klasse die "progressivste Kraft der modernen Gesellschaft" und "von zentraler Bedeutung für das Maß an menschlicher Befreiung, das in der vorhersehbaren Zukunft möglich ist", sei (Gouldner 1980, S. 146); für die rechte Version dagegen war der Aufstieg der neuen Klasse dagegen der Inbegriff kulturellen Verfalls und sozialer Desintegration.

In Europa war es vor allem Pierre Bourdieu, der die Debatte aufgriff und mit originellen Ideen bereicherte (Bourdieu 1982, 1983, 1988). Auch er betonte die Bedeutung der Kultur für die Reproduktion gesellschaftlicher Klassenstrukturen, vermied dabei aber die scharfe Konstrastierung von *ökonomischer* und *kultureller* Handlungslogik. Die Vermittlung zwischen Ökonomie und Kultur versucht Bourdieu durch eine Neufassung des Kapitalbegriffs herzustellen, indem er einerseits schon bei Gouldner formulierte Ideen, z. B. den Begriff des "kulturellen Kapitals" (Gouldner 1980, S. 43), andererseits Anregungen der neoklassischen Humankapitaltheorie aufnimmt. "Kapital" ist für Bourdieu akkumulierte, zu weiterer Verwertung und Vermehrung bestimmte Arbeit. Es ist nicht nur, wie bei Marx, ein soziales Produktionsverhältnis, sondern ebenso ein Verhältnis der einzelnen Person zu sich selbst, eine allgemeine Formbestimmung von Praxis und sozialer Ungleichheit in modernen Gesellschaften, deren Bedeutung weit über den Bereich der Wirtschaft hinausreicht. Nicht nur in der ökonomischen Sphäre, auch in der Bildung, Politik und der scheinbar autonomen Kultur folgt das soziale Handeln dem Grundmuster der "Akkumulation von Kapital": So, wie in der Wirtschaft Investitionen in Geld getätigt werden mit dem Ziel, "Erträge" zu erwirtschaften, wird in der kulturellen Sphäre in den Erwerb von Bildung, Symbolen, Zertifikaten, in der sozialen Sphäre in den Aufbau von "Beziehungen" investiert - nicht zweckfrei, sondern mit dem bewußten oder unbewußten Ziel von "Profit" in Form sozialen Status- und Machtgewinns.

Folglich ist vom *ökonomischen Kapital* das *kulturelle* und das *soziale Kapital* zu unterscheiden. Soziale Herrschaft manifestiert sich keineswegs nur in ökonomischem, sondern auch in sozialem und kulturellem Kapital. Dabei läßt sich eine Form des Kapitals unter bestimmten Voraussetzungen in jede andere transformieren (auch wenn dazu zum Teil aufwendigere Operationen erforderlich sind), so daß ganz unterschiedliche Varianten "kombinierter" Akkumulationsstrategien sowie Verschiebungen zwischen verschiedenen Anlagesphären denkbar sind. Letztlich bleibt dabei freilich die Transformierbarkeit in ökonomisches Kapital entscheidend. Bourdieu grenzt sich gegen "ökonomistische" Klassentheorien ebenso ab wie gegen "semiologistische":

"Man muß somit von der doppelten Annahme ausgehen, daß das ökonomische Kapital einerseits allen anderen Kapitalarten zugrundeliegt, daß aber andererseits die transformierten und travestierten Erscheinungsformen des ökonomischen Kapitals niemals ganz auf dieses zurückzuführen sind, weil sie ihre spezifischen Wirkungen nur in dem Maße hervorbringen können, wie sie verbergen (und zwar zu allererst vor ihrem eigenen Inhaber), daß das ökonomische Kapital ihnen zugrundeliegt und insofern, wenn auch nur in letzter Instanz, ihre Wirkungen bestimmt." (Bourdieu 1983, S. 196)

Die Bourdieusche Reformulierung des Kapitalbegriffs zeigt einen Weg auf, den Veränderungen der Rolle der Intelligenz in der modernen Gesellschaft Rechnung zu tragen, ohne zu problematischen klassentheoretischen Spekulationen Zuflucht nehmen zu müssen. Was sich für Schelsky als "neue Priesterherrschaft" darstellt, ist für Bourdieu nur eine die Konstitutionsprinzipien von Klassenherrschaft als solche nicht tangierende Verschiebung des Kapitals von einer Anlagesphäre in eine andere. Womit wir es zu tun haben, sind nicht Priester, sondern nur ein neuer Typus von Unternehmern: "moral entrepreneurs" (Hunter/Fessenden 1992). Wissen und Kultur werden als dynamisches Terrain profitabler Kapitalverwertung entdeckt, das im Gegensatz zur stagnierenden Industrie und zu den konventionellen Dienstleistungen unbegrenzte Expansionschancen zu bieten scheint. Die Veränderung vollzieht sich nicht *außerhalb* der Sphäre der produktiven Arbeit, sondern innerhalb ihrer selbst. Daher ist die soziale Position der "moral entrepreneurs" auch keineswegs an Staatsintervention und Wohlfahrtsstaat gekoppelt, wie Schelsky, Bell, Kristol und Gouldner behauptet hatten. Der auf Staatskosten lebende "life-style engineer" (Kellner/Berger) erweist sich - gerade auch im Licht der Deregulierungspolitik der achziger Jahre - keineswegs als so typisch wie angenommen. Mit Hilfe der Bourdieuschen Annahme der grundsätzlichen Transformierbarkeit der drei Kapitalarten läßt sich die Erfahrung, daß der "moral entrepreneur" sich auch auf dem freien Markt recht gut behaupten kann, zwanglos erklären.

Im folgenden soll der Versuch gemacht werden, die Relevanz der Argumentation Bourdieus an einem Phänomen zu verdeutlichen, das erst in den achtziger Jahren die Aufmerksamkeit der Sozialwissenschaften auf sich gezogen hat: dem *Consulting*-Gewerbe. Schon 1983 waren, wie Robert Jackall schreibt, in den USA Unternehmensberater ein solch wichtiger und dauernder Teil des Geschäftslebens geworden, daß sie in dem *Forbes*-Magazin als "one of the causes of the nation's economic malaise" attackiert wurden.

1981 gab es in den USA 2.500 Firmen mit einem Jahresumsatz von 2 bis 3 Mrd. Dollar (Jackall 1988, p. 139). Im folgenden Jahrzehnt erlebte die Branche in den USA wie in Europa ein weiteres spektakuläres Wachstum; für Deutschland stellten Kellner/Heuberger (1992, S. 55) ein jährliches Umsatzwachstum von 12 bis 20 Prozent fest; 1989 waren in der Branche hier etwa 20.000 hochqualifizierte Experten (davon 8.000 allein in der Personalberatung) tätig. Stark zugenommen hat nicht nur die Zahl der freiberuflich tätigen Firmen und der in ihnen Beschäftigten, sondern auch der in den Unternehmen selbst angestellten Berater. Zugleich läßt sich, wie weiter unten noch zu erläutern sein wird, eine Tendenz zur Ausweitung des Beratungsangebots von den traditionellen, auf die Rationalisierung einzelner betrieblicher Funktionen beschränkten, zu "holistischen" Programmen unter Titeln wie "Unternehmenskultur", "corporate identity" usw. beobachten.

Die heutige Rolle des *Consulting*-Gewerbes - dieser These wollen wir im folgenden nachgehen - bestätigt einerseits die Warnungen Schelskys in einem noch weit drastischeren Sinne, als er es sich selbst vermutlich je hätte träumen lassen. Vergleicht man die heute in der Wirtschaft gebräuchliche Sprache und Symbolik mit der vergangener Zeiten, so läßt sich ein signifikanter Wandel feststellen, den wir als Professionalisierung des Symbolmanagements bezeichnen wollen. An diesem Wandel war das *Consulting*-Gewerbe wesentlich beteiligt: Sein Einfluß auf Sprache, Selbstbild und Selbstdarstellung großer, vielfach auch mittlerer Unternehmen ist heute überall spürbar. Vorstandsmitglieder, Manager, Angestellte, Verkäufer kommunizieren heute zumindest auf der offiziellen Ebene in einer Sprache, die nicht von ihnen, sondern von hochbezahlten Beratungsexperten in die Welt gesetzt wurde: Man denke nur an das Schlagwort von der "Unternehmenskultur", an die Rede von der "Selbstverwirklichung", vom "Wertewandel" usw. Die "Reflexionselite", so hat es den Anschein, predigt nicht länger nur in den produktionsfernen Sphären der Universität, der Schulen, der Medien, sie hat sich mitten in der Produktionssphäre selbst eingenistet und übt dort eine durchdringende Herrschaft über die Symbolwelt aus. Die Anleihen, die der von ihr entwickelte Jargon bei Theoriestücken der akademischen Soziologie, Psychologie und Sozialpsychologie macht, sind unübersehbar.

Sozialwissenschaftliches Wissen gehört zum Grundstock der Kompetenz des Unternehmensberaters:1

Andererseits - und dies spricht gegen Schelsky sowie die Protagonisten der Theorie der neuen Klasse und für Bourdieu - erscheint die Charakterisierung der Unternehmensberater als neue "Priesterklasse" alles andere als angemessen. Der vertraute kommerzielle Charakter ihres Gewerbes ist offensichtlich und über jeden Zweifel erhaben. Die von der Branche in immer rascherer Folge ausgestoßenen charismatischen Lehren lassen sich unschwer als ordinäre "Produkte" dechiffrieren, die auf einem Markt angeboten werden und dort auf eine gewinnverheißende Nachfrage stoßen. Eine rein immanente Analyse und Interpretation kann dem Phänomen deshalb auch nicht gerecht werden; die eigentliche Aufgabe besteht vielmehr darin, Angebot und Nachfrage auf dem Beratungsmarkt, die sie bestimmenden Faktoren und Interessen sowie die daraus resultierende Verteilung sozialer Macht zu untersuchen. Folgt man Bourdieu, so ist die gleiche Forderung auch in bezug auf die Analyse der nichtkommerziellen "Wissensindustrie" zu stellen, in der die Transformierbarkeit des dort akkumulierten kulturellen Kapitals in ökonomisches Kapital ja nur nicht so direkt und offensichtlich gegeben ist - eine Forderung, deren Einlösung zentrales Thema seines Werkes ist.

Wir werden im folgenden zunächst versuchen, einige Veränderungen in der symbolischen Selbstdarstellung von Unternehmen von der Mitte dieses Jahrhunderts bis zur Gegenwart an Beispielen darzustellen und diese Veränderungen als Übergang von *historisch-kulturell gewachsenen zu professionell konstruierten Formen symbolischer Selbstdarstellung* charakterisieren. Im Anschluß daran soll eine Analyse des Marktes für die Erzeugnisse der Unternehmensberatung gegeben werden. Woher rührt, was bestimmt die

1 "Management consultants" - so beobachtete Robert Jackall - "probably play signal role in the systematic condensation, simplification and popularization of important thought in all the social sciences. At one private conference of management consultants that I recently attended, one speaker gave virtuoso performance of such syncretic ability. Among those theorists whose ideas were clearly recognizable, though unacknowledged, were not only Marx, Weber, and Freud, but also Ferdinand Tönnies, Emile Durkheim, Robert Merton, Daniel Bell and C. Wright Mills. The performance concluded with dire prophecies of corporate disaster unless the consultant's warnings were heeded." (Jackall 1988, S. 139)

Nachfrage nach ihren heute so populären Produkten wie "Organisationskultur", "Wirtschaftsethik" und dergleichen? Welches sind andererseits die Strategien der Anbieterseite beim Absatz der Produkte? Abschließend wird es darum gehen, die Befunde auf die von Bourdieu und Schelsky formulierten theoretischen Fragen zurückzubeziehen.

Symbolische Selbstdarstellung von Unternehmen im historischen Wandel

Unternehmen - das kann heute als Gemeinplatz vorausgesetzt werden - sind nicht allein formale Organisationen, sondern auch sozial integrierte Handlungszusammenhänge, in denen Normen, Werte und Ideologien eine wesentliche Rolle bei der Koordination von Handlungen spielen. Ohne ein Minimum gemeinsamer normativer Orientierungen und spontaner Kooperation, das über die unvermeidlichen Lücken und Widersprüche formaler Regelungssysteme hinweghilft, wäre eine erfolgreiche Organisation von Arbeitsprozessen selbst in extrem bürokratisierten oder technisierten Unternehmen nicht denkbar. In diesem Sinne sind Unternehmen schon immer, und nicht erst seit der Entdeckung der "Kultur" durch die Betriebswirtschaftslehre, sozio-kulturell konstituierte Gebilde gewesen, d.h. soziale Einheiten, die ein Mindestmaß an "kollektiver Identität" entwickeln und diese durch Symbole und Ideologien ausdrücken und überliefern müssen.

Ungeachtet ihrer einheitsstiftenden Funktion sind jedoch auch Unternehmensideologien historischem Wandel unterworfen. Eine klassische Studie, die diesen Wandel in breiter historischer Perspektive am Beispiel Großbritanniens, Rußlands bzw. der Sowjetunion und der USA vom Beginn des 19. Jahrhunderts bis in das erste Drittel des 20. Jahrhunderts untersucht, ist die Studie von Reinhard Bendix (1956) über "Work and Authority in Industry". Bendix zeigt, daß die individualistischen und sozialdarwinistischen Ideologien des britischen und amerikanischen Unternehmertums im 19. Jahrhundert noch stark von religiösen Traditionen, vor allem der Tradition des asketischen Protestantismus, geprägt waren. Sie wurden (vor allem durch den Bruch mit den traditionellen Tugenden der Fürsorglichkeit) freilich im Sinne der Interessen des Unternehmertums aufgenommen und umgedeutet. Es handelte sich hier noch um überlieferte historische Doktrinen, die in der gesellschaftlichen Praxis eine klassenspezifische Prägung erfuhren -

noch nicht um Unternehmensideologien im modernen Sinne. Letztere entstanden, wie Bendix zeigt, erst im Zuge der Bürokratisierung der Unternehmen um die Jahrhundertwende, vor allem nach dem ersten Weltkrieg. Damals zeigte sich, daß die traditionellen Wertsysteme des Unternehmertums den wachsenden sozialen Integrationsbedürfnissen großer Organisationen nicht mehr gerecht werden konnten, im Gegenteil zur Verschärfung der sozialen Konflikte beitrugen. An die Stelle der überlieferten gesellschaftsweiten *Klassenideologien* begannen nun professionell konstruierte *Organisationsideologien* zu treten. Taylor und Mayo waren - so lassen sich die Befunde Bendix' interpretieren - die Pioniere der seit den zwanziger Jahren vor allem in den USA, zum Teil aber auch in Deutschland zu beobachtenden autonomen, wissenschaftlich-zweckrational reflektierten, nicht mehr aus der kulturellen und religiösen Überlieferung abgeleiteten Ideologisierung der Organisationssphäre.

Für die Zeit nach dem Zweiten Weltkrieg fehlen ebenso breit angelegte historische Untersuchungen. Wir können nur annehmen, daß der bereits von Bendix angedeutete Übergang von gewachsenen zu sozialwissenschaftlich-professionell konstruierten Ideologien sich fortgesetzt und mit der heute von Unternehmensberatern in Gang gesetzten "Organisationskultur"-Welle ein neues Stadium erreicht hat. Es ist uns hier nicht möglich, diese These sorgfältig empirisch zu begründen. Wir können sie nur exemplarisch plausibel machen, indem wir die Ergebnisse einer Studie von Hartmann (1968) über die Wertorientierungen deutscher Unternehmer und Manager aus den fünfziger Jahren mit den Aussagen heutiger Protagonisten der "Unternehmenskultur" vergleichen.

In seiner in den Jahren 1953 bis 1955 durchgeführten Untersuchung, die sich auf Interviews mit 200 Führungskräften stützte, ging es Hartmann darum, die normativen Grundlagen von Autorität und Organisation in deutschen Unternehmen zu klären. Das deutsche Unternehmertum, so stellte er fest, sei "bekannt für die Stärke seiner Autorität" (1968, S. 13). Das Recht der Unternehmer, Befehle zu erteilen und Gehorsam zu erwarten, werde nur wenig in Frage gestellt. In den Gesprächen mit den Führungskräften bemühte Hartmann sich darum, die von letzteren selbst anerkannten Wertesysteme herauszuarbeiten. Dabei ging er, ohne dies im einzelnen nachzuprüfen, davon aus, daß diese Wertsysteme auch außerhalb der Unternehmerschaft anerkannt seien, wenn auch nicht in allen sozialen Schichten gleichermaßen.

Aus den Aussagen der Führungskräfte schälte Hartmann (allerdings ohne nähere methodische Erläuterungen) drei Schlüsselbegriffe heraus, die den Kern des Wertesystems ausmachen:

Privateigentum: Das Privateigentum wird von den Befragten als Grundlage sozialer Ordnung begriffen, die zugleich die eigene Tätigkeit und gesellschaftliche Stellung rechtfertigt. Vor allem für die katholischen Unternehmer ist die Anerkennung dieses Wertes auch eine auf päpstliche Enzykliken gestützte Glaubensfrage. Aber auch von den in der Arbeitsgemeinschaft Selbständiger Unternehmer (ASU) organisierten mittelständischen Unternehmern wurde der Wert des Privateigentums in besonderer Weise betont.

Berufung: Die befragten Führungskräfte fühlen sich zu ihrer Aufgabe "berufen", betrachten sich also als Werkzeug einer letztlich religiös begründeten "höheren Mission". Der Beruf, der von der bloßen Funktion scharf abgegrenzt wird, "erfaßt den Menschen als Person in seiner Ganzheit, er ist Lebenserfüllung" (Zitat bei Hartmann 1968, S. 41). Bei einem Teil der Befragten - wiederum insbesondere bei der katholischen Unternehmerschaft - verbindet sich die Idee der Berufung mit dem Gedanken einer die gesamte Gesellschaft umfassenden berufsständischen Ordnung, deren Abkunft aus dem faschistischen Modell des "korporativen Staates" kaum verhohlen wird. Verbunden sind diese Vorstellungen mit scharfen Polemiken gegen die Demokratie und den "Gewerkschaftsstaat".

Elite: Die Führungskräfte sind überzeugt, einer Elite anzugehören. Dieses Bewußtsein rechtfertigt sich nicht aus der spezifischen Leistung oder Funktion des Unternehmers oder Managers, sondern aus der Überzeugung, "das Beste an Leistung, Können, Wollen und Wissen" zu repräsentieren. Zur Elite zu gehören, heiße, "zwischen wichtig und wesentlich unterscheiden" zu können und "durch das Wissen um die großen Zusammenhänge bereit (zu sein), mehr zu leisten als die anderen" (Zitat bei Hartmann 1968, S. 46). Der Elite ist die durch Anonymität und Verantwortungsscheu gekennzeichnete "Masse" entgegengesetzt.

Das gemeinsame Merkmal dieser Aussagen ist nach Hartmann ihr *kreditiver* Charakter. Es handelt sich um letzte, weiterer Begründung nicht bedürftiger "Grundwerte", die sich durch drei Attribute auszeichnen: Sie sind selbstverständlich im Sinne des Enthobenseins von rationaler empirischer Überprüfung. Typisch ist, daß der - wie wir sehen werden, für heutige Organisationskultur-Konstrukte bezeichnende - funktionale Rückbezug auf die ökonomische Erfolgsträchtigkeit gerade *fehlt*: Der ökonomische Erfolg gilt nur als Nebenprodukt einer "höheren Mission", die unmittelbar geglaubt und für selbstverständlich gehalten wird. Die Grundwerte erheben ferner einen Totalitätsanspruch, gehören also zu einem Wertesystem, das Anerkennung durch die ganze Gesellschaft, also auch in Familie, Schule, Kirche, Politik verlangt. Es ist damit auch nicht nur in der beruflichen Erfahrung des Unternehmers, sondern auch in seiner vorberuflichen Erziehung und sozialen Herkunft verankert. Das *kreditive* Wertesystem kennt auch keine rollenspezifischen Beschränkungen. Die herausgehobene, charismatische Stellung, die es dem Unternehmer zuweist, ermächtigt ihn, unabhängig von den formalen Zuständigkeiten in firmeninterne Entscheidungen einzugreifen oder auch Anerkennung außerhalb der Firma (im Sinne der Übernahme einflußreicher Positionen in der Politik, in Verbänden u.a.) zu beanspruchen. Das Wertesystem hat schließlich exklusiven Charakter: Privateigentum, Berufung, Elitestatus sind "begnadete Gaben", die nicht von jedem erworben werden können, sondern einer Minderheit vorbehalten sind.

Von solchen *kreditiven* Werten unterscheidet Hartmann "funktionale Autorität", die sich durch erfolgreiche Aufgabenerfüllung, berufliche Kompetenz und Leistung legitimiert. Die oberste Richtschnur funktional orientierten Managements ist der Erfolg. Im Gegensatz zur kreditiven Autorität ist funktionale Autorität relativ, situations- und aufgabenabhängig: "Funktionale Leistungsfähigkeit schafft ein Recht auf Autorität, schlechte Leistung zerstört dieses Recht" (Hartmann 1968, S. 297). Wer seine Position auf funktionale Autorität gründet, sitzt auf wackligen Stühlen. Während Hartmann zufolge das Muster der kreditiven Autorität in deutschen Unternehmen auf der Ebene des oberen Managements (bzw. des Unternehmers) dominiert und die Legitimität der Hierarchie begründet, herrscht das Muster der funktionalen Autorität auf den mittleren und unteren Ebenen des Managements vor.

Im internationalen Vergleich stellt das starke Gewicht kreditiver Autorität, wie Hartmann vermutet, ein Spezifikum deutscher Unternehmen insbesondere gegenüber dem stärker pragmatisch und funktional orientierten amerikanischen Management dar. Auch wenn in Deutschland eine gewisse Tendenz zur *Professionalisierung* und *Amerikanisierung* des Managements festzustellen sei, wurzele der deutsche Wirtschaftserfolg in der Nachkriegszeit paradoxerweise gerade in den "nicht rationalen Grundlagen" des Managements, die viel stärker als rein funktionale Orientierungen geeignet seien, eine aggressive wirtschaftliche Expansionspolitik zu motivieren.

Dreißig Jahre nach Hartmanns Untersuchung ist erneut viel von der Bedeutung von "Werten" für die Wirtschaft die Rede, jedoch hat sich die Rollenverteilung in der Debatte genau umgekehrt: Die Unternehmer und Spitzenmanager großer Firmen sind diesmal nicht die Verkünder, sondern die *Adressaten* der Botschaft. Die Rolle der Prediger ist von (sozialwissenschaftlich geschulten) geschäftstüchtigen Unternehmensberatern übernommen worden. Ihre Predigt stößt auf rege Nachfrage bei den Klienten. Alvesson/Berg erzählen folgendes vermutlich nicht untypisches Erlebnis eines Personalleiters:

"In the early 1980's, just after christmas, I was phoned by a desperate personnel manager of an international service company. He said that the president of the company had received "In Search of Excellence" as a Christmas gift and that after having read it he had immediately ordered a copy for each member of the board of directors. The board was then summoned to a meeting during which the president declared, pointing to the book: 'I want an excellent and competitive company with this kind of culture within six months.' Then he looked at the distressed personnel manager adding: 'And you are the one to do it.'" (Alvesson/Berg 1992, S. 137)

Die Botschaft der neuen Prediger wie Peters/Waterman, Deal/Kennedy und anderer scheint auf den ersten Blick auf ein bloßes Echo der Hartmannschen Thesen hinauszulaufen: "Werte" sind ein entscheidendes Attribut erfolgreicher Unternehmen. Für Deal/Kennedy etwa sind sie der Kern der "Unternehmenskultur":

"As the essence of a company's philosophy for achieving success, values provide a sense of common direction for all employees and guidelines for their day to day behaviour. These formulas for success determine (and occasionally arise from) the type of corporate heroes, and the myths, rituals, and ceremonies of the culture. In fact, we think that often companies succeed because their employees can identify, embrace, and act on the values of the organization." (Deal/Kennedy 1982, S. 21)

Haben wir es also mit einer Rückkehr zu einem kreditiven Wertekanon zu tun? Wer die Semantik der neuen Heilslehren unreflektiert aufnimmt, ohne ihren sozialen Entstehungs- und Verwendungszusammenhang zu beachten, kann leicht zu einer solch irrigen Schlußfolgerung kommen. Berücksichtigt man die erwähnte Umkehrung der sozialen Rollenverteilung zwischen Predigern und Adressaten der Predigt, so erscheint die gegenteilige These sehr viel plausibler: Womit wir es zu tun haben, ist nicht eine Renaissance kreditiver Werte, sondern - hält man sich an die Hartmannsche Terminologie - eine *Radikalisierung funktionaler Autorität*. Von einer Radikalisierung können wir hier insofern sprechen, als nicht nur im Sinne der Definition Hartmanns auf kreditive Werte verzichtet und der Erfolg zur obersten Richtschnur des Managementhandelns in seinen verschiedenen Funktionen und Aufgabenbereichen gemacht wird. Vielmehr werden "Werte" nun selbst als Instrumente zur Steigerung des Unternehmenserfolges erkannt und entsprechend definiert, konstruiert, propagiert; ihre Funktion, nicht ihr Inhalt ist wichtig.

Von einer Funktionalisierung der Werte selbst läßt sich in einem doppelten Sinne sprechen: "Werte" sind zum einen ein zentraler Bestandteil der Rezepte, die die Unternehmensberater ihren Klienten anbieten. Diese Rezepte stellen soziale Dienstleistungen dar, die zur kommerziellen Verwertung bestimmt sind und für ihre Anbieter einen wirtschaftlichen Gewinn erbringen müssen. "Werte" werden zum anderen von den Klienten, den Managern und Unternehmern, gerade nicht als "letzte Wahrheiten" nachgefragt, sondern als ein Medium, von dem eine Reihe von für den Unternehmenserfolg als nützlich erachteter Wirkungen - Orientierung und Motivierung der Beschäftigten, Selbstdarstellung von Profilierung des Unternehmens auf den Märkten und in der Öffentlichkeit, Imagepflege in Umweltfragen u.a. - ausgeht. Dahinter steht die nüchterne Erkenntnis, daß die Funktionen von "Werten" für den Unternehmenserfolg viel zu wichtig sind, um ihre Bildung und Interpretation der Intuition und zufälligen lebensgeschichtlichen Erfahrung der Führungskräfte (wie sie die von Hartmann Befragten noch unbefangen zu Protokoll gaben) zu überlassen. Gefragt ist vielmehr ein zielbewußtes, auf die Bedürfnisse des Unternehmens hin maßgeschneidertes wie auf systematisch-professionelles sozialwissenschaftliches

Wissen gestütztes "Management von Symbolen". Bei dieser Aufgabe sind die publikumsscheuen, sozialwissenschaftlich meist gar nicht vorgebildeten und von der täglichen Routinearbeit belasteten Manager überfordert. Sie muß als spezialisierte Funktion ausgegliedert und an entsprechende professionelle Experten inner- oder außerhalb des Unternehmens delegiert werden. Während der kreditive Charakter von Werten bei Hartmann noch gerade in ihrem Enthobensein von der funktionalen Arbeitsteilung im Unternehmen bestand, wird Management von Werten und Symbolen nun selbst zu einer spezialisierten Funktion. Womit wir es zu tun haben, ist eine Professionalisierung des Symbolmanagements, die die Akkumulation des ökonomischen ebenso wie des sozialen und kulturellen Kapitals der anbietenden Unternehmensberater einerseits, der nachfragenden Unternehmer und Manager andererseits fördert.

Der fortschreitenden Ausdifferenzierung der unternehmensinternen Arbeitsteilung korrespondiert ein Wachstum der *Consulting*-Industrie. Sowohl die Zahl der firmenintern tätigen wie die der externen Berater nimmt zu, wobei die Aktivitäten beider sich wechselseitig zu stimulieren tendieren. Zugleich weitet sich die Angebotspalette von funktional spezialisierten zu "holistischen" Dienstleistungen. Kellner/ Heuberger (1992, S. 51) unterscheiden zwischen klassischem und modernem *Consulting*. Während das klassische *Consulting* sich auf Fragen der Rationalisierung von Produktion und Organisation, der Personal-, Produkt- und Marktpolitik oder auch auf die sich bei Unternehmenszusammmenschlüssen ergebenden Probleme orientierte, konzentriert sich das moderne *Consulting* auf die sozialen und kulturellen Aspekte der Organisation. Es sieht seine Mission darin, das "corporate image", die "Firmenphilosophie" oder die "Organisationskultur" zu formen. Es übernimmt daher nicht länger nur Aufgaben der Beratung, sondern auch solche des "coaching", des "training", der "Organisationsentwicklung" (Breisig 1990, S. 323 f.), die darauf zielen, das konkrete Verhalten wie das Selbstverständnis der Klienten zu beeinflussen. Der moderne *Consultant* ist, wie Jackall es formuliert, "an expert who trades in others' troubles." (Jackall 1988, S. 140). Dabei kommen Unternehmensberater mit dem traditionellen betriebs-, organisations-, und ingenieurwissenschaftlichen Wissen nicht mehr aus. Sie benötigen soziologische und sozialpsychologische Kompetenz, müssen aber zugleich über die Fähigkeit zur Vereinfachung und Popularisierung sozialwissenschaftlicher Theorien verfügen.

Zu betonen ist nochmals, daß es hier in erster Linie um die Veränderungen in der sozialen Konstruktion von Selbstbild und Selbstdarstellung großer Unternehmen geht. Die "soziale Welt" kleiner Betriebe ist, folgt man den Befunden der (deutschen) Studie von Kotthoff/Reindl (1990), von dem beschriebenen Prozeß der Professionalisierung und Funktionalisierung des Symbolmanagements weitgehend unberührt geblieben. Hier ist der Unternehmer noch nicht auf seine ökonomische Rolle reduziert, sondern gilt ganz selbstverständlich als die "prägende Figur für die Ausgestaltung der betrieblichen Sozialordnung" (Kotthoff/Reindl 1990, S. 14); hier zeigen gewachsene Formen von Autorität und Kooperation nicht nur eine ungebrochene Lebenskraft, sondern erweisen sich auch als entscheidender Faktor der Leistungsfähigkeit der Betriebe: "Es schmeichelt den kleinen Betrieben, wenn ihre großen Brüder jetzt mit Hilfe ausgefeilter Sozialtechniken darangehen, eine Gemeinschaftlichkeit künstlich zu erzeugen, die viele von ihnen qua pragmatisch-flexiblem sozialem Handeln von Unternehmer und Arbeitern ohne die Beigaben einer aufgepropften Managementphilosophie schon seit jeher besitzen" (Kotthoff/Reindl 1990, S. 15).

Im folgenden werden wir die Hintergründe der Entstehung und Expansion des modernen *Consulting* und seines holistischen oder globalen Dienstleistungsangebots näher analysieren, wobei zunächst die Seite des Angebots, dann die der Nachfrage betrachtet wird.

Determinanten der Nachfrage nach "modernem" Consulting

Die zunehmende Nachfrage nach holistisch orientierter "moderner" Unternehmensberatung reflektiert die zunehmende Bedeutung des Symbolmanagements für den wirtschaftlichen Erfolg großer Unternehmen. Die Veränderungen des wirtschaftlichen, technischen und gesellschaftlichen Umfeldes machen die traditionellen Formen symbolischer Selbstdarstellung der Unternehmen obsolet und veranlassen sie zu neuen Formen der "Ideologieplanung". In der Literatur sind diese Veränderungen schon breit besprochen worden (vgl. etwa Dülfer 1991, Alvesson/Berg 1992), so daß wir uns hier auf einen resümierenden Überblick beschränken können. Wir befassen uns im folgenden mit drei wichtigen Bereichen:

Personalpolitik und Personalsteuerung

Die zunehmende Insuffizienz bürokratischer Formen der Personalsteuerung gilt als eine der wichtigsten Ursachen der wachsenden Nachfrage nach Symbolmanagement. Die vom Marktwettbewerb ausgehenden Forderungen nach Flexibilität und Kundennähe sowie die Verkürzung der Innovationszyklen veranlassen viele Firmen, ihre Organisationsstruktur zu dezentralisieren und die Arbeitsteilung zwischen den funktionalen Bereichen sowie auf den operativen Ebenen zu reduzieren. Das setzt nicht nur eine umfassende Nutzung der Möglichkeiten avancierter Informationstechniken, sondern vor allem auch einen Wandel der durch bürokratisch-arbeitsteilige Abläufe geprägten Mentalität voraus: Die Beschäftigten müssen besser ausgebildet und auf "integriertes" Denken hin trainiert werden, zugleich muß ihnen mehr Kompetenz und Autonomie eingeräumt werden (vgl. Brünnecke/Deutschmann/Faust 1992).

Die Kehrseite des Bürokratieabbaus ist, daß die Arbeitsleistung der Beschäftigten nicht länger durch detaillierte Anweisungen, Regeln und Vorschriften gesteuert werden kann. Auch die Determination von Arbeitsabläufen durch technische Systeme nimmt im Zuge der automationsbedingten Entkoppelung von Mensch und Maschine ab. Die höhere Arbeitsautonomie der Untergebenen hat weitreichende Auswirkungen auf die Leitungsorganisation, die Aufgaben und den Führungsstil der Vorgesetzten: Direkte muß durch indirekte Kontrolle und Steuerung ersetzt werden, anstelle formaler Folgebereitschaft muß authentische Motivation treten. Das setzt voraus, daß entsprechende Normen, Leitbilder und Ideologien formuliert und in der betrieblichen Ausbildung vermittelt werden, sowie selbstgesteuerte Arbeitsformen wie teilautonome Gruppen und Projektteams Chancen praktischer Erprobung finden. Nur in dem Maße, wie dies gelingt, kann die Firma auf spontane Kooperation, Loyalität und "peer group pressure", als impliziten Mechanismus von Motivation und Leistungskontrolle, bauen. Das von Unternehmensberatern angebotene "Organisationskultur"-Konzept verspricht, einen Beitrag zu einer solchen "konfliktarmen, unbürokratischen, aber dennoch hochwirksamen Verhaltenssteuerung" (Ebers 1991, S. 50) zu leisten und stößt daher auf rege Nachfrage beim Management.

Auf dem Feld der Personalpolitik gibt es jedoch noch weitere, über die betrieblichen Rationalisierungs- und Flexibilisierungserfordernisse hinausgehende Motive für den Bedarf nach modernem *Consulting*. Wie die Organisationsforschung (z.B. Fox 1974) gezeigt hat, beruht der Erfolg bürokratischer Führungsmethoden niemals allein auf den vom Management kontrollierten formalen Sanktionen und Gratifikationen. Die bürokratische Kontrolle ist vielmehr nur dort wirksam, wo sie sich implizit oder explizit noch auf intakte allgemein-gesellschaftliche Autoritätsnormen stützen kann. In den von Hartmann beschriebenen kreditiven Autoritätsformen waren wir bereits auf solche, in kulturellen und religiösen Traditionen wurzelnde Normensysteme gestoßen. Betriebliche Herrschaft baut in diesem Fall auf den in den gesellschaftlichen Institutionen - Familie, Schule, Kirche, Militär - etablierten Autoritätsmustern auf und profitiert von deren sozialisierenden Einfluß. Die Autorität von Meistern und anderen Vorgesetzten lehnt sich an das Vorbild von Vätern, Lehrern, Pfarrern und Offizieren an; sie ist so gesehen eine "Gratisleistung", die der Betrieb von den gesellschaftlichen Institutionen bezieht.

Werden diese traditionellen Autoritätsnormen durch gesellschaftliche Veränderungen erschüttert und diskreditiert, wie dies in den sechziger und siebziger Jahren in den meisten westlichen Ländern der Fall war, so hat dies auch weitreichende Folgen für die Autoritätsstrukturen im Betrieb. Die Bildungsexpansion, das Vordringen hedonistischer und individualistischer Orientierungen hat den von Hartmann analysierten kreditiven Werten die Legitimität entzogen. Wo dies der Fall ist, sind die Betriebe nicht länger in der Lage, ihre Autoritätsstrukturen auf impliziten gesellschaftlichen Vorbildern zu begründen und deren Legitimation als externe Gratisleistung von der Gesellschaft zu beziehen. So entsteht ein normatives Vakuum, das sich in Führungsproblemen und Autoritätskrisen der Vorgesetzten äußert. Die zunehmende Internationalisierung der Unternehmen und die mit ihr verknüpfte wachsende internationale Mobilität des Personals ist ein weiterer Faktor, der die Prägung der internen Sozialbeziehungen im Unternehmen durch (national bestimmte) kulturelle Traditionen untergräbt.

Der Aufbau von Kooperation, die Strukturierung und Rechtfertigung von Autorität kann unter diesen Bedingungen nicht länger unreflektiert an den lebensgeschichtlichen Erfahrungen der Beteiligten anschließen. Sie wird zu einer Aufgabe, die im Betrieb selbst bewältigt werden muß und planvolle Anstrengungen der Unternehmensführung verlangt. Dabei ist das pädagogisch, psychologisch und soziologisch ungeschulte Management freilich meist überfordert und sucht nach professioneller Hilfe und Beratung. Wiederum entsteht hier ein Bedarf nach modernem *Consulting*.

Marktstrategien

Ein anderer wichtiger Teil des Bedarfs nach Symbolmanagement resultiert aus den Entwicklungen des Marktes. Die Verschärfung des Wettbewerbs veranlaßt die Firmen, ihre Produkte möglichst zu profilieren und unverwechselbar zu machen mit dem Ziel, Kunden an sich zu binden. Je weniger sich diese Profilierung durch Innovation, Qualitätssicherung, Produktdifferenzierung und ähnlichem an den sachlichen Eigenschaften des Produkts festmachen läßt, desto wichtiger wird die symbolische Profilierung durch Aufbau eines spezifischen Produkt- und Firmenimages. Symbolmanagement gewinnt damit nicht nur im Bereich der internen Personalpolitik, sondern auch in den Beziehungen mit den Kunden eine wachsende Bedeutung. Vor allem im Bereich der persönlichen Dienstleistungen, in denen die Qualität der "face to face"-Beziehungen mit den Kunden konkurrenzentscheidend ist, ist die Tendenz zu symbolischer Profilierung (z.B. durch Gründung von "Clubs", die die Kunden als "Mitglieder" vereinnahmen) verbreitet. "The point here seems to make customers not only positive to the company products and services, but also dedicated to the basic company goals, values, and strategies or as one company expressed it: 'It is no longer enough for a company to have many customers, but they need many friends' (Alvesson/Berg 1992, S. 138).

Public Relations

Die Selbstdarstellung des Unternehmens in der Öffentlichkeit ist ein weiteres für seinen wirtschaftlichen Erfolg immer wichtigeres Feld. "Dexterity with symbols" (Jackall 1988, p. 134 f.) ist einer der wichtigsten Imperative für die Sicherung der Reputation des Unternehmens angesichts einer durch

Frauen- und Ökologiebewegungen, Technik- und Zivilisationskritik und gestiegene Konsumentenansprüche sensibilisierten öffentlichen Meinung. Ein negatives Image des Unternehmens könnte sich rasch auch auf seine Marktposition auswirken; Manager sehen sich einer dauernden "Belagerung" (Jackall 1988, S.147) durch die Öffentlichkeit ausgesetzt; sie stehen unter dem Zwang, auf ganz unterschiedlichen Auditorien mit häufig entgegengesetzten Interessen auftreten, sich darstellen und rechtfertigen zu müssen. Das erfordert vor allem Selbstkontrolle und die Pflege einer Emotionen und Widersprüche sorgfältig verbergenden, gleichzeitig jedoch stets Optimismus ausströmenden Sprache. So ist, wie Jackall beobachtete, nicht von "saurem Regen", sondern von "poorly buffered precipitation" die Rede; Atomunfälle werden als "abnormal evolution" oder "plant transient" etikettiert (Jackall 1988, S.136/137). Bei der Konstruktion solcher euphemistischen Sprachregelungen, die nicht nur für die öffentliche Selbstdarstellung des Unternehmens, sondern auch für die offiziellen Ebenen der Binnenkommunikation wichtig sind, ist wiederum professionelle Beratung gefragt.

Techniken und Strategien der Anbieter

Wieweit ist der professionelle *Consultant* nun in der Lage, den vielfältigen Anforderungen (die wir bei weitem noch nicht erschöpfend umschrieben haben) gerecht zu werden? Wie gelingt es ihm, bei seinen Klienten Vertrauen in seine Fähigkeit zur Lösung der Probleme zu wecken? Die wenigen vorliegenden Analysen über die Tätigkeit von Unternehmensberatern deuten darauf hin, daß es einige charakteristische "Rezepte" und Vorgehensweisen gibt, die sich in der Praxis des *Consulting* durchgesetzt haben, auch wenn man von einer klassischen Professionen (Ärzte, Rechtsanwälte ua.) vergleichbaren Kodifizierung von Ethik und Wissen des Berufes ebensowenig sprechen kann wie von einer Institutionalisierung von Qualifizierung und Zulassung. Dubiose und exotische Angebote sind häufig und nur schwer von seriösen zu unterscheiden. Als eine "Profession" im strengen Sinn kann das Gewerbe deshalb bis heute kaum bezeichnet werden. Berater handeln mit Etiketten, Sprachregelungen, Deutungsangeboten und Rezepten, die auf die Konstruktion der sozialen Wirklichkeit im Unternehmen einwirken und diese in einer bestimmten Richtung verändern sollen. Dem *Consultant* muß zunächst daran gelegen sein, seine Kunden von der Nützlichkeit seiner Botschaft zur Lösung ihrer Probleme zu überzeugen. Diese Überzeugungsarbeit vollzieht sich typischerweise in folgenden Schritten (vgl. Alvesson/Berg 1992, S. 27):

a.) Kritik an der Einseitigkeit und Oberflächlichkeit sowie der positivistischen Methodologie traditioneller Organisationsforschung bzw. traditionellen Organisationswissens. Die Insuffizienz bisherigen auf "lineares Denken" und "rein quantitatives Messen" fixierten Expertentums sowie die Krisenerscheinungen der gegenwärtigen Gesellschaft überhaupt werden in düsteren Farben gemalt. Die Folge sei - um aus einem einschlägigen Text des Genres zu zitieren - ein

> "rapides Nachlassen des Vertrauens, vor allem der jüngeren Generation. (...) Dieser Vertrauensschwund und damit die Unzufriedenheit der nachwachsenden Generation wird in den Ökologiebewegungen ebenso wie in der Frauen- und in der New Age-Bewegung sichtbar. Zeitgleich entsprechen die Reformbewegungen in der UdSSR und in anderen Ostblockstaaten, Glasnost und Perestroika, einem immer stärkeren Reform- und Veränderungsbedürfnis und haben offenbar größere Umwälzungen zum Ziel, als viele zunächst annahmen. Auch die 'Studentenrevolte' von 1968 war ein weltweites Phänomen in Ost und West: eine Auflehnung gegen Erstarrungen und Verkrustungen der Gesellschaftssysteme." (Wever 1990, S. 19)

b.) Auf die Beschwörung der gesellschaftlichen Krise folgt die Forderung nach radikaler Umkehr vom quantitativen zum qualitativen, vom linearen zum vernetzten Denken. Ebenso radikal müsse die Organisationsanalyse auf symbolische Strukturen und kulturelle Phänomene (Mythen, Rituale, Symbole, Geschichten) umgestellt werden. Nur auf diesem Wege könne ein tieferes und adäquateres Verständnis des "wirklichen" Lebens der Organisation erarbeitet werden. (Absichtsvoll wird hier meist die lange akademische Tradition qualitativ angelegter Organisationsforschung unterschlagen.)

c.) Der Kunde muß davon überzeugt werden, daß "in the absence of an adaequate understanding of the culture and symbols of the organization, a manager is walking on unsafe ice" (Alvesson/Berg 1992, S. 27). Er sei unfähig zu effektiver Führung, solange er nicht wisse, was unter der Oberfläche des Verhaltens der Organisationsmitglieder vor sich gehe.

d.) Aus eigener Kraft sei der Manager nicht in der Lage, sich aus seiner unbewußten Verstrickung in die organisationsinternen Spiele, Mythen,

Rituale zu lösen. Nur durch Hilfe von außen könne er die Fähigkeit zu rationalem und effizientem Handeln zurückgewinnen. Diese Hilfe könne ihm der Berater bieten.

Das Bemühen des Beraters geht so immer wieder dahin, den Klienten von der Schlüsselstellung der "Kultur" des Unternehmens als Determinante seines ökonomischen Erfolges zu überzeugen. Gleichzeitig wird der Glaube an die Möglichkeit eines zielstrebigen, intentionalen "Kulturwandels" suggeriert, der nicht nur die Produktivität der Mitarbeiter stimuliere, sondern zugleich auch ihre Lebensqualität und "Selbstverwirklichung" fördere und das Unternehmen gegen eine ganze Reihe von "Herausforderungen" besser wappne, von denen in der Regel genannt werden: die japanische Konkurrenz, Ökologiebewegungen sowie der besonders häufig zitierte Wertewandel. Hier kommt der über funktional spezifiziertes Sachwissen hinausgehende "Heilsbotschafts"-Charakter des Angebots des Unternehmensberaters zum Ausdruck. Bemerkenswert ist, wie häufig in diesem Zusammenhang Avancen an das emanzipatorische Gedankengut der Neuen Linken gemacht werden. "Die Wirtschaft" so heißt es etwa in dem bereits erwähnten Beispieltext,

"kommt nicht aus ohne kritisch mitdenkende, höher gebildete und besser ausgebildete Mitarbeiter, die mehr mitreden können, wollen und müssen. Die Zeit, da die Wirtschaft mit mehr oder weniger anspruchslosen, angepaßten Befehlsempfängern ganz gut zurecht kam, ist ein für allemal vorbei." (Wever 1990, S. 27; auch Kellner/Heuberger 1992, S. 58)

Die konkrete Arbeit des Beraters entwickelt sich meist in folgenden Schritten: Zunächst wird in Interviews, Seminaren und Gruppendiskussionen und Dokumentenstudien eine Analyse des "Ist-Zustandes" der Organisationskultur vorgenommen, bei der auch latente soziale Strukturen, Orientierungsmuster und Konflikte erhoben werden sollen (vgl. Schein 1985, S. 112f.) Darauf aufbauend, konstatiert der Berater "Defizite", formuliert eine "Diagnose" und entwirft das Konzept eines "Soll-Zustandes". Um die mit dem "Soll-Zustand" intendierten Verhaltensänderungen der Beschäftigten durchzusetzen, werden wiederum Seminare, Gruppengespräche und gruppendynamische Sitzungen veranstaltet. In den Gesprächen sind, wie Czarniawska-Joerges (1990, S. 142) feststellt, zwei typische Vorgehensweisen der Berater zu beobachten, die sie als das "doctor"- und das "merchant"-Modell bezeichnet. *Consultants*, die sich am Modell des "doctor" orientieren, neigen zu einem eher autoritativen Habitus, der den Kunden mit fertigen Sprachregelungen und Deutungsmustern konfrontiert. Der "merchant" dagegen besteht darauf, daß die Problemlösung durch den Kunden selbst erarbeitet werden müsse. Er versteht sich als "Katalysator" oder Therapeut, der dem Kunden nur Hilfe zur Selbsthilfe gewährt (Kellner/Heuberger 1992, S. 62) und präsentiert deshalb seine Deutungsangebote in eher tentativer Form. Wiederum wird hier nicht selten vom Vokabular der Neuen Linken Gebrauch gemacht. Unabhängig davon, ob die "doctor"- oder die "merchant"-Methode angewandt wird, sollte jedoch, wie Jackall warnt, die Erfolgsträchtigkeit der gruppendynamischen Arbeit der Berater nicht überschätzt werden. Die involvierten Führungskräfte und Angestellten werden zwar einem von der Firmenleitung geförderten Projekt, auch wenn sie seinen Sinn nicht recht verstehen, nicht öffentlich widersprechen. Aber: Sie "participate in or run them very effectively, and then quietly drop them when the time is right" (Jackall 1988, S. 143).

Von großer Bedeutung für den praktischen Verlauf des Beratungsprozesses ist, mit welcher Gruppe im Unternehmen der *Consultant* kooperiert. Auftraggeber ist das obere Management, das in aller Regel auch das Problem formuliert, das der Berater zu bearbeiten hat. Freilich kommt es, wie Jackall bemerkt, recht selten vor, daß die oberste Unternehmensführung sich selbst als das "Problem" betrachtet: "Rather, other groups in the corporation are targeted to be 'worked upon'" (Jackall 1988, S. 140). Der Berater wird an andere Gruppen oder Abteilungen im Unternehmen weitergereicht. Diese versuchen ihrerseits, ihn zu überzeugen, daß das Problem nicht bei ihnen selbst, sondern an dritten Stellen in der Organisation zu lokalisieren sei. Falls dies nicht gelingt, besteht die Lösung darin, "to negotiate with the consultant in an oblique way some amelioristic program that will disrupt a given bailiwick[2] as little as possible" (Jackall 1988, S. 140). Für den Berater ist die Versuchung, auf solche Angebote einzugehen, groß. Denn er ist auf das Wohlwollen und die dezidierte Unterstützung der Unternehmensführung angewiesen, kann aber andererseits seinen Auftrag nicht ohne die Kooperation der den höheren Vorgesetzten gegenüber stets mißtrauischen Zielgruppen erfüllen. Opportunistische Lösungen, sofern sie nur halbwegs plausibel an den Auftraggeber "verkauft" werden können, hel-

2 wörtlich: Amtsbezirk; übertragen: Reich (Anm. d. Hg.)

fen am leichtesten aus dieser Zwickmühle. Die reale Ursache des Problems wird freilich in aller Regel jenseits der Situationsdefinitionen sowohl der Unternehmensführung als auch der Zielgruppen liegen.

Die faktische Erfolgsträchtigkeit der Beratertätigkeit ist unter diesen Umständen mit einer ganzen Reihe von Fragezeichen behaftet; sie ist in aller Regel nicht nachprüfbar und wird auch kaum überprüft. Das tatsächliche Motiv für die Anwerbung eines Beraters scheint denn auch oft keineswegs allein in dem offiziellen Auftrag an ihn zu bestehen. Ein nicht minder wichtiges latentes Motiv liegt auch in dem Prestige, das die Verbindung mit einem prominenten *Consultant* vermittelt. Von ihm sich in den jeweils letzten Schrei des Managementwissens einweihen zu lassen, bedeutet für die oberen Führungskräfte eine Bestätigung ihres Status. Niemand möchte sich hier von seinen Konkurrenten übertreffen lassen; es handelt sich somit auch um eine Form von "conspicious waste" im Veblenschen Sinne. Um noch einmal Jackall zu zitieren: "Executives trade ideas and schemes and judge the efficacy of consultant programs not by any detached critical standards but what is socially acceptable, desirable, and, perhaps most important, current in their circles" (Jackall 1988, p. 141). Für den Berater ist deshalb das "marketing" seiner Dienstleistung und seiner Person selbst von größter Bedeutung. Er muß es verstehen, seine Botschaft auf eine für Manager stets attraktive Weise zu "verpacken". Entscheidend ist darüber hinaus der Aufbau von Prestige durch Beziehungen mit wichtigen Personen im Kreis der Managementelite, sowie möglichst durch akademische Reputation. Eine allzu pragmatisch-geschäftsmäßige Orientierung empfiehlt sich nicht: Wer akademische Verbindungen und Titel vorzuweisen hat, kann davon auf dem kommerziellen Markt nur profitieren. Der Berater sollte, um auf die anfänglich eingeführte Terminologie Bourdieus zurückzukommen, nicht nur über ökonomisches, sondern auch über soziales und über kulturelles Kapital verfügen. Die Akkumulation von Kapital in der einen Sphäre stimuliert die in den anderen, und umgekehrt. Die Professionalisierung des Symbolmanagements von Unternehmen, wie wir sie in groben Zügen umrissen haben, ist deshalb ein Prozeß, dessen Wirkungen weit über das Wirtschaftssystem hinaus auch in die Wissenschaften hineinreichen. Es entsteht nicht nur ein neuer kommerzieller, sondern auch ein neuer akademischer Markt, der für die Entwicklung der Sozialwissenschaften von wachsender Bedeutung ist.

Schlußbemerkungen

Wir haben gesehen, daß es keineswegs völlig abwegig ist, bei der Suche nach angemessenen Typisierungen für die heutige Unternehmensberatung an den Schelskyschen Begriff der "Reflexionselite" zu denken. Die heutigen modernen, holistisch orientierten Unternehmensberater vermitteln nicht nur nüchternes, funktional spezifiziertes betriebs- oder organisationswissenschaftliches Wissen; sie verkünden unter Stichworten wie "Selbstverwirklichung", "Wertewandel", "qualitatives Wachstum" Heilsbotschaften ganz im Schelskyschen Sinne, die sie stillschweigend zum Aufbau zwar nicht von Herrschaft (das wäre sicherlich übertrieben), aber doch von Einfluß im eigenen Interesse nutzen. Es ist bemerkenswert, in welchem Ausmaß sie dabei direkt auf das Gedankengut und die Terminologie der Soziologie im allgemeinen und der Neuen Linken im besonderen - Schelskys "neuen Priestern" also - zurückgreifen.

Dennoch geht Schelskys Modell der neuen Priesterherrschaft an der Wirklichkeit des *Consulting*-Gewerbes vorbei. Die moderne Unternehmensberatung ist kein parasitärer, auf die Zersetzung der nüchternen Sachlogik von Wirtschaft, Technik und Verwaltung gerichteter Fremdkörper in der kapitalistischen Gesellschaft. Sie bestätigt im Gegenteil die immense Vitalität des kapitalistischen Systems, indem sie einen weiteren Fortschritt in der Erschließung von Wissen und Kultur als Anlagesphäre für die Akkumulation von Kapital (kulturellem und sozialem wie ökonomischem) signalisiert. Schelsky sah nicht, daß die "Priester" nur das Rohmaterial für die Wissensindustrie lieferten. Er erkannte nicht, daß die Theorien der Neuen Linken im Zuge ihrer Popularisierung in den Prozeß der Kapitalverwertung der Wissensindustrie hineingezogen, die "Konstruktion gesellschaftlicher Wirklichkeit" selbst zu einem "Geschäft" werden könnte. Wie der Aufstieg des modernen *Consulting* zeigt, macht die Expansion der Wissensindustrie auch vor der industriellen Produktion nicht halt. Es liegt zweifellos eine ironische Pointe darin, daß das Wissen von Managern und Unternehmern seinerseits zu einer allem Anschein nach profitablen Anlagesphäre für Kapital geworden ist. Das Bourdieusche Modell kommunizierender Akkumulationsprozesse von ökonomischem, sozialem und kulturellem Kapital bietet unseres Erachtens für diesen Befund einen angemesseneren Interpretationsrahmen als die Thesen Schelskys.

Bei den Botschaften der *Consulting*-Industrie handelt es sich nicht nur um Ideologien im klassischen Sinn einer interessenbedingt verzerrten Symbolisierung der Wirklichkeit. Wir haben es mit Wissen in Warenform mit *unmittelbaren* (nicht nur legitimatorischen) Funktionen für die Verwertung von Kapital zu tun. Gerade deshalb können die Produktionen der *Consulting*-Industrie nicht als bloße "Schaumschlägerei" abgetan werden. Waren müssen, wie nicht erst seit Marx bekannt ist, nicht nur einen Tauschwert, sondern auch einen Gebrauchswert haben. Der Gebrauchswert des *Consulting*-Wissens besteht darin, daß es, wenn auch bei weitem nicht in dem von seinen Promotoren behaupteten Maße, Sprachregelungen für Kommunikationen in der Wirtschaft liefert und insoweit zur Konstruktion sozialer Wirklichkeit beiträgt. Ebenso sicher ist aber auch, daß diese Sprachregelungen nicht nur dem manifesten Wortlaut nach verstanden, sondern auch auf ihre latenten Funktionen und Wirkungen im sozialen Entstehungs- und Verwertungszusammenhang hin untersucht werden müssen. Diese Forderung ist im Fall der *Consulting*-Produkte um so ernster zu nehmen, als sie nicht nur den Stil der Kommunikation in Unternehmen beeinflussen, sondern inzwischen bereits auf die Terminologie in den Sozialwissenschaften selbst einwirken.

Literatur

Alvesson M./Berg P.O. (1992): Corporate Culture and Organizational Symbolism, Berlin/New York

Bell D. (1974): Kulturelle Widersprüche im Kapitalismus, in: D. Bell/I. Kristol (Hg.): Kapitalismus heute, Frankfurt/New York, S. 37-72; Original: Capitalism Today, New York/London 1970

Bendix R. (1956): Work and Authority in Industry, New York

Bourdieu P. (1982): Die feinen Unterschiede. Kritik der gesellschaftlichen Urteilskraft, Frankfurt 1982; Original: La distinction. Critique social du jugement, Paris 1979

Bourdieu P. (1983): Ökonomisches Kapital, kulturelles Kapital, soziales Kapital, in: R. Kreckel (Hg.): Soziale Ungleichheiten. Sonderband 2 der Sozialen Welt, Göttingen, S. 183-198

Bourdieu P. (1988): Homo academicus, Frankfurt; Original: Homo academicus, Paris 1984

Breisig T. (1990): Betriebliche Sozialtechniken. Handbuch für Betriebsrat und Personalwesen, Neuwied/Frankfurt/M.

Brünnecke K./Deutschmann C./Faust M. (1992): Betriebspolitische Aspekte des Bürokratieabbaus in Unternehmen, in: W.H. Staehle/P. Conrad (Hg.): Managementforschung 2, Berlin/New York, S. 1-38

Deal T.E./Kennedy A.A. (1982): Corporate Cultures. The Rites and Rituals of Corporate Life, Reading (Mass.)

Czarniawska-Joerges B. (1990): Merchants of Meaning: Management in the Swedish Public Sector, in: B. Turner (Hg.): Organizational Symbolism, Berlin/New York, S. 139-150

Dülfer E. (Hg.) (1991): Organisationskultur, 2. Aufl., Stuttgart

Ebers M. (1991): Der Aufstieg des Themas 'Organisationskultur' in disziplin- und problemgeschichtlicher Perspektive, in: E. Dülfer (Hg.): Organisationskultur, 2. Auflage, Stuttgart, S. 39-63

Fox A. (1974): Beyond Contract. Work, Power and Trust Relations, London

Gouldner A. (1980): Die Intelligenz als neue Klasse. 16 Thesen zur Zukunft der Intellektuellen und der technischen Intelligenz, Frankfurt/New York; Original: The Future of Intellectuals and the Rise of the New Class, New York 1979

Hartmann H. (1968): Der deutsche Unternehmer: Autorität und Organisation, Frankfurt/M.; Original: Authority and Organization in German Management, Princeton 1959

Heuberger F.W. (1992): The New Class: On the Theory of a No Longer Entirely New Phenomenon, in: H. Kellner/F.W. Heuberger (Hg.): Hidden Technocrats. The New Class and New Capitalism, New Brunswick (N.J.), S. 23-49

Hunter J.D./Fessenden T. (1992): The New Class as Capitalist Class: The Rise of the Moral Entrepreneur in America (United States), in: H. Keller/F.W. Heuberger (Hg.): Hidden Technocrats. The New Class and New Capitalism, New Brunswick (N.J.), S. 157-188

Jackall R. (1988): Moral Mazes. The World of Corporate Managers, Oxford

Kellner H./Berger P.L. (1992): Life-style Engineering: Some Theoretical Reflections, in: H. Kellner/F.W. Heuberger (Hg.): Hidden Technocrats. The New Class and New Capitalism, New Brunswick (N.J.), S. 1-23

Kellner H./Heuberger F.W. (1992): Modernising Work: New Frontiers in Business Consulting (West Germany), in: H. Kellner/F.W. Heuberger (Hg.): Hidden Technocrats. The New Class and New Capitalism, New Brunswick (N.J.), S.49-80

Kotthoff H./Reindl J. (1990): Die soziale Welt kleiner Betriebe, Göttingen

Schein E. (1985): Organizational Culture and Leadership, San Francisco/Oxford

Schelsky H. (1975): Die Arbeit tun die anderen. Klassenkampf und Priesterherrschaft der Intellektuellen, Opladen

Wever U.A. (1990): Unternehmenskultur in der Praxis. Erfahrungen eines Insiders bei zwei Spitzenunternehmen, 2.Aufl. Frankfurt/New York

Unternehmensethik und ökonomische Theorie

Margit Osterloh

Zu den Begriffen Ökonomik und Ethik

Unternehmens- und Wirtschaftsethik ist in den letzten Jahren innerhalb der Betriebswirtschaftslehre zu einem der meistdiskutierten Themen geworden[1], nachdem sich die Wirtschaftswissenschaften - mit wenigen Ausnahmen - aus der Diskussion um normative und ethische Fragen jahrelang weitgehend verabschiedet hatten[2].

Den Grundstein für die Trennung von Ökonomik und Ethik hatte schon Adam Smith 1776 gelegt:

"Nicht vom Wohlwollen des Metzgers, Brauers und Bäckers erwarten wir das, was wir zum Essen brauchen, sondern davon, daß sie ihre eigenen Interessen wahrnehmen. Wir wenden uns nicht an ihre Menschen-, sondern an ihre Eigenliebe, und wir erwähnen nicht die eigenen Bedürfnisse, sondern sprechen von ihrem Vorteil" (Smith 1978, S. 17).

Während aber für Adam Smith die ökonomische und die ethische Theorie noch im Sinne einer umfassenden Sozialtheorie verbunden blieben, sind sie seit dem Postulat der Werturteilsfreiheit von Max Weber weit auseinandergerückt[3]. Wie groß diese Trennung ist, hängt allerdings davon ab, wie Ethik und Ökonomik definiert sind.

Eine erste - disziplinorientierte - Unterscheidung geht davon aus, daß die Ökonomik eine auf wirtschaftliches, die Ethik eine auf moralisches Handeln gerichtete Wissenschaft ist. Beides sind also theoretische Disziplinen: So wie sich die Ökonomik als Wirtschaftstheorie von der tatsächlichen

---

1 Vgl. Steinmann/Löhr (Hg.) 1991, Steinmann/Löhr 1992 sowie das Sonderheft "Unternehmensethik" der Zeitschrift für Betriebswirtschaft 1992

2 Vgl. die detaillierte Darstellung dieser Entwicklung innerhalb der Betriebswirtschaftslehre bei Löhr 1992

3 Vgl. Löhr 1991, S. 75ff.

Wirtschaft unterscheidet, unterscheidet sich die Ethik als Moraltheorie von der tatsächlichen Moral, d.h. den herrschenden Normen und Werten[4]. In der Betriebswirtschaftslehre sind die faktisch herrschenden Normen und Werte in letzter Zeit unter dem Begriff der "Unternehmenskultur" intensiv diskutiert worden[5].

Beide Disziplinen befassen sich mit demselben Problem, nämlich dem der sozialen Ordnung. Jedoch ist ein Grundlagenstreit darüber entbrannt, welchen systematischen Ort die Moral in der Marktwirtschaft hat. Wie heftig dieser geführt wird, hängt allerdings von den zugrunde gelegten Begriffen ab. Betrachten wir deshalb genauer einige neuere Entwicklungen des jeweiligen disziplinären Selbstverständnisses von Ethik und Ökonomik, welches sich in den verwendeten Begriffen manifestiert.

Die *Ökonomik* will - wie das Zitat von Adam Smith schon zum Ausdruck brachte - soziale Ordnung über die unsichtbare Hand des Marktes herstellen. Sie setzt dabei auf den Eigennutz und die Rationalität der Individuen, bzw. auf deren "gegenseitig desinteressierte Vernünftigkeit" (Rawls 1971, S. 168), welche einerseits Altruismus, andererseits aber auch Neid und Mißgunst ausschließt[6].

Die Abstimmung zwischen den Individuen erfolgt über die nicht intendierten Nebenwirkungen des eigennützigen Handelns, z.B. steigt der Preis, wenn alle Individuen dasselbe Gut kaufen. Die sich ergebenden Gleichgewichtspreise sorgen für die Beschränkung des individuellen Handelns und führen letztlich die soziale Ordnung herbei.

Innerhalb der Ökonomik hat sich hierbei der Anspruch auf die Anwendbarkeit des ökonomischen Verhaltensmodells neuerdings beträchtlich erweitert (vgl. Frey 1991):

4 Normen sind Handlungsaufforderungen, haben also präskriptiven Charakter; Werte hingegen sind Deskriptionen faktischer Bewertungen.

5 Vgl. zusammenfassend Keller 1990, Dülfer (Hg.) 1991. Zum Zusammenhang von Unternehmenskultur und Unternehmensethik vgl. Osterloh 1991

6 Zur neueren Diskussion um den "homo oeconomicus" vgl. Kirchgässner 1991

Die *ältere* Neoklassik hat noch angenommen, daß Märkte innerhalb normativ-politisch gesetzter Rahmenbedingungen funktionieren, welche der Wirtschaft von außen vorgegeben sind. Die *neuere* Neoklassik hingegen dehnt den Erklärungsbereich des ökonomischen Verhaltensmodells auch auf die Rahmenbedingungen sowie auf alles menschliche Handeln überhaupt aus: Die "New World of Economics" (McKenzie/Tullock 1975) überzieht alle Bereiche des sozialen Lebens mit ökonomischen Erklärungsmustern: Neben wirtschaftlichen Handlungsfeldern wie der Unternehmensorganisation[7] werden auch eher "ökonomieferne" Bereiche wie Familie, Recht, Politik, Kunst[8] oder sogar der Kirchenbesuch und der Selbstmord ökonomisch interpretiert[9]. Das Vordringen der Ökonomik in fremde Bereiche wird damit begründet, daß alles Handeln grundsätzlich als rationale Entscheidung in Knappheitssituationen betrachtet werden könne. Dieser treffend mit "ökonomischen Imperialismus"[10] bezeichnete Anspruch dehnt sich mittlerweile auch auf die Erklärung von Moral z.B. der Unternehmenskultur aus[11], und versucht, die Ethik zu verdrängen. Mit der Verleihung des Nobelpreises für Wirtschaftswissenschaften 1992 an Gary S. Becker, einen Hauptvertreter des "ökonomischen Imperialismus", hat diese Position eine zusätzliche Bedeutung erhalten.

Die *Ethik* will soziale Ordnung nicht über die unsichtbare Hand des Marktes, sondern über die Befolgung verallgemeinerungsfähiger Normen herstellen, welche jenseits der individuellen Vorteilskalkulation gelten. Sie fragt danach, ob und wie solche Normen mit dem Anspruch auf Allgemeingültigkeit ausgestattet werden können. Dabei gibt es mehrere theoretische Positionen, die folgendermaßen skizziert werden können[12]: *Teleologische* Normenbegründungen legen Ergebnisse zugrunde. Es kommt ihnen nicht

---

7 Vgl. das Sonderheft Juli 1990 der Zeitschrift "Academy of Management Review"

8 Vgl. als Überblick Frey 1990

9 Zur Kritik vgl. Prisching 1983

10 Kirchgässner (1991, S. 39) weist daraufhin, daß auch die marxistische politische Ökonomie in diesem Sinne "imperialistisch" ist. Auch dort existieren Ansätze für fast alle Lebensbereiche.

11 Vgl. Föhr/Lenz1992

12 Vgl. z.B. Frankena 1981

auf die Handlung als solche an, sondern auf deren Nützlichkeit. Die bekannteste teleologische Ethik ist der Utilitarismus, welcher das größte Glück der größten Zahl als zu verfolgendes Ergebnis annimmt.

Deontologische (von griech. deon = Pflicht) oder prozessuale Normenbegründungen legen Handlungsregeln zugrunde. Es handelt sich dabei also um inhaltlich unbestimmte Normen wie z.B. den Kategorischen Imperativ von Kant (*"Handle so, als ob die Maxime deiner Handlung jederzeit zugleich als Prinzip einer allgemeinen Gesetzgebung gelten könnte").*

Zwischen beiden Extremen liegen der Regelutilitarismus und die Diskursethik. Der *Regelutilitarismus* (Brandt 1959) wendet das Prinzip der Nützlichkeit nicht mehr auf einzelne Handlungen an, sondern auf Regeln von Handlungen: Einzelne Handlungen sind nur dann gerechtfertigt, wenn sie mit einer dem sozialen Wohlergehen dienenden Handlungsregel übereinstimmen. Die *Diskursethik* (Apel 1990; Habermas 1991) entwickelt als Kriterium für die Verbindlichkeit einer inhaltlichen Norm die Einhaltung der prozessualen Norm des allgemeinen und freien Diskurses aller Betroffenen, in welchem alle strittigen Fragen durch konsensfähige Argumente entschieden werden.

Bezüglich der Allgemeinverbindlichkeit der Begründungen von Normen gibt es nun zwei Positionen, die zugleich Positionen im Werturteilsstreit darstellen. Es handelt sich um den Nonkognitivismus und den Kognitivismus (vgl. Kliemt 1987, 1992).

Die teleologische Position steht dem *Nonkognitivismus* nahe. Diese bestreitet die rationale Begründbarkeit und damit Allgemeinverbindlichkeit von Werturteilen. Nach ihm lassen sich letzte Normen nicht jenseits des faktischen Interesses der Normadressaten begründen. Eine Norm, die nicht zur Erhöhung des allgemein rational kalkulierbaren Nutzens führt[13], kann deshalb nur den Status eines "hypothetischen Imperativs" beanspruchen. Diese Position steht in deutlicher Nähe zur Ökonomik. Deontologische, regelutilitaristische und diskursethische Positionen hingegen vertreten einen ethischen *Kognitivismus*. Ihm zufolge gibt es rational begründbare Normen,

13 Von diesem wird aufgrund des Rationalitätspostulats angenommen, daß er mit den faktischen Interessen übereinstimmt.

welche in der Vernunft verankert sind. Diese können auch dann Allgemeingültigkeit beanspruchen, wenn sie jenseits faktisch gegebener Interessen liegen. Der Kognitivismus gibt sich also nicht mit bestehenden Interessen oder Präferenzen zufrieden, sondern will diese in Richtung auf eine regulative Idee verbessern.

Der eigentliche Grundlagenstreit zwischen Ökonomik und Ethik findet zwischen der dem Nonkognitivismus nahestehenden Position des "ökonomischen Imperialismus" einerseits und der kognitivistischen Ethik, insbesondere der Diskursethik, andererseits statt. Auf diese Auseinandersetzung gehe ich in den folgenden Ausführungen ein.

Die Position der *Ökonomik* wird durch den programmatischen Aufsatztitel von Milton Friedman (1970) zum Ausdruck gebracht: "The Social Responsibility of Business is to Increase its Profits". In die gleiche Richtung geht die Äußerung von Albach (1989, S. 587): "Die Ökonomie der Marktwirtschaft hat tiefe Wurzeln - sie ist Ethik". Die *Diskursethik* hingegen setzt an dem Problem an, daß es immer mehr Betroffene, aber immer weniger Beteiligte an wirtschaftlichen Entscheidungen gibt. Um dieses Problem zu lösen, sieht sie in bezug auf wirtschaftliche Fragestellungen ein zweistufiges Verfahren vor, um diskursethische und ökonomische Rationalität zu vereinigen[14].

Die *Wirtschaftsethik* hat die Aufgabe, die Frage der wirtschaftlichen Rahmenbedingungen zu lösen. Diese müssen auf der Ebene von konstitutionellen Entscheidungen demokratisch legitimiert werden. Innerhalb einer Verfassungsentscheidung für die marktwirtschaftliche Ordnung bedeutet dies eine prinzipielle Rechtfertigung des Gewinnprinzips, welches den Rahmen für postkonstitutionelle Entscheidungen bietet[15] und insoweit den Unternehmer in seinen laufenden Entscheidungen von Fragen der Wirtschaftsethik entlastet.

Die ordnungspolitisch zu legitimierende Richtigkeitsvermutung des Gewinnprinzips läßt jedoch für unternehmerische Sachzielentscheidungen

14 Vgl. aber Ulrich (1991), der nur ein einstufiges Verfahren für gerechtfertigt hält.

15 Die Idee der Unterscheidung von konstitutionellen und postkonstitutionellen Entscheidungen wurde von Buchanan (1977) ausgearbeitet.

Spielräume offen. Deren verantwortliche Nutzung ist Gegenstand der *Unternehmensethik*, welche dazu auffordert, strittige Fragen innerhalb der ordnungspolitischen Rahmenbedingungen durch den Diskurs aller Betroffenen zu lösen[16]. In diesem Diskurs kommt nichts anderes als der "eigentümlich zwanglose Zwang des besseren Argumentes" (Habermas 1989, S. 144) zum Zuge.

Präferenzen und Beschränkungen

Sowohl Ökonomik wie Diskursethik nehmen radikale Vereinfachungen vor, wenn es um die Erklärung koordinierten Handelns bzw. der Entstehung sozialer Ordnung geht.

Die *Ökonomik* unterscheidet streng zwischen Präferenzen und Beschränkungen[17]. Die Präferenzen enthalten die Wertvorstellungen des Individuums, spiegeln also Moralvorstellungen wider. Die Beschränkungen stellen die äußeren Handlungsbedingungen und -konsequenzen dar. Diese werden als relative Preise ausgedrückt und geben den Nutzenentgang durch alternative, nicht gewählte Möglichkeiten an.

Entscheidend ist nun, daß Präferenzen und Beschränkungen nicht nur als unabhängig angesehen werden, sondern daß Veränderungen im Handeln (und damit auch die Handlungskoordination) fast ausschließlich durch Beschränkungen erklärt werden[18]. Es wird nicht bestritten, daß sich Präferenzen verändern, aber es könne für eine sinnvolle Forschungsstrategie angenommen werden, daß die Präferenzen weniger rasch wechseln als die Beschränkungen. Darüber hinaus seien Präferenzen sehr viel schwieriger zu erfassen als die objektiv beobachtbaren Beschränkungen[19]. Deshalb sei es überflüssig, über Präferenzen zu diskutieren: "De gustibus non est dispu-

16 Vgl. Steinmann/Löhr 1992, Löhr 1991 und neuerdings auch Homann 1992

17 Vgl. Frey 1990, S. 5

18 Vgl. Kirchgässner 1991, S. 38ff.

19 Vgl. die Auseinandersetzung zwischen Carl Christian von Weizsäcker (1984) und Lindenberg (1984). Hierbei wird allerdings - ganz im Sinne eines längst vergangen geglaubten Positivismus - das unmittelbar Beobachtbare zur Richtschnur der Theoriebildung erhoben.

tandum" (Stigler/Becker 1977). Die Ökonomik ist damit wie der Marxismus "eine Wissenschaft von der Veränderung der Verhältnisse" (Kirchgässner 1991, S. 27) - allerdings mit einem gänzlich anderen Menschenbild, nämlich dem des rationalen Egoisten, dessen Wertvorstellungen als gegeben hingenommen werden. Diese werden weder durch sozial-kognitive Lernprozesse beeinflußt noch durch moralische Einsicht, etwa im Sinne der stufenweisen Entwicklung des moralischen Bewußtseins nach Kohlberg (1971)[20].

Auch die diskursive *Ethik* unterscheidet zwischen Präferenzen und Beschränkungen, nämlich in Form des verständigungs- und erfolgsorientierten Handelns bei Habermas (1981). Allerdings ist Habermas einer der wenigen Vertreter der vom Interpretativen Paradigma geprägten Sozialphilosophie, der Beschränkungen überhaupt thematisiert. Dabei will er ebenso wie die Ökonomik das verständigungsorientierte Handeln (geprägt durch die Präferenzen) vom erfolgsorientierten Handeln (geprägt durch die Beschränkungen) nicht nur analytisch, sondern auch empirisch getrennt wissen[21].

Auch er beschränkt sich in der Analyse der Handlungskoordination weitgehend auf *einen* Mechanismus, nämlich die Veränderung der Präferenzen durch lebensweltliche Verständigung. Damit kann aber nicht die Frage beantwortet werden, wie verläßliche Handlungskoordinationen in Gruppen zustande kommen, die keine *face to face* - Kontakte mehr ermöglichen[22]. Eine solche Handlungskoordination bietet vorzugsweise das Preissystem. Es stellt eine institutionalisierte Form der Verkoppelung von Handlungsfolgen dar, welche wirkt, ohne daß man die individuellen Präferenzen spezifizieren müßte.

Offensichtlich führen also die Vereinfachungen der Ökonomik wie die der Ethik zu unzureichenden Erklärungsleistungen in bezug auf das Problem der sozialen Ordnung. Im folgenden wird deshalb versucht, am Beispiel der Unternehmensorganisation (als einer spezifischen Form der sozialen Ordnung) aufzuzeigen, welchen systematischen Ort die Ökonomik innerhalb

---

20 Vgl. aber zu dem Versuch, die Theorie des moralischen Urteilsvermögens von Kohlberg mit der Ökonomik zu verbinden, Homann 1992

21 Zur Kritik dieser Annahme vgl. z.B. Osterloh 1993, S. 127ff

22 Vgl. zu dieser Kritik Homann 1990

der Ethik hat[23]. Es soll dabei die These belegt werden, daß die Ökonomik, insoweit sie mit imperialistischem Anspruch auftritt, das Zustandekommen sozialer Ordnung und von Organisationen nicht erklären und schon deshalb die Ehtik nicht verdrängen kann.

Die Argumentation erfolgt in drei Schritten: Zunächst wird am Beispiel des Transaktionskostenansatzes demonstriert, daß die aktuellen Probleme der Unternehmensorganisation nicht ohne die Vorstellung gemeinsamer Normen gelöst werden können, daß diese aber nicht konsistent in das Annahmengerüst dieses Ansatzes einzubeziehen sind. In einem zweiten Schritt wird auf einige Vorschläge eingegangen, welche innerhalb der Ökonomik entwickelt wurden, um die Idee gemeinsamer Normen in das ökonomische Modell zu integrieren, ohne die Annahme konstanter Präferenzen aufgeben zu müssen. Drittens schließlich wird gezeigt, daß auch diese erweiterten Ansätze der Ökonomik nicht ohne die Einbeziehung einer deontologisch fundierten Ethik auskommen.

Normenreguliertes Handeln in der Ökonomik - am Beispiel des Transaktionskostenansatzes

Die grundlegende Idee des Transaktionskosten-Ansatzes besteht darin, daß Organisationen deshalb entstehen, weil die Benutzung des Marktes als Koordinationsinstrument nicht kostenlos ist. Vielmehr fallen Transaktionskosten in Form von Informations-, Verhandlungs-, Durchsetzungs- und Kontrollkosten an. Der bei Coase (1937) noch vage definierte Transaktionskostenbegriff[24] wird von Williamson (1975) mit dem "organization failures framework" präzisiert. Dieser will die Kostenbestandteile offenlegen, die gegebenenfalls das Versagen der Organisation gegenüber dem Markt anzeigen. Diese Kostenbestandteile beinhalten zwei Gruppen von Faktoren, menschliche und Umweltfaktoren:

---

23 Genauer ist die neoklassische Unternehmenstheorie innerhalb der Unternehmensethik gemeint. Zur Analyse der Wirtschaftsethik innerhalb der Wettbewerbstheorie vgl. Homann 1992.

24 Zur Kritik am Transaktionskostenbegriff vgl. Schneider 1985, S. 533.

Die *menschlichen Faktoren* werden axiomatisch gesetzt. Sie umfassen zum einen die Annahme der beschränkten Rationalität und zum anderen die des Opportunismus. Die Annahme des Opportunismus geht dabei über die der neoklassischen Theorie zugrundeliegenden Annahme des Eigennutzes weit hinaus. Dank der Kombination aus Eigennutz und beschränkter Rationalität werden nunmehr auch Irreführung, Verdunkelung und sogar Erpressung in das Verhaltensrepertoire einbezogen. Dieses Verhalten wird nicht wegen seiner empirischen Evidenz zugrunde gelegt. Schließlich gibt es zahlreiche empirische Belege dafür, daß Individuen in erheblichem Ausmaß kooperativ oder altruistisch handeln[25]. Zwar wird zugegeben, daß die Voraussetzung "guilt by axiom"[26] eine krasse Simplifizierung sei, aber in vielen Situationen seien die Ermittlungen viel zu kostspielig, die nötig wären, um opportunistische von nichtopportunistischen Personen zu trennen. Aus Gründen der Vorsicht sei es deshalb günstiger, von der Opportunismusannahme auszugehen[27].

Die *Umweltfaktoren* sind im Gegensatz zu den menschlichen Faktoren variabel. Sie umfassen einerseits die Unsicherheit der Umwelt und andererseits die spezifischen Investitionen, die aufgrund bestimmter Transaktionen vorgenommen werden. Beide Umweltfaktoren - hohe Unsicherheit *und* hohe transaktionsspezifische Investitionen - müssen zusammenkommen, damit Arbeitsverträge geschlossen werden und damit eine organisationsinterne anstelle einer marktlichen Transaktion stattfindet.

Innerhalb von Organisationen können nun die Umweltfaktoren, insoweit sie die Beschäftigung von Mitarbeitern betreffen, noch einmal zu verschiedenen organisationsinternen Koordinationstypen führen. Diese Umweltfaktoren sind einerseits die transaktionsspezifischen humanen Investitionen (human assets) und andererseits die Unsicherheit bei der Leistungszurechnung (vgl. Abb. 1).

Der *Transaktionstyp 1* zeichnet sich durch niedrige "human assets" und durch wenig Schwierigkeiten bei der Leistungszurechnung aus. In diesem

25 Vgl. Dawes/Thaler 1988

26 Donaldson 1990, S. 373

27 Vgl. Williamson 1975, S. 27

Fall sind nach Williamson interne Spot-Märkte, also etwa Arbeitsverträge auf Akkordlohnbasis, als Kontrahierungsform angemessen.

		Humane transaktionsspezifische Investitionen (human assets)	
		niedrig	hoch
Unsicherheit/Komplexität Schwierigkeit der Leistungs-zurechnung	niedrig	TYP 1 Interner Spot–Markt	TYP 3 Interner Arbeitsmarkt Risiko: Erpressung
	hoch	TYP 2 Primitives Team Risiko: Drückebergerei	TYP 4 Beziehungsorientiertes Team Clan Risiken: Erpressung & Drückebergerei

Abb 1: Kontrahierungstypen in Organisationen nach Williamson 1981

Der *Transaktionstyp 2* ist ebenfalls durch niedrige "human assets" gekennzeichnet, jedoch ist die Leistungszurechnung schwierig, weil zwar die Outputs problemlos gemessen werden können, aber die Leistungs-Inputs nur schwer zugerechnet werden können. In diesem Fall taucht die Neigung zu *shirking* (Drückebergerei) auf. Es handelt sich dabei um die von Alchian/ Demsetz (1972) beschriebene klassische Team-Situation, verdeutlicht am

Beispiel der Arbeiter, die gemeinsam schwere Stücke auf einen Lastwagen laden. Eine Lösung des shirking-Problems sehen Alchian/Demsetz darin, daß ein Mitglied des Teams, der sogenannte zentrale Agent, die Funktion des Aufsehers übernimmt und dafür den Residualerlös erhält. Die übrigen Teammitglieder erhalten feste Beträge. Williamson (1981) nennt diesen Transaktionstyp *primitives Team*.

Der *Transaktionstyp 3* ist gekennzeichnet durch hohe "human assets", aber eine relativ problemlose Leistungszurechnung. Es handelt sich hier um die oft beschriebenen *internen Arbeitsmärkte*. Bei diesen wird der Gefahr einer möglichen Erpressung durch den Arbeitnehmer[28] dadurch Einhalt geboten, daß langfristige Arbeitsverhältnisse in Aussicht gestellt werden.

Beim *Transaktionstyp 4* addieren sich die Probleme der Typen 2 und 3, nämlich Drückebergerei *und* Erpressung. Hohe "human assets" bei gleichzeitig auftretender Nichtzurechenbarkeit der Leistung führen zu Transaktionsproblemen, die im Rahmen der bisher in Betracht gezogenen Vertragsgestaltungsmaßnahmen nicht mehr bewältigt werden können. Offensichtlich fällt aber gerade unter diesen Transaktionstyp die Mehrheit der heute interessanten und problematischen Koordinierungsaufgaben einer Unternehmensführung. Man denke nur an die von Kern/Schumann (1985) populär gemachte These, daß durch den Einfluß der Mikroelektronik eine Reintegration von Entscheidungs- und Durchführungsaufgaben erforderlich ist. Dadurch entstehen bislang nicht für möglich gehaltene Handlungsspielräume auf der Facharbeiterebene. Zur Bewältigung solcher oder ähnlicher Koordinationsaufgaben greift nun Williamson auf eine Koordinationsform zurück, die Ouchi (1980) mit dem Begriff des "clans" gekennzeichnet hat. *Clans* zeichnen sich durch gemeinsame normative Orientierungen oder eine organische Solidarität[29] aus, mithin durch das, was üblicherweise mit Unternehmenskultur bezeichnet wird. Erst durch gemeinsame Normen als "Schmiermittel" der ökonomischen Transaktion können Kooperationsgewinne erzielt werden. Sie gewährleisten die kollektive Rationalität, die verfehlt wird, wenn die Individuen individuell rational oder gar opportunistisch handeln.

---

28 Etwa wenn der Bilanzbuchhalter kurz vor dem Jahresabschluß mehr Gehalt fordert.

29 In Anlehnung an Durkheim 1933

Wie ist es aber möglich, ausgehend von den Verhaltensannahmen des "organization failures framework", insbesondere aber ausgehend von der Annahme des Opportunismus, plötzlich die Möglichkeit von *gemeinsamen* Normen in Betracht zu ziehen? Williamson zeigt keinen Ausweg aus diesem Widerspruch. Er bringt nur gelegentlich und ganz vorsichtig Kategorien wie "Transaktionsatmosphäre", "Gerechtigkeit" oder "Würde" ins Spiel[30], ohne deren Stellenwert in seinem Annahmengerüst zu verdeutlichen[31].

Endogene Erklärungen normenregulierten Handelns: Iterative Gefangenen-Dilemma-Spiele

Im Unterschied zur Transaktionskostentheorie versucht die Spieltheorie schon seit längerem, die Möglichkeit freiwilliger Kooperation zu analysieren[32]. Anders als die Transaktionskostentheorie rückt sie nicht die Kosten-, sondern die Ertragsseite in den Mittelpunkt der Betrachtung[33]. Gleichwohl bleibt sie strikt auf der Grundlage des ökonomischen Verhaltensmodells. Sie will nämlich die Entstehung gemeinsamer Normen der Kooperation endogen, also ohne die Einbeziehung von Präferenzänderungen, erklären. Es handelt sich um Ansätze, die den Anspruch erheben, die Existenz gemeinsamer Normen aus egoistischen Interessen "und aus sonst gar nichts!" (Homann 1989, S. 61) zu erklären.

Es sind dies heute fast ausnahmslos Lösungsvorschläge für das sog. *Gefangenen-Dilemma*. Dieses entsteht immer dann, wenn die Verfolgung egoistischer Interessen zur kollektiven Selbstschädigung führt. Das Gefangenen-Dilemma leitet seine Struktur von der amerikanischen Kronzeugen-Regelung ab: Der Staatsanwalt will zwei Gefangene, die gemeinsam eine Reihe von Verbrechen begangen haben, zu einem Geständnis bringen. Er setzt sie

30 Vgl. Williamson 1985, S.204 ff., 268, 271

31 Zur Kritik der Opportunismusannahme aus ökonomischer Sicht vgl. Schauenberg 1991; Föhr/Lenz 1992. Allerdings wurden aus dieser Kritik noch keine Konsequenzen für den Transaktionskostenansatz gezogen, vgl. Sydow 1992, S. 164.

32 Vgl. als Überblick Homann 1989, Schauenberg 1991

33 Vgl. Sydow 1992, S. 169

in getrennte Zellen und versucht, beide als Kronzeugen gegen den jeweils anderen zu gewinnen. Weil sich beide nicht vorher verständigen können, ergibt sich die in Abb. 2 dargestellte Lage:

		Gefangener 1: Gestehen	Gefangener 1: Leugnen
Gefangener 2	Gestehen	10 Jahre für beide	12 Jahre für 1 und Freispruch für 2
	Leugnen	Freispruch für 1 und 12 Jahre für 2	2 Jahre für beide

Abb. 2: Gefangenen-Dilemma

Gestehen beide, werden beide mit 10 Jahren bestraft, d.h. mit einer - wegen des Geständnisses geringfügig reduzierten - Höchststrafe. Gesteht keiner, kommen beide mit 2 Jahren davon. Gesteht nur einer und belastet den anderen, geht er als Kronzeuge frei aus, während der andere die Höchststrafe von 12 Jahren bekommt. Jeder hat also den relativ größeren Vorteil, wenn er als Kronzeuge gesteht und den anderen belastet, was immer der andere tut. Im Ergebnis führt dies dazu, daß beide gestehen und zu je 10 Jahren verurteilt werden. Der kollektiv beste Zustand (beide leugnen) wird nicht erreicht.

Die Spieltheorie fragt nun danach, wie Kooperation ohne externe Zwangsmechanismen erreicht werden kann. Solche Zwangsmechanismen sind zwar prinzipiell möglich[34], aber mit hohen Kosten verbunden. Die Organisationsökonomik untersucht deshalb die Möglichkeiten freiwilliger Kooperation von rationalen Egoisten. Einer der ersten und bekanntesten Ansätze hierzu wurde von dem Politologen Axelrod (1984) vorgelegt und von der Ökonomik aufgegriffen[35].

Axelrod führt die endogene Herausbildung "selbsttragender" Normen auf wiederholte Gefangenen-Dilemma-Spiele zurück: Wenn jemand immer wieder auf die gleichen Personen trifft (was in Organisationen systematisch der Fall ist), dann ist es sinnvoll, sich zunächst kooperativ zu verhalten und dann in jeder folgenden Spielrunde so zu reagieren, wie der Mitspieler in der Runde zuvor, d.h. auf Kooperation mit Kooperation, auf Defektion mit Defektion zu antworten. Dieses "Tit for Tat" ("Wie Du mir, so ich dir") beschreibt Axelrod am Beispiel von feindlichen Soldaten im Ersten Weltkrieg, die in der Situation des Stellungskrieges Regeln einhielten, z.B. Kampfpausen zur Essenszeit einlegten, um sich gegenseitig das Leben zu erleichtern - ohne darüber je ein Wort gewechselt zu haben. Es wird also davon ausgegangen, daß sich wiederholende Gefangenen-Dilemma-Situationen in der Hoffnung auf zukünftige Kooperationsgewinne zu impliziten Verträgen führen.

Für die Wirksamkeit solcher impliziter Verträge spricht der Vergleich der Verhaltensweisen in japanischen und amerikanischen Unternehmen: Das Prinzip der lebenslangen Beschäftigung schafft Vertrauensbeziehungen, die bei einer "hire and fire"-Politik nicht entstehen können[36]. Auch Untersuchungen über das Verhalten von Managern in Übernahme-Situationen bestätigen, daß "Tit for Tat" eine empirisch relevante Strategie ist: In diesen Situationen wenden Manager deutlich weniger Kooperationsstrategien an als in Situationen, in denen von fortdauernden Beziehungen ausgegangen werden kann[37].

---

34 Vgl. z.B. die Rolle des Unternehmers bei Alchian/Demsetz 1972 oder die Rolle des Staates in der Hobbesianischen Rechtfertigung von Zwangsinstitutionen.

35 Eine wichtige Weiterentwicklung dieses Ansatzes wurde von Gauthier 1986 vorgenommen.

36 Vgl. Aoki 1990

37 Vgl. z.B. Tichy 1990

Der Ansatz von Axelrod berücksichtigt damit systematisch Lernprozesse innerhalb des ökonomischen Modells. Er hat den großen Vorteil, daß er - anders als Williamson - Opportunismus nicht axiomatisch voraussetzen oder als konstante Größe annehmen muß. Vielmehr macht er deutlich, daß das Ausmaß an Opportunismus - und damit das Ausmaß an notwendigen gegenseitigen Kontroll- und Überwachungskosten - eine endogene Größe ist, die vom Handeln der Beteiligten abhängig ist. Mit anderen Worten: Die Annahme des Opportunismus, die sich im Transaktionskostenansatz findet, ist eine sich selbst erfüllende Prophezeihung, die eine Asymmetrie zugunsten der schlechten Lösung überhaupt erst erzeugt[38].

Jedoch hinterläßt der Ansatz von Axelrod eine "Motivationslücke" (Patzig 1986, S. 985), welche mit dem Problem der Rückwärts-Induktion verbunden ist[39]. Bei einem Spiel von endlicher Länge gibt es in der letzten Runde keine Aussicht auf Kooperationsgewinne, ergo wird der rationale Akteur defektieren. Ist in der zweitletzten Runde absehbar, daß alle rationalen Spieler in der letzten Runde defektieren, dann gibt es auch hier keinen Anlaß zur Kooperation - und so fort bis in die erste Runde. Das "unnachsichtig rationale Verhalten der Akteure" (Arni 1991, S. 9) führt somit zum Verzicht auf beträchtliche Kooperationsgewinne, es sei denn, einer der Beteiligten beginnt mit dem kooperativen ersten Zug. Dies setzt aber eine Präferenzänderung, d.h. die Anerkennung einer deontologischen Norm voraus, die auch dann eingehalten wird, wenn sie für den Akteur ungünstig ist.

Damit haben die Überlegungen von Axelrod gezeigt, daß es keineswegs immer vorteilhaft ist, bei der Vertragsgestaltung vom größtmöglichen Opportunismus der Arbeitnehmer auszugehen. Vielmehr kommt es darauf an, ob die Unternehmungsführung lokale Solidaritätskerne bilden kann, die gewährleisten, daß der erste Zug im Gefangenen-Dilemma kooperativ und nicht defektiv ist.

---

38 Vgl. Hill 1990

39 Vgl. Schauenberg 1991, Arni 1991

Gefangenen-Dilemma und soziale Eingebundenheit

Welches sind die Bedingungen für lokale Solidaritätskerne? Ein Hinweis zur Beantwortung dieser Frage gibt Granovetter (1985). Er kritisiert am Transaktionskosten-Ansatz, daß dieser die soziale Eingebundenheit ("social embeddedness") von Handlungen zuwenig berücksichtigt: Das gesamte neoklassische Modell setzt die soziale Atomisierung voraus, d.h. es gibt dort keine Familie, Freundschaften, ja nicht einmal Bekanntschaften. Die vollständige Konkurrenz geht wie das Gefangenen-Dilemma von beziehungs- und sprachlosen Individuen aus. Typischerweise sitzen die Akteure beim Gefangenen-Dilemma auch noch bildlich in getrennten Zellen. Die Wirklichkeit in Organisationen entspricht diesem Bild wenig. Zahlreiche empirische Untersuchungen über den Manager-Alltag zeigen, daß Kommunikation, Verhandeln und das Knüpfen von Netzwerken den größten Teil des Tages beanspruchen, nämlich 60 bis 80 Prozent[40]. Dabei geht es nicht bloß um Informationen über die Reputation eines Vertragspartners, inwieweit man damit rechnen kann, daß dieser in Konfliktsituationen Verträge einhält[41]. Vielmehr geht es darum, die anonyme Gefangenen-Dilemma-Situation gar nicht erst entstehen zu lassen.

Wie nützlich dies ist, verdeutlicht Granovetter an folgendem Beispiel: Man vergleiche die Situation in einem brennenden Theater mit der entsprechenden Situation in einem Mehrfamilienhaus. In der Theater-Situation, die einem n-Personen-Gefangenen-Dilemma entspricht, ist eine Panikreaktion mit den bekannten verheerenden Folgen wahrscheinlich. Beim Mehrfamilienhaus kann hingegen mit einer einigermaßen disziplinierten Evakuierung gerechnet werden. Dabei geht es um ein reines Koordinations- und nicht um ein Gefangenen-Dilemma-Problem[42]. Warum? Die Personen können einander in ihren Interessen- und Abhängigkeitsstrukturen einschätzen. Ob eine Gefangenen-Dilemma-Situation entsteht, ist dabei nicht

40 Vgl. z.B. Mintzberg 1985

41 Vgl. z.B. Bull 1987

42 Zu dieser Unterscheidung vgl. Vanberg 1984, S. 130. Koordinationsprobleme können durch Verhaltensregelmäßigkeiten gelöst werden, z.B. wenn alle Autos rechts fahren, wobei es den Individuen gleichgültig ist, ob rechts oder links gefahren wird, solange alle dieselbe Regel befolgen.

nur von der Anzahl der Beteiligten abhängig, sondern auch davon, wieviele Interaktionen stattgefunden haben. Diese lassen sich aber organisatorisch beeinflussen. Man denke nur an die Einführung von Gruppenkonzepten oder an japanisches Entscheidungs- und Fabrikmanagement, wo auch bei einer großen Anzahl von Beteiligten für ein Höchstmaß an Interaktionen gesorgt wird[43].

Damit ist gezeigt, wie auf *organisatorischem* Weg ein großer Teil der Gefangenen-Dilemma-Probleme in - viel leichter lösbare - Koordinationsprobleme umgewandelt werden kann.

Gefangenen-Dilemma und Niedrigkostensituationen

Eine weitere Überlegung, wie lokale Solidaritätskerne zur Überwindung des Gefangenen-Dilemmas leichter gebildet werden können, basiert auf der Existenz von Niedrigkostensituationen[44]. Es handelt sich um die in der sozialen Realität ziemlich häufig vorkommenden Fälle, in denen das Abweichen vom Eigennutz nicht viel kostet, aber ein moralisches Hochgefühl übermittelt. Ein Beispiel wäre die Benutzung öffentlicher Flaschencontainer (sofern diese in ausreichendem Maß an jeder Straßenecke angebracht sind). Viele alltägliche institutionelle Arrangements können - ähnlich wie öffentliche Flaschencontainer - systematisch so angelegt werden, daß sie zu Niedrigkostensituationen führen. Die Kumulation der Folgen aus solchen Situationen kann durchaus zu einem Gesamtergebnis führen, das signifikante kollektive Selbstschädigungen von vornherein vermeidet.

Darüber hinaus kann der öffentliche Tadel selbst zu einer wirksamen Restriktion werden. "Man" bringt die Flaschen in den Container, es sei denn, "man" entfernt sich aus der Hausgemeinschaft, was in anderen Situationen erhebliche Nachteile mit sich bringen kann. Auf diese Weise kann der - zu geringen Kosten erzeugte - Tadel der Normbeobachter zu großen Kosten

43 Vgl. z.B. Womack/Jones/Roos 1981, S. 83. Damit kann die höhere Tendenz zur Kooperation in Kleingruppen nicht nur auf die dort leichteren Sanktionierungsmöglichkeiten nicht kooperativen Handelns (z.B. Föhr/Lenz 1992, S. 136) zurückgeführt werden.

44 Vgl. Kliemt 1982, S. 101ff.

der Normabweicher führen[45]. Jedoch setzt auch dieser Mechanismus einen lokalen Solidaritätskern voraus, ohne den die beschriebenen Kumulationseffekte nicht eintreten.

Gefangenen-Dilemma und Unternehmenskultur

Neuerdings wird versucht, die Herausbildung von lokalen Solidaritätskernen mit Hilfe der Unternehmenskultur zu erklären. So setzen Föhr/Lenz (1992) an der Überlegung an, daß eine fälschungssichere Identifikation von kooperationsbereiten Menschen zum Aussterben der Defekteure führen würde, weil diese ja dauerhaft auf die Kooperationsrente verzichten. Als einen Mechanismus der Identifikation sehen sie die Unternehmenskultur an. Diese schaffe Situationen des Vertrauens, in welchen emotionale Signale echter Kooperationsbereitschaft leichter dechiffriert werden können.

Damit wird aber die Ausbildung von lokalen Solidaritätskernen letztlich auf kulturelle Selbstverständlichkeiten zurückgeführt - und damit innerhalb des ökonomischen Modells auf eine Paradoxie: Kulturelle Selbstverständlichkeiten sind kollektive Routinen oder Werthaltungen, die nicht mit der Annahme der strengen individuellen Rationalität vereinbar sind. Offensichtlich ist also "etwas Irrationalität" oder "etwas Unwissen" (Schauenberg 1991, S. 348) nötig, um den Konflikt von Egoismus und Kooperation zu mildern. Die Ökonomik kann damit das Problem sozialer Ordnung innerhalb ihres Annahmengerüsts alleine nicht lösen.

Zur Leistungsfähigkeit ökonomischer Normenbegründungsversuche

Es wurde gezeigt, daß das ökonomische Verhaltensmodell nur dann individuelle und kollektive Rationaltät zugleich gewährleistet, wenn das Gefangenen-Dilemma beseitigt wird. Zwar kann durch organisatorische Maßnahmen die Relevanz der Gefangenen-Dilemma-Situation reduziert werden und damit der Bereich, innerhalb dessen soziale Ordnung auf die Einhaltung deontologisch begründeter Normen angewiesen ist. Aber innerhalb dieses Bereichs ist die Ökonomik auf die Ethik angewiesen. Jedoch braucht

45 Vgl. Kliemt 1982, S. 102

hier umgekehrt auch die Ethik die Ökonomik: Eine Theorie der Normenbegründung darf die Bedingungen der Normendurchsetzung nicht außer acht lassen. Diese Bedingungen sind in modernen Gesellschaften durch Markt und Wettbewerb geprägt. Eine Theorie der Normbegründung muß darum ökonomische Folgenkalkulationen berücksichtigen, d.h. sie darf Fragen der Institutionalisierung moralischen Handelns durch den Markt nicht ausklammern, welche vor allem in Situationen entstehen, in welchen eine *face to face*-Kommunikation nicht mehr möglich ist. Die Anschlußstellen zwischen Ethik und Ökonomik können anhand folgender Überlegungen gefunden werden, die zugleich die Ursachen für die Ergänzungsbedürftigkeit des ökonomischen Modells präzisieren[46].

Zum *ersten* ist das dem ökonomischen Modell zugrunde gelegte Konstrukt des rationalen Egoisten ("homo oeconomicus") kein empirisches, sondern ein analytisches Instrument[47]. Es ist eine Kunstfigur, die aus disziplinspezifischen Forschungsinteressen *einen* unter vielen möglichen Aspekten des menschlichen Handelns herausgreift, nämlich den der rationalen Wahl unter Knappheitsbedingungen. Dieser Aspekt wird axiomatisch zur Abgrenzung der ökonomischen von anderen Sichtweisen eingeführt. Er zeigt, welche logischen Denkmöglichkeiten für zweckrationales Handeln existieren.

Mit demselben Begründungsmuster können aber auch andere Disziplinen auf die Fruchtbarkeit ihrer Perspektive verweisen: Der Ökonom analysiert die Organisation ökonomisch ("ökonomische Rationalität"), der Psychologe psychologisch, der Soziologe soziologisch etc. - und der Moralphilosoph eben von einem ethischen Prinzip ("kommunikative Rationalität") her. Dem Zerfall der Wissenschaft in Perspektivenschauen ist dabei keinerlei systematische Grenze gesetzt. Konsequenterweise wird dann die etwas hilflos klingende Forderung nach einem "gleichberechtigten Nebeneinander" der Disziplinen laut, die praktisch einer Immunisierungsstrategie der eigenen Disziplin vor externer Kritik gleichkommt.

---

46 Vgl. Löhr/Osterloh 1993; Osterloh/Tiemann 1993

47 Anderer Ansicht ist jedoch Frey 1990. Er geht davon aus, daß der "homo oeconomicus" keine analytische Kunstfigur, sondern eine zutreffende Beschreibung der Realität darstellt. Dabei wird allerdings nicht mehr notwendigerweise die strenge Nutzenmaximierung unterstellt, sondern lediglich eigennütziges Handeln.

Wer in dieser Situation nach einem begründeten Referenzpunkt für eine Theorie sozialer Ordnung sucht, mag geneigt sein, die Gleichrangigkeit über einen "Wettbewerb der Disziplinen" zu lösen - und damit unterderhand für eine ökonomische Theorie der Wissenschaften zu plädieren. Doch dieses Vorgehen im Stile eines "Wissenschaftsmarketing" kann allenfalls eine willkürliche Lösung bringen, denn die Berechtigung von Disziplinen läßt sich nicht aus ihrer momentanen Marktgängigkeit systematisch begründen.

Um dieser Willkür Einhalt zu gebieten, muß man sich daran erinnern, wozu sozialwissenschaftliche Disziplinen eigentlich dienen: Sie sollen Probleme lösen, die *vor* allen fachspezifischen Aspektschauen in der Praxis entstehen. Der Anfang aller disziplinären Bemühungen muß demnach praktisch legitimiert sein. Dies kann nur über den freien Konsens der betroffenen Bürger bestimmt werden[48]. Damit ist aber gesagt, daß die Ethik einen Primat über die Ökonomik beanspruchen muß: Es ist der freie, über gute Argumente immer wieder aufs neue herzustellende Konsens in einer Gesellschaft, daß eine bestimmte Form der Ökonomik (wie auch alle anderen Wissenschaften) zur friedlichen Bewältigung des Lebens beiträgt.

Zum *zweiten* birgt das ökonomische Modell ein weiteres Problem, welches selbst dann gegeben ist, wenn man dem "homo oeconomicus" noch eine gewisse empirische Relevanz zusprechen würde. Das ökonomische Modell zeichnet sich durch eine strikte Trennung von Nutzen und Kosten aus. Dabei wird nicht berücksichtigt, daß Kosten und Nutzen nicht objektiv gegeben sind. Der nahezu triviale Gedanke, daß Menschen fortwährend ihre Knappheiten und Kosten über soziale Kommunikation definieren und verändern, kann deshalb von der ökonomischen Theorie nicht in eine Theorie der sozialen Ordnung integriert werden[49]. Solche Definitions- bzw. Umdefinitionsprozesse werden insbesondere dann notwendig, wenn ehemals stabile Situationen korrodieren und ein Orientierungsbedarf entsteht, z.B. in Situationen des wirtschaftlichen oder politischen Umbruchs. In diesen Situationen werden Prozesse des fundamentalen (im Gegensatz zum routinisierten) Lernens in Gang gesetzt[50]. Es handelt sich dabei um eine Refor-

48 Vgl. Lorenzen 1987, S. 228ff.

49 Vgl. Homann 1993

50 Vgl. Siegenthaler 1989

mulierung kognitiver Konstrukte, auf deren Hintergrund Umweltsignale neu interpretiert werden. Solange die neuen kognitiven Konstrukte noch undefiniert sind, existiert ein Zustand der Ungewißheit und Ambiguität. In diesem Zustand dient Sprache nicht nur dem Informationsaustausch (analog dem Austausch auf Märkten) in Form von wechselseitigen, gut definierten *Verlautbarungen.* Vielmehr ist Sprache ein Medium der wechselseitigen Orientierung, d.h. der *Verständigung.* Verständigung setzt aber gemeinsame Standards voraus (Habermas 1981, Bd. 1, S. 166), d.h. einen lebensweltlich oder diskursiv begründeten Konsens. Erst wenn in einem solchen Verständigungsprozeß Einigkeit darüber erzielt worden ist, was als Kosten und was als Nutzen zu definieren ist (man denke nur die gegenwärtige Diskussion um Kosten und Nutzen des alpinen Skisports), ist eine vorläufige Stabilität der Situation wiederhergestellt[51]. Auf dieser Basis könnte nun auch die Figur des "homo oeconomicus" eine neue Rolle bekommen: Man kann sich darauf einigen, ihr bis auf weiteres Leitcharakter zuzubilligen, um die in modernen Gesellschaften unverzichtbare Folgenkalkulation zu gewährleisten, welche nun einmal durch Markt und Wettbewerb gekennzeichnet ist. Diesem "homo oeconomicus" liegen nun allerdings konsensgestützte Kosten-Nutzen-Definitionen zugrunde. Er ist m.a.W. normativ gewendet, nämlich diskursiv legitimiert, um die Wettbewerbswirtschaft in den Dienst moralischer Anliegen zu stellen und sie gleichzeitig zu unterstützen[52]. Auch diese Überlegung weist also auf den Primat der Ethik, aber auch darauf, daß Ethik und Ökonomik aufeinander angewiesen sind: "Ethik fungiert als Heuristik der Ökonomik und die Ökonomik als die zugehörige Restriktionenanalyse" (Homann 1992, S. 84).

Literatur

Academy of Management Review 1990, Juli, Sonderheft

Albach, Horst (1989): Editorial zu Heft 6 der Zeitschrift für Betriebswirtschaft, in: Zeitschrift für Betriebswirtschaft, Jg. 59, Nr. 6, S. 585-588

Alchian, Armen A. / Demsetz, Harold (1972): Production, Information Costs, and Economic Organization, in: American Economic Review, Jg. 72, S. 777-795

---

51 Vorläufig deshalb, weil veränderte Argumentationslagen einen neuen Verständigungsbedarf erzeugen.

52 Vgl. Osterloh/Tiemann 1993

Aoki, Masahliko (1990): Toward an Economic Model of the Japanese Firm, in: Journal of Economic Literature, Jg. XXVIII, S. 1-27

Apel, Karl-Otto (1990): Diskurs und Verantwortung. Das Problem des Übergangs zur postkonventionellen Moral, Frankfurt a.M.

Arni, Jean Louis (1991): Ist das Rationaltheorie-Modell in Auflösung begriffen?, Arbeitspapier Nr. 18 des Wirtschaftswissenschaftlichen Instituts d. Univ. Zürich

Axelrod, Robert (1987): Die Evolution der Kooperation, München

Becker, Gary S. (1982): Der ökonomische Ansatz zur Erklärung menschlichen Verhaltens, Tübingen

Bentham, Jeremy (1975, erstm. 1789): Eine Einführung in die Philosophie der Moral und der Gesetzgebung, in: Höffe, Otfried (Hg.): Einführung in die utilitaristische Ethik, München, S. 35-58

Brandt, Richard B. (1959): Ethical Theory. The Problems of Normative and Critical Ethics, New York

Buchanan, James M. (1977): Freedom in Constitutional Contracts. Perspective of a Political Economist

Bull, Clive (1987): The existence of self-enforcing implicit contracts, in: The Quarterly Journal of Economics, S. 247-159

Coase, Ronald H. (1937): The Nature of the Firm, in: Economica, New Series, Jg. 4, wiederabgedruckt in: Stigler George J. / Boulding, K.E. (Hg.): Readings in Price Theory, Homewood Ill 1952, S. 386-405

Dawes, Robyn M. / Thaler, Richard H. (1988): Anomalies: Cooperation, in: Journal of Economic Perspectives, Jg. 2, Nr. 3, S. 187-197

Donaldson, Lex (1990): The Etheral Hand: Organization Economics and Management Theory, in: The Academy of Management Review, Jg. 15, Nr. 3, S. 369-381

Dülfer, Eberhard (Hg.), (1991): Organisationskultur, 2. Auflage, Stuttgart

Durkheim, Emile (1933): The Division of Labor in Society, New York

Föhr, Silvia / Lenz, Hansrudi (1992): Unternehmenskultur und ökonomische Theorie, in: Staehle, W.H. / Conrad, P. (Hg.), Managementforschung 2, Berlin/New York, S. 111-162

Frankena, William K. (1981): Analytische Ethik, München

Frey, Bruno S. (1990): Ökonomie ist Sozialwissenschaft. Die Anwendung der Ökonomie auf neue Gebiete, München

Friedman, Milton (1983, zuerst 1970): The Social Responsibility of Business is to increase its Profits, in: Snoeyenbos, u.a. (Hg.) Business Ethics. Corporation, New York, S. 73-79

Granovetter, Marc (1985): Economic Action and Social Structure: The Problem of Embeddedness, in: American Journal of Sociology, Jg. 91, S. 481-510

Habermas, Jürgen (1981): Theorie des kommunikativen Handelns, Bd. I+II, Frankfurt a.M.

Habermas, Jürgen (1991): Erläuterungen zur Diskursethik, Frankfurt a.M.

Hill, Charles W. (1990): Cooperation, Opportunism, and the Invisible Hand, in: The Academy of Management Review, Jg. 15, Nr. 3, S. 500-513

Homann, Karl (1989): Entstehung, Befolgung und Wandel moralischer Normen: Neuere Erklärungsansätze, in: Pappi, Franz Urban (Hg.): Wirtschaftsethik. Gesellschaftswissenschaftliche Perspektiven, Kiel, S. 47-64

Homann, Karl (1992): Marktwirtschaftliche Ordnung und Unternehmensethik, in: Zeitschrift für Betriebswirtschaft, Dez 91, S. 608-614

Homann, Karl (1993): Demokratie, in: Enderle, G./Homann, K./Honecker, M./Kerber, W./Steinmann, H. (Hg.): Lexikon der Wirtschaftsethik, Freiburg u.a., Sp. 186-197

Keller, Andrea (1990): Die Rolle der Unternehmungskultur im Rahmen der Differenzierung und Integration der Unternehmung, Bern

Kern, Horst / Schumann, Michael (1985): Das Ende der Arbeitsteilung? Rationalisierung in der industriellen Produktion, 2. Auflage, München

Kirchgässner, Gebhard (1991): Homo oeconomicus, Tübingen

Kliemt, Hartmut (1992): Normenbegründung und Normenbefolgung in Ethik und Ökonomik, in: Zeitschrift für Betriebswirtschaft, Ergänzungsheft 1/92, S. 90-105

Kohlberg, Lawrence (1981): The Philosophy of Moral Developement. (erstmals in: Mischel, T. (Hg.): Cognitive developement, 1971), San Francisco

Lindenberg, Siegwart (1984): Preferences versus Constraints. A Commentary on von Weizsäcker's "The Influence of Property Rights on Tastes, in: Zeitschrift für die gesamte Staatswissenschaft, Jg. 140, S. 96-103

Löhr, Albert (1991): Unternehmensethik und Betriebswirtschaftslehre, Stuttgart

Löhr, Albert / Osterloh, Margit (1993): Ökonomik und Ethik als Grundlage organisationaler Beziehungen, erscheint in: Staehle, W. / Sydow, J. (Hg.): Managementforschung 3, Berlin/New York

Lorenzen, Paul (1987): Lehrbuch der konstruktiven Wissenschaftstheorie, Mannheim/Wien/Zürich

McKenzie, Richard B. / Tullock, Gordon (1975): The New World Economics, Homewood lll

Mintzberg, Henry (1985): The manager's job: folklore and fact, in: Harvard Business Review, July-August, S. 49-61

Osterloh, Margit (1991): Unternehmensethik und Unternehmenskultur, in: Steinmann, Horst / Löhr, Albert (Hg.): Unternehmensethik, S. 153-171, 2. Auflage, Stuttgart

Osterloh, Margit (1993): Interpretative Organisations- und Mitbestimmungsforschung, Stuttgart

Osterloh, Margit / Tiemann, Regine (1993): Die normative Wende des homo oeconomicus, in: Ethik und Sozialwissenschaften, 4. Jg., 1993, Paderborn, Heft 3 oder 4 (im Druck)

Ouchi, William G. (1980): Markets, Bureaucracies, and Clans, in: Administrative Science Quarterly, Jg. 25, S. 129-141

Patzig, Günther (1986): Ethik und Wissenschaft, in: Maier-Leibnitz, H. (Hg.), Zeugen des Wissens, Mainz, S. 977-997

Prisching, Manfred (1983): Über die Karriere einer Handlungstheorie. Der ökonomische Mensch auf dem Weg durch die Sozialwissenschaften, in: Zeitschrift für philosophische Forschung, Jg. 37, S. 256-274

Rawls, John (1971): A Theory of Justice. Cambridge (Mass.). Deutsche Übersetzung: Eine Theorie der Gerechtigkeit, Frankfurt a.M. 1975

Schauenberg, Bernd (1991): Organisationsprobleme bei dauerhafter Kooperation, in: Ordelheide, Dieter/Rudolph, Bernd/Büsselmann, Elke (Hg.): Betriebswirtschaftslehre und ökonomische Theorie, S. 329-356

Schneider, Dieter (1985): Allgemeine Betriebswirtschaftslehre, München/Wien

Siegenthaler, Hansjörg (1989): Organization, Ideology and the Free Rider Problerm, in: Journal of Institutional and Theoretical Economics, Jg. 145, S. 215-231

Smith, Adam (1776): An Inquiry into the Nature and Causes of the Wealth of Nations, London, Dt. Übersetzung: Der Wohlstand der Nationen, München, 1974

Steinmann, Horst / Löhr, Albert (Hg.) (1991): Unternehmensethik, 2. Auflage, Stuttgart

Steinmann, Horst / Löhr, Albert (1992): Grundlagen der Unternehmensethik, Stuttgart

Stigler, George J./ Becker, Gary S. (1977): De gustibus non est disputandum, in: American Economic Review, Jg. 67, S. 1124-1131

Sydow, Jörg (1992): Strategische Netzwerke. Evolution und Organisation, Wiesbaden

Tichy, Gunther (1990): Die wissenschaftliche Aufarbeitung der Merger-Mania. Neue Erkenntnisse für die Wettbewerbspolitik, in: Kyklos, Internationale Zeitschrift für Sozialwissenschaften, Nr. 43, S. 437-471

Ulrich, Peter (1991): Betriebswirtschaftliche Rationalisierungskonzepte im Umbruch - neue Chancen ethikbewußter Organisationsgestaltung, in: Die Unternehmung, Nr. 3, S. 146-166

Vanberg, Viktor (1984): "Unsichtbare-Hand Erklärung" und soziale Normen, in: Todt, Horst: Normengeleitetes Verhalten in den Sozialwissenschaften, Berlin, S. 115-148

Weizsäcker, v. Carl Christian (1984): The Influence of Property Rights on Tastes, in: Zeitschrift für die gesamte Staatswissenschaft, Jg. 140, S. 90-95

Williamson, Oliver E. (1975): Markets and Hierarchies. Analysis and Antitrust Implications

Williamson, Oliver E. (1981): The Economics of Organization: The Transaction Cost Approach, in: American Journal of Sociology, New York, S. 548ff.

Williamson, Oliver E. (1985): The Economic Institutions of Capitalism: Firms, Markets, Relational Contracting, New York

Womack, James P. / Jones, Daniel T. / Roos, Daniel (1991): Die zweite Revolution in der Autoindustrie, Frankfurt a.M.

Unternehmensethik als Instrument der Transformation von Ökologie in Ökonomie

Hans-Gerd Ridder

Ethik in Unternehmen ist aus verschiedenen Gründen zu einem Gegenstand der Betriebswirtschaftslehre geworden. Es wird z.B. auf den Wandel der Arbeitsethik, auf das wachsende Bedürfnis nach Selbstbestimmung und auf den fehlenden Sinnbezug industrieller Arbeit hingewiesen. Diesem Defizit werde - allerdings eher halbherzig - mit Hilfe von Instrumenten der Unternehmenskultur, Ethikprogrammen etc. begegnet, um daraus entstehende Motivationsprobleme zu kompensieren oder bislang nicht erschlossene Motivationspotentiale zu erschließen. Weiter wird konstatiert, daß die ökonomischen Systeme immer perfekter, aber unsere Ziele immer fragwürdiger werden. Es falle immer schwerer, die Augen davor zu verschließen, daß das ungebremste Wachstum die Zerstörung der Umwelt, Vergeudung nichtregenerierbarer Ressourcen, Verelendung weiter Teile der Weltbevölkerung zur Folge hat und wir täglich mit einer Vielzahl ethischer Defizite konfrontiert werden, z.B. im Umgang mit Giftstoffen, Lebensmittelskandalen, Bestechungsaffären und dabei im Namen des Gewinns vielfach fahrlässig mit Menschen umgegangen wird. In den nächsten Jahren sei damit zu rechnen, daß der gesellschaftliche Druck auf die Unternehmen stark zunehmen wird "und zwar aus Gründen der Umweltproblematik, Rationalisierung und Internationalisierung der Wirtschaft, Organisation der Konsumenteninteressen und anderes mehr" (Enderle 1987, S. 435) und sich schon deshalb Unternehmen mit ethischen Problemen frühzeitig auseinanderzusetzen haben.

"Ethik in der Wirtschaft oder kurz Wirtschaftsethik ist deshalb mehr als eine Mode. Sich damit zu befassen, heißt investieren fürs 21. Jahrhundert, um sich ein gründliches und weitsichtiges Urteil für die drängenden Wertkonflikte bilden zu können und um dem Legitimationsdruck argumentativ und glaubwürdig standhalten zu können" (Enderle 1987, S. 435).

Einer dieser drängenden Wertkonflikte, der auf die Unternehmen zukommen wird, ist der Bereich des Umweltschutzes, und es werden Vorschläge entwickelt, wie mit Hilfe von Ethik diese Legitimationsproblematik bewältigt werden kann. Im folgenden soll geprüft werden, ob und in welcher Weise ethische Angebote der Betriebswirtschaftslehre in der Lage sind, Probleme des Umweltschutzes zu erfassen und Lösungen anzubieten. Hierbei sind verschiedene Ansatzpunkte zu unterscheiden, die im folgenden diskutiert werden sollen.

Ethische Betriebswirtschaftslehre entwickelt Alternativen zur bestehenden Rationalität. Hierbei stellt sich die Frage, inwieweit eine dermaßen begründete ethische Betriebswirtschaftslehre überhaupt möglich ist und damit einen Beitrag zum Umweltschutz entwickelt. In einem zweiten Schritt geht es um Ethik *in* der Betriebswirtschaftslehre. Sie verfolgt im Gegensatz zu einer ethischen Betriebswirtschaftslehre nicht das Ziel einer ethischen Ausrichtung der Betriebswirtschaftslehre, sondern es geht um die Minimierung von Dysfunktionalitäten des Gewinnprinzips durch Anwendung ethischer Prinzipien. Die Diskussion dieses Vorschlags soll klären, ob und wie ethische Kategorien auf ökonomische Phänomene angewendet werden können.

Aus der Kritik an diesen Entwürfen werden abschließend Grundzüge einer betriebswirtschaftlichen Behandlung von Ethik vorgestellt und auf den Personalbereich bezogen. Es wird aufgezeigt werden, wie vorhandene ethische Problemlagen, die durch ökologische Probleme entstehen, in ökonomisch relevante Tatbestände übersetzt und in Instrumente überführt werden können.

Ethische Betriebswirtschaftslehre

Ökonomische Vernunft und Diskurs als Ausgangspunkte einer ökologischen Unternehmensethik

Erst in jüngerer Zeit ist ein Vorschlag von Ulrich vorgelegt worden, der in der Betriebswirtschaftslehre eine hohe Aufmerksamkeit erhalten hat. Vereinfacht kann gesagt werden, daß in diesem Ansatz unter Ethik in Anlehnung an die neuere Frankfurter Schule eine Dialogethik verstanden wird, wie sie insbesondere von Habermas und Apel verbreitet wurde (vgl. z.B.

Habermas 1978). Nach Ulrich (1983; 1987; 1988; 1991; 1992) ist die dialogische Verständigung im ökonomischen Bereich unterentwickelt. Es dominiert ein Rationalitätsmuster, das der Entfaltung von Arbeit folgt und damit der Sicherstellung von Nahrung und Wohnung dient und die Urform des zweckrationalen Handelns darstellt.

Kommunikatives Handeln folgt der sprachlichen Verständigung zwischen Subjekten zur Schaffung gemeinsamer Weltinterpretationen und Handlungsorientierungen. Im Rahmen der kommunikativen Vernunft geht es um die kritisch-normative Konsensbildung über Sinnzusammenhänge. Die kommunikative Vernunft ist die Fähigkeit des Menschen zum argumentativen Dialog. Die Dominanz der Rationalisierung der Mittel hat dazu geführt, daß unsere Zwecke immer irrationaler werden und es zu einer Objektivierung der Subjekte gekommen ist, zu einer Verdinglichung der Menschen: "Die dringendsten Aufgaben der Zeit betreffen heute nicht die Effizienzsteigerung unserer Arbeitstechniken, sondern die Ausdehnung kommunikativer Verständigungsmöglichkeiten über Wert-, Sinn- und Zweckorientierungen einer wünschbaren, vernünftigen gesellschaftlichen Entwicklung" (Ulrich 1983, S. 74).

Als ein wesentliches Hindernis auf dem Wege zu dieser kommunikativen Verständigung identifiziert Ulrich das Interesse an personalisierter Kapitalverwertung. Erst die Überwindung dieser von Ulrich so bezeichneten personalistischen Fehlschaltung im Rahmen einer offenen Unternehmensverfassung ermöglicht einem demokratisch legitimierten Management, das funktionale Interesse an einem effizienten Kapitaleinsatz auf der Basis kommunikativ entwickelter Präferenzordnungen wahrzunehmen.

Neutralisiertes Kapital als Funktionsbedingung einer kommunikativen Verständigung sei zwar eine Fiktion, von der niemand weiß, ob und wann sie kommt. Sie wird von Ulrich aber deutlich getrennt von pragmatischen Vorschlägen, kommunikative Rationalisierung in dieser Wirtschaftsordnung zu betreiben. In Anlehnung an die neuere Frankfurter Schule erhält die offene Unternehmensverfassung den Status einer regulativen Idee, die ethisch-vernünftige Beurteilungen konkreter Gestaltungsvorschläge auf dem Wege zu dieser Fiktion erlauben soll. Pragmatisch seien Vorschläge zu diskutieren, die schon heute mehr betriebswirtschaftliche Vernunft realisieren helfen sollen.

Im Rahmen eines "Konsensusmanagement" wird eine Dialogethik präferiert, die als normatives Fundament unentbehrlich für die Funktionsfähigkeit der Unternehmung sei. Die Verbesserung der Kommunikationskultur und -struktur im Unternehmen, Persönlichkeitsentfaltung der Mitarbeiter in Richtung auf mehr Mündigkeit, der Aufbau von Verständigungspotentialen im Innen- und Außenverhältnis der Unternehmen zielen, indem sie längerfristige Bewußtseinsbildungs-, Lern- und Entwicklungsprozesse ermöglichen, auf eine Korrektur dysfunktionaler Technokratisierungstendenzen. Entsprechend angelegte Managementansätze wie z.B. partizipative Führung, Dezentralisierung, Delegation, Entstandardisierung, Organisationsentwicklung etc. zielen auf die vergessene kommunikative Dimension und setzen auf die Ökonomie des Dialogs. D.h. Konsensusmanagement setzt auf den Aufbau strategischer Erfolgspotentiale. Diese Strategie hängt jedoch ganz wesentlich davon ab, daß die betroffenen Gruppen über ein ungefähres Machtgleichgewicht verfügen, um ein Abgleiten der Kommunikationschancen in eine Sozialtechnologie zu verhindern. Dennoch wird kommunikative Rationalisierung damit auch aus realistischen betriebswirtschaftlichen Gründen - also keineswegs aus rein idealistischen Motiven - betrieben. Das Ideal einer Kommunikationsgemeinschaft vor Augen soll nun praktische Sozialökonomie als Überwindung der traditionellen Betriebswirtschaftslehre sowohl sozialtechnische als auch ethisch-normative Dimensionen des ökonomischen Handelns erfassen. Bezogen auf die Umwelt entsteht bei Ulrich konsequent eine ökologische Ethik, die in ihrem Kern keine inhaltlichen Bestimmungen vorgibt, "sondern sie sollte gerade umgekehrt auf die institutionelle und verfahrensmäßige *Öffnung* politisch-ökologischer Willensbildungsprozesse hinarbeiten" (Ulrich 1989, S. 135; Hervorhebung im Original). Wie schon in bezug auf die offene Unternehmensverfassung trennt Ulrich hier zwischen der wenig konkreten regulativen Idee und der Ebene der pragmatischen Vorschläge auf dem Wege zur Verwirklichung dieser Idee:

"Es kommt somit - von allgemein bewußtseinsbildender Aufklärung abgesehen - entscheidend darauf an, die Institutionen und Verfahren, in denen die politisch-ökonomischen bzw. politisch-ökologischen Willensbildungsprozesse stattfinden, zu 'entschränken', d.h. allen Beteiligten und Betroffenen an bzw. von ökonomischen Entscheidungen gleiche Chancen einzuräumen, ihre Vorstellungen von Lebensqualität, ihre Bedürfnisse und ihre Interessen zur Geltung zu bringen" (ebenda, S. 144).

In einer ähnlich dualen Weise und in expliziter Anlehnung an Ulrich nimmt Pfriem das Ganze des Wirtschaftens in den Blick. Das wesentliche Angemessenheitskriterium für die ökonomische Bearbeitung des Umweltschutzes ist danach, "wie weit ökonomische Methoden der Zweidimensionalität des Ökologieproblems gerecht werden, d.h. neben dem genannten Knappheitsproblem auch Fragen nach dem guten Leben, der möglichen Fülle des Lebens thematisieren können. Damit sind nämlich Optimierungsprozesse angesprochen, für die es keine eindeutig optimalen Lösungen gibt, außer politisch-diskursiv und situativ in der Zeit gewonnen" (Pfriem 1989, S. 116).

Als ökologische Unternehmensethik wird dann bezeichnet "die ethisch geleitete Aufdeckung und Wahrnehmung unternehmenspolitischer Entscheidungs- und Handlungsspielräume in ökologischer Absicht, wobei (a) ökologische Erwägungen möglichst früh und systematisch in alle Unternehmensentscheidungen eingehen und (b) im Sinne einer offenen Unternehmensverfassung institutionell und prozessual möglichst früh und systematisch alle von diesen Entscheidungen Betroffenen öffentlich nachvollziehbar einbezogen werden sollen" (ebenda, S. 122f.). Auch hier - in verblüffender Übereinstimmung mit dem Konzept von Ulrich - bedeutet diese Definition einer ökologischen Unternehmensethik keinesfalls einen Widerspruch zwischen angestrebten Idealzuständen und aktuell pragmatischen Maßnahmen.

Pfriem geht davon aus, daß Unternehmensethik nicht von außen an die Unternehmung herangetragen werden kann, sondern einen ökonomischen Bezug haben muß: "Ökologische Unternehmensethik darf nicht als Wundertüte wünschenswerten unternehmenspolitischen Handelns konzipiert werden, sondern es muß betriebswirtschaftliche Gründe geben, die für Unternehmensethik Raum lassen" (ebenda, S. 113).

Als betriebswirtschaftliche Gründe nennt Pfriem:
- langfristige Unternehmensstabilisierung,
- Überschneidungsmengen zwischen ökonomischen und ökologischen Zielen,

- Hoffen auf Wettbewerbsvorteile bei staatlicher Auftragsvergabe,
- Erschließen neuer Märkte,
- Produktionsumstellung in Erwartung baldiger gesetzlicher Restriktionen,
- Bildung des Unternehmensprofils, insbes. Überschreiten der gesetzlichen Mindestanforderungen zum Beweis besonderer gesellschaftlicher Verantwortung des Unternehmens,
- gestiegene externe Ansprüche durch Staat und Verbraucher,
- Steigerung des innerbetrieblichen sozialen Innovationspotentials (z.B. Identifikation mit dem Unternehmen),
- neue Leitbilder von Fortschritt, Unternehmenszielen, gesellschaftlicher Entwicklung.

"Die Aufzählung dieser möglichen betriebswirtschaftlichen Gründe für ökologisch verantwortliches Handeln von Unternehmen verweist bereits darauf, daß Ökonomie und Ökologie sich auf Unternehmensebene weder grundsätzlich widersprechen noch etwa schon dann im Einklang stehen, wenn der gute Wille dafür vorhanden ist" (ebenda, S. 114).

Ethik als Rentabilitätsfaktor

Der Traum von einer Betriebswirtschaftslehre, in der es nicht um Gewinne oder Kosten geht, sondern die Höherem dient, ist nicht neu. Wird heute von der Möglichkeit einer Transformation ökonomischer Vernunft ausgegangen, stand in den Anfängen der Betriebswirtschaftslehre das Volkswohl oder die Betriebsgemeinschaft im Mittelpunkt eines übergeordneten ethischen Interesses. Zwar haben sich die ökonomischen Verhältnisse verändert, es werden heute andere Philosophien bemüht, aber erneut glaubt man, daß Betriebswirtschaftslehre sich von der konstitutiven Bestimmung der Unternehmung entfernen kann. Ein Blick in die Geschichte der Betriebswirtschaftslehre zeigt jedoch, daß Versuche, Betriebswirtschaftslehre von ihrer empirischen Bestimmung zu entfernen, schon einmal gescheitert sind. Zwar waren in der Gründerzeit der Betriebswirtschaftslehre die ethischen Beweggründe und Intentionen unterschiedlich (vgl. als Übersichten Keinhorst 1956; Lisowsky 1927; Molzahn 1937), beherrschendes Thema der Diskussion einer ethischen Fundierung war allerdings der immer wieder geäußerte und gefürchtete Vorwurf, bei der Betriebswirtschaftslehre handele es sich um eine Profitlehre (vgl. Ridder 1990, S. 200ff.).

Insbesondere Vertreter der damaligen Nationalökonomie beobachteten die Entwicklung einer Einzelwirtschaftslehre eher argwöhnisch. Die damalige Wissenschaftsprogrammatik der Nationalökonomie war durchdrungen von der Vorstellung, mit wissenschaftlichen Mitteln dem Gesamtwohl dienen zu können (Kathedersozialismus). Das Aufsteigen einer Wissenschaft, die sich recht eindeutig auf das Unternehmen konzentrierte, führte zu harschen Vorwürfen, die darin gipfelten, Unternehmer würden hier eine Spezialwissenschaft fördern, die lediglich den Interessen ihrer Förderer verpflichtet sei (vgl. Brentano 1912/1913; Bücher 1917).

Im Zentrum ethischer Überlegungen stand daher die Frage, welchen Beitrag Betriebswirtschaftslehre leisten kann, um das allgemeine Wohl oder das Wohl der Betriebsgemeinschaft zu erhöhen. Es ging also um eine positive Bestimmung von ethischen Zielen. So knüpfte Schär (1923) an die Frage an, ob es nicht die "Kniffe" und "Kenntnisse" der Erzielung großer Gewinne waren, die den Handel in ein schlechtes Licht rückten und ob nicht gerade dieses Gewinnprinzip es war, das die Etablierung einer Wissenschaft des Handels verhinderte. Der Handel in seiner entwickelten Form habe nicht mehr die Aufgabe, Reichtümer zu sammeln, sondern Reichtümer zu erzeugen. Der Handel verbinde auf billigste, bequemste, schnellste und zuverlässigste Art die Glieder der Weltwirtschaft, um Bedürfnisse zu befriedigen und um die Kultur zu fördern. Angesichts dieser neuen Aufgaben sei der Kaufmann nicht mehr nur sich selbst verantwortliches Individuum, sondern er erhalte eine bedeutende Funktion in der entwickelten Volkswirtschaft. Er verrichte einen sozialen Dienst. Die Frage der Entlohnung spiele dann die gleiche Rolle wie in anderen Zweigen der privaten und öffentlichen Tätigkeit (vgl. Schär 1923, S. 9). Zwar bleibe das Gewinnprinzip das uneingeschränkte Leitmotiv des Handels, doch bewirken die verschiedensten Einflüsse, insbesondere die Konkurrenz, daß Produzent und Konsument sich des Kaufmanns nur so lange bedienen, wie dieser den Austausch der Produkte billiger und wirtschaftlicher vornimmt, als es ohne seine Vermittlung erfolgen könnte (vgl. ebenda, S. 101f.). "Je mehr er seinen Beruf als ein Amt im Dienste der Gesellschaft auffaßt und danach handelt, desto sicherer wird er nicht nur Erwerb, sondern auch Befriedigung in seinem Berufe finden" (ebenda, S. XVIII). Damit denkt Schär die Aufgaben des Handels vom Gesamtwohl her und die Aufgabe einer Handelsbetriebslehre als wertbezogene Lehre, die die Vermittlung von Prinzipien auf dem Wege zu einem sozialen Handel im Interesse des Staates, der Kommunen auf der Grundlage eines gerechten Preises leistet (vgl. Molzahn 1937, S. 41).

Konzentriert Schär seine Handelsbetriebslehre in erster Linie auf den Handel, so wenden sich andere Vertreter einer ethisch geprägten Betriebswirtschaftslehre stärker dem Betriebsleben zu. Dietrich (1914) geht davon aus, daß die Leitung eines Unternehmens von ethischen Grundsätzen getragen werden muß. Auf Vermögen und Reichtum soll verzichtet werden, das Gemeinwohl habe oberste Priorität. Die Betriebsinhaber oder die Betriebsleiter sollen lediglich Beamte sein, die den Willen der Volkswirtschaft vollziehen. Erst wenn sich diese Einsicht durchgesetzt habe, könnten die Interessengegensätze zugunsten einer Arbeitsgemeinschaft aufgehoben werden. Der Betrieb sei nicht nur eine wirtschaftliche Kategorie, sondern überall, wo Menschen im Spiele sind, gehe es auch immer um soziale Fragen. "Folglich ist der Betrieb ein wirtschaftlich-soziales Wesen. Und das Gebot der Wirtschaftlichkeit im Verfahren, Verbrauchen wird dem Menschen, dem persönlichen Betriebs-Gliede gegenüber zur sozialen Pflicht" (Dietrich 1914, S. 104). Erst ein freiwilliger Zusammenschluß aller im Betrieb Arbeitenden auf der Basis einer vernünftigen Ertragsverwendung und einer Pflichtenlehre des inneren Betriebslebens könne die soziale Pflicht erfüllen helfen. Das wirtschaftliche und soziale Ziel der Leitung bestehe darin, dafür zu sorgen, daß "ein Betrieb, der in seinem volkswirtschaftlichen Beruf das Höchste leistet, das Wohlbefinden und die Würde seiner persönlichen Mitarbeiter sichert, seine Pflichten als Glied des Gemeinde- und Staatslebens erfüllt" (ebenda, S. 638). Ethik sei damit notwendiger Bestandteil der Wirtschaftswissenschaft und habe erzieherische Aufgaben zu erfüllen. In diesem Sinne ist das Werk von Dietrich auch heute noch eine verblüffende Fundgruppe für Kuriositäten, welche Pflichten Arbeitnehmer und Arbeitgeber im Namen der Ethik zu übernehmen haben.

Auch das Werk von Nicklisch (1920) zeichnet sich durch eine philosophische Fundierung aus. Danach ist es unumgänglich, daß die Betriebe sich zu Betriebsgemeinschaften entwickeln. Dazu gehören folgende Prinzipien:

- Einheitlichkeit von Leitung und Anordnung,
- Unterordnung des Einzelinteresses unter die Betriebsprozesse,
- Autorität und Disziplin.

Diese Prinzipien umfassen gleichzeitig eine Reihe von normativen Schutzfunktionen. Die Grenzen der Arbeitsteilung werden dort gesteckt, wo ihnen soziale Bedürfnisse entgegenstehen. Hieraus resultiert die Forderung nach einer Begrenzung des maximalen Arbeitstages, die es erlaubt, auch soziale Aufgaben in Haushalt, Familie und Staat zu übernehmen. Neben der Definition eines maximalen Arbeitstages gilt es, einen optimalen Arbeitstag einzurichten, der es erlaubt, den Körper so zu regenerieren, daß verlorengegangene Kräfte ersetzt werden können und auf Dauer eine durchschnittliche Leistung ermöglicht wird. Zur Sicherstellung der Regenerationsfähigkeit bedarf es eines Mindestlohnes, der die physiologischen und psychischen Bedürfnisse ausreichend befriedigt. Der Mindestlohn ist allerdings deutlich zu unterscheiden vom "gerechten Lohn", der als eine Größe der Ertragsverteilung eine ebenso große Bedeutung für die Betriebsgemeinschaft hat, wie die richtige Eingliederung des Arbeitenden in den Arbeitsablauf: "Das Wort Betriebsgemeinschaft bedeutet, daß Menschen, einheitlich verbunden, das Leben des Betriebes leisten und daß der Mensch auf diese Weise aus dem Betriebsmechanismus einen Organismus macht. Die Menschen stehen mit ihren Rechten und Pflichten in ihm, und das Wohlergehen des Betriebes und ihr eigenes hängt davon ab, daß diese erfüllt werden" (Nicklisch 1932/1972, S. 296).

Dies setzt bei Nicklisch voraus, daß Rechte (z.B. Mitbestimmung, Betriebsvereinbarungen) gewährt, Pflichten auch kontrolliert werden. Es geht um die Kontrolle der Gewissenlosen: "Sie können nicht in Schach gehalten werden, wenn ihre Verfehlungen, die den Organismus bedrohen, nicht aufgedeckt und bestraft werden" (Nicklisch 1932/1972, S. 297). Auch hier wird in der Erziehung ein wesentliches Mittel zur Realisierung der Betriebsgemeinschaft gesehen.

Ethisch-normative Betriebswirtschaftslehre ist in der Nachkriegszeit nicht mehr in dieser Dominanz einer Schule weiterverfolgt worden. Hierzu gibt es eine Vielzahl von Gründen. Ein wesentlicher Grund war sicher die starke Affinität einer ethisch-normativen Betriebswirtschaftslehre zum Nationalsozialismus. Wesentliche Elemente der insbes. von Nicklisch entwickelten Betriebswirtschaftslehre fanden in der damaligen Praxis ihre Entsprechung. Begriffe, Intentionen und faktische Instrumente wurden von der Praxis aufgenommen bzw. Praxis von den Vertretern der Betriebswirtschaftslehre als Realisierung ihrer vorgedachten Vorschläge interpretiert (vgl. Nicklisch 1933). Vor diesem Hintergrund war das Theorie-Praxis-Verhältnis geklärt. Eine Ökonomie, die vorgibt, dem Volkswohl verpflichtet zu sein und dazu auf Erkenntnisse einer in diesem Sinne arbeitenden Betriebswirtschaftslehre zurückgreift, erschien Teilen der Betriebswirtschaftslehre als Glücksfall (vgl. Hundt 1977, S. 98ff.).

Mit der Veränderung der ökonomischen Grundlagen entfiel allerdings auch die Instrumental- und Legitimationsfunktion einer ethischen Betriebswirtschaftslehre. Statt dessen entwickelte sich adäquat zu einer marktwirtschaftlich verfaßten Wirtschaftsordnung die Betriebswirtschaftslehre von Gutenberg (1976). Er stellte theoretisch die Frage nach dem Verhältnis von Faktorertrag und Faktoreinsatz in den Mittelpunkt des Interesses der Betriebswirtschaftslehre und traf damit den eigentlichen Kern der konstitutiven Bestimmung der Unternehmung. Alternative ethische Orientierungen konnten sich ohne eine vergleichbare Entsprechung von Theorie und Praxis nicht durchsetzen und sind als betriebswirtschaftliche Entwürfe ohne Relevanz geblieben. Was blieb, war die Erkenntnis, daß der produzierte ethische Überbau dennoch betriebswirtschaftlich von höchster Relevanz sein könnte. So kommt Lisowsky, ein Zeitgenosse von Nicklisch, nach eingehenden Untersuchungen ethischer Ansätze, die in den zwanziger und dreißiger Jahren in der Betriebswirtschaftslehre verbreitet wurden, zu dem Schluß, daß der Zusammenhang von Ethik und Betriebswirtschaftslehre bedeute, Ethik als Rentabilitätsfaktor zu begreifen: "Diese Erkenntnis der Einwirkung ethischer Faktoren als Voraussetzung zur Leistungssteigerung ist nun allerdings durchaus möglich, auch im Rahmen der BWL im üblichen Sinne. Es ist dann nur eines auszusetzen: Sie ist dann keine Ethik im ursprünglich gemeinten Sinne mehr, denn die bezieht sich gerade auf Humanitätsfragen" (Lisowsky 1927, S. 432).

Diese Erkenntnis läßt sich heute umstandslos auf Entwürfe übertragen, die eine ethisch normative Prägung der Betriebswirtschaftslehre beinhalten. Die Trennung von idealen Zuständen unter Zuhilfenahme einer regulativen Idee von der pragmatischen Auflistung von Vorschlägen, die die bestehende kritisierte Ökonomie in ihrer Funktionsfähigkeit noch verbessern helfen sollen, führt dazu, daß der Diskurs als Mittel der Unternehmensführung instrumentalisiert wird. Diese Arbeitsteilung ist für alle interessant. Die Wissenschaft bleibt für das Schöngeistige zuständig und entwickelt immer neue Entwürfe. Um praxisrelevant zu bleiben, ist sie gleichzeitig verpflichtet, pragmatische Entwürfe zur Lösung ökonomischer Probleme anzubieten. Sie wird dann trotz der Entwicklung eines theoretischen Überbaus zur Betriebswirtschaftslehre im "üblichen Sinne".

Welchen Beitrag kann also ethische Betriebswirtschaftslehre zur Lösung des Umweltschutzproblems leisten? Die von Ulrich vorgelegten Vorschläge einer ökologischen Unternehmensethik enthalten auf der einen Seite eine Vielzahl von "ungeheuerlichen Idealisierungen" (so Apel 1988, S. 297 in bezug auf die Drei-Ebenen-Konzeption von Ulrich), die in ihrer Idealisierung ohne jeden Bezug zur Lösung von anstehenden Problemen im Bereich des Umweltschutzes bleiben. Gleichzeitig werden insbesondere bei Pfriem eine Vielzahl von pragmatischen Vorschlägen entwickelt, die das bestehende Umweltschutzproblem unter eine ökonomische Logik subsumieren, von der behauptet wird, daß diese Logik eine wesentliche Ursache für die bestehende Problemlage darstellt. Und so werden in guter Absicht gedachte Vorschläge der Rettung von Natur zur Geschäftsidee.

Ethik in der Betriebswirtschaftslehre

Ethik und Gewinnprinzip

Im Gegensatz zu einer Ethik, die das Ganze des Wirtschaftens einer zentralen Kategorie unterwirft, mehren sich heute Vorschläge zu einer Unternehmensethik, die im Rahmen der bestehenden Wirtschaftsordnung unter Beachtung bestimmter ethischer Prinzipien Dysfunktionalitäten oder unerwünschte Begleiterscheinungen dieser Wirtschaftsordnung thematisieren (vgl. zum folgenden Steinmann/Löhr 1992; Höffe 1981, S. 52ff.). Hierbei wird überwiegend in Anlehnung an die Moralphilosophie Ethik von Moral unterschieden und unter Ethik das methodisch disziplinierte Nachdenken über Moralen bezeichnet, wobei an bekannte Ethik-Schulen angeknüpft wird. So ist in der *teleologischen Ethik* jede Handlung als gut einzustufen, die ein bestimmtes Ziel befördert; teleologische Ethik wird von der Frage geleitet, welches Ziel ein Leben anzustreben hat, das als Gutes zu betrachten ist. Hier werden entweder Wert- und Tugendkataloge *für den Einzelnen* aufgestellt oder nach den Bedingungen des größtmöglichen Glücks für *Alle* gesucht. Als Muster für eine solche teleologische Ethik gilt der Utilitarismus, der, oft als Nützlichkeitsmoral abgestempelt, Handlungen nicht aus sich heraus, sondern von den Folgen her beurteilt (vgl. Höffe 1980, S. 255f.; 1981, S. 53ff.). *Deontologische* Normenbegründungen sind kategorisch (unbedingt), sollen also universalisierbar sein. In der deontologischen Ethik werden Regeln formuliert, die unbedingte Gültigkeit beanspruchen. Es geht darum, Begründungen für Normen zu finden, die gegenüber jedermann Gültigkeit beanspruchen können. Solche Normen sind implizite oder explizite Aufforderungen, in bestimmten Situationen etwas zu tun oder zu unterlassen.

Will man nun aus der Unterscheidung von Ethik und Moral ethische Normen begründen, erhält man ein Begründungsproblem (vgl. Steinmann/ Löhr 1992, Sp. 2454). In jüngerer Zeit hat deshalb die *Diskursethik* stärkere Beachtung gefunden, d.h. Normen werden im Dialog (Diskurs) begründet. Diese Dialogethik stellt damit eine prozessuale Anleitung zur Entwicklung von Normen dar. Das Verhältnis von Ethik und Moral kann dann im Sinne einer regulativen Idee verstanden werden, in der Ethik eine Aufforderung zur Verbesserung von Moral darstellt.

In deutlichem Unterschied zu Ulrich wird hierbei die Wirtschaftsordnung und insbesondere das Gewinnprinzip nicht in Frage gestellt und lediglich im Hinblick auf Dysfunktionalitäten thematisiert. Als Aufgabe der Managementlehre wird die Entwicklung von Vorschlägen für diejenigen Situationen angeregt, wo dem im allgemeinen als gerechtfertigt unterstellten Gewinnprinzip seine moralische Entlastungsfunktion nicht mehr selbstverständlich und unmodifiziert zugestanden werden kann. Unternehmensethik soll "die ethisch negativ bewerteten (Neben-) Wirkungen bei der Verfolgung des Gewinnziels begrenzen helfen; sie soll insoweit einen Beitrag zu einem auf Dauer konfliktfreien ökonomischen Handeln leisten" (Steinmann/Löhr 1988, S. 301).

Für die Verfolgung dieses Zweckes werden sechs Merkmale herausgearbeitet (vgl. Steinmann/Löhr 1992, S. 2453ff.):

1. Es geht bei der Unternehmensethik um eine Entwicklung von konkreten Normen, also um regelartige Aufforderungen zu bestimmten Handlungsweisen oder Zielerreichungen. Es lassen sich materielle (z.B. Verhaltenskodex) und prozessuale Normen (z.B. organisatorische Institutionalisierung) unterscheiden.
2. Für die zustandegekommene Handlungsorientierung müssen gute Gründe herangezogen werden. Unternehmensethik ist damit eine Vernunftethik.
3. Das Zustandekommen von Handlungsaufforderungen und das Einbringen guter Gründe setzt das Prinzip der dialogischen Verständigung voraus. Unternehmensethik wird damit als kommunikative Ethik verstanden, die auf eine unvoreingenommene zwanglose Verständigung zwischen sachverständigen Gesprächspartnern abstellt.
4. Vom Grundsatz her geht es nicht um eine Eliminierung, sondern um eine situationale Beschränkung des Gewinnziels in bestimmten Fällen.
5. Das heißt aber auch, daß nur die spezielle Mittelwahl eines Unternehmens Ansatzpunkte zur Kritik biete. Die dialogische Auseinandersetzung richtet sich im Rahmen der Unternehmensethik auf die unerwünschten Nebenwirkungen bei der Verfolgung des Sachziels.
6. Unternehmensethik soll nicht aus staatlichen Sanktionen erwachsen, sondern als ein Akt der Selbstverpflichtung verstanden werden.

An diese Überlegungen anschließend, bieten die Autoren folgende Definition von Unternehmensethik an: "Unternehmensethik umfaßt alle durch dialogische Verständigung mit den Betroffenen begründeten bzw. begründbaren materialen und prozessualen Normen, die von einer Unternehmung zum Zwecke der Selbstbindung verbindlich in Kraft gesetzt werden, um die konfliktrelevanten Auswirkungen des Gewinnprinzips bei der Steuerung der konkreten Unternehmensaktivitäten zu begrenzen" (Steinmann/Löhr 1988, S. 310). Die Anwendung einer dermaßen sich vollziehenden Unternehmensethik im Bereich des Umweltschutzes beinhaltet dann eine Selbstbindung von Unternehmen, die im Falle von den durch das Gewinnprinzip entstehenden Umweltschäden in Anwendung gerät. Hier verweisen die Autoren insbesondere auf Beispiele in der Automobilindustrie und der chemischen Industrie.

Übersetzung von Ethik in Ökonomie

Die von Steinmann und Löhr entwickelte Definition gibt einen Hinweis darauf, wie schwierig es ist, auf der Basis philosophischer Kategorien Kriterien für eine "gute" Unternehmensführung zu entwickeln. Wie in der Straßenverkehrsordnung oder bei der Auslegung von Gesetzestexten ist es nicht nur böser Wille, wenn Begriffe und Situationen unterschiedlich interpretiert werden (was heißt begrenzen? wann liegen keine konfliktrelevanten Auswirkungen des Gewinnprinzips vor? was heißt Steuerung der konkreten Unternehmensaktivitäten?) und wenn Auswirkungen verschieden gewichtet werden. Da sie ja ausdrücklich selbst keine Ausführungsbestimmung mitliefern wollen, sondern in ihrer Definition einen Verfahrensvorschlag unterbreiten, der lediglich die ideale Situation von gelungener Unternehmensethik beschreibt, ist das Dilemma vorprogrammiert. Als Verfahrensvorschlag sind Begriffe und mögliche Vorgehensweisen notwendigerweise unbestimmt. Die Bestimmung durch die Betroffenen wird von diesem Ideal abweichen und die vorher mühsam aufgebaute Harmoniefiktion einer neuerlichen Bewertung und Interpretation weichen müssen. Ob dann in konkreten Fällen eine Annäherung an Unternehmensethik stattgefunden hat oder nicht, wird erneut zum Gegenstand dialogischer Verfahren werden müssen. Diese Schwierigkeit, mit einer dermaßen vollzogenen Begriffsbestimmung in eine Relation zur Praxis zu gelangen, wird sehr gut deutlich an dem von Steinmann und Löhr selbst herangezogenen Beispiel des Unternehmens Nestlé. Nach jahrelanger Kritik an der Vermarktungspraxis von Muttermilchsubstituten in der dritten Welt hatte sich das Unternehmen zur Zusammenarbeit mit ihren Kritikern entschlossen und einen Verhaltenskodex für die Vermarktung entwickelt, der der Kritik der Boykottgruppen Rechnung tragen sollte. Dieser an sich schon interessante Fall gewinnt in der Retrospektive noch einmal an Spannung durch die Vorstellung der Autoren, hier handele es sich um die Möglichkeit, einen "'realistischen' Ansatzpunkt zur Bestimmung von Unternehmensethik zu finden" (Steinmann/ Löhr 1988, S. 301). Insgesamt wurde "bei Nestlé eine völlige Neuorientierung im Umgang mit Problemen des erwerbswirtschaftlichen Gewinnstrebens vollzogen, weg von einer ursprünglich rein sozialtechnischen hin zu einer kommunikativen Behandlung von Konflikten" (ebenda, S. 306). Kritik an diesem recht plastischen Beispiel (z.B. Lenz/Zundel 1989, S. 319) wird von Steinmann und Löhr zurückgewiesen, da es darum gehe, "ein 'hinter dem Fall liegendes' ethisches Prinzip aufzudecken, das in der (empirischen) Lebenspraxis immer nur *näherungsweise* verwirklicht werden kann" (Steinmann/Löhr 1989, S. 327; Hervorhebung im Original). Erhellend für die Relation von ethischem Überbau und empirischer Praxis und die Identifikation des hinter dem Fall liegenden ethischen Prinzips mag deshalb der Beitrag von Maucher - Delegierter des Verwaltungsrates der Nestlé AG - sein. Nach ersten Orientierungsproblemen sei die Firma Nestlé schon frühzeitig dazu übergegangen "intern eine Reihe von Maßnahmen zu ergreifen, um eine Wiederholung früher begangener Irrtümer in der Marketing-Politik zu verhindern, Irrtümer, die sich aus Fehlbeurteilungen, aber nicht aus unethischem Verhalten erklärten" (Maucher 1991, S. 409). Noch deutlicher fällt die positive Abgrenzung zur Unternehmensethik aus: "Auf der positiven Seite ist zu verbuchen, daß das Unternehmen in seiner Öffentlichkeitsarbeit nun ungleich effizienter agierte, die nötigen Strukturen und Prozeduren schuf, um eine Wiederholung ähnlich langwieriger Auseinandersetzungen zu vermeiden" (ebenda 1991, S. 411).

Das sich hier andeutende Problem der unterschiedlichen Sichtweisen und Interpretationen führt m.E. zum Kernproblem der notwendig partiellen Bestimmung von Unternehmensethik. Erst die Übersetzung von Basiskategorien in ökonomische Kategorien versetzt Unternehmen in die Lage, auf Herausforderungen zu reagieren oder ihnen proaktiv zu begegnen. Weder der kategorische Imperativ noch die Regeln der Diskursethik sind geeignet, Unternehmen zu führen oder Aufgaben innerhalb der Unternehmung zu bewältigen. Immer ist eine ökonomische Übersetzung notwendig, die vor dem Hintergrund der ökonomischen Bestimmung der Unternehmung nicht beliebig erfolgen kann. Dies wird von Vertretern einer modernen Unternehmensethik berücksichtigt. Zwar grenzen sich Steinmann und Löhr von ethischen Bemühungen ab, die funktional für die Gewinnerzielung sind (vgl. Steinmann/Löhr 1991, S. 7), um an anderer Stelle aber erwünschte Normen als Voraussetzungen und Folgen einer von ihnen präferierten Unternehmensethik in den Übersetzungsvorgang einzubringen.

So wird eine gute Chance für die ethische Sensibilisierung darin gesehen, daß eine effiziente Unternehmensführung auch auf die Freisetzung von Argumentationspotentialen angewiesen wäre. Ethik und Effizienz in der Unternehmensführung könnte möglich werden, wenn der Wettbewerb eine stärker strategische Orientierung erfordert (vgl. Steinmann/Gerhard 1992, S. 164). Dialogische Prozesse setzen danach flexible Organisationsstrukturen, flache Hierarchien, Argumentation statt Befehl, Belohnung von Widerspruch und Kritik, Kooperation und Partnerschaft, Dezentralisation statt Zentralisation, Konsens statt autoritärer Führung voraus. Und auch die in Forschungsberichten wiedergegebenen Veränderungen der Produktionsökonomie im Sinne einer Integration von Denken und Handeln entsprechen danach den Forderungen einer ethischen Sensibilisierung der Unternehmen: "Mit anderen Worten: auf lange Sicht wird die 'humane Organisation' zu einem zwingenden Gebot ökonomischer Vernunft" (ebenda, S. 178).

Diese Sammlung und positive Auszeichnung empirischer Phänomene im Sinne einer übergeordneten Ethik ist notwendig, um das abstrakte Gerüst der Basiskategorien mit ökonomischem Leben zu erfüllen. Der dahinter stehende Wille, eine Humanisierung der Arbeitswelt zu fördern, ist sympathisch, stellt aber eine mit dem Diskursprinzip nicht übereinstimmende, vorweggenomme positive Auszeichnung erwünschter Phänomene dar. Aber erst diese Übersetzung in Normen und deren Operationalisierung verhilft zu der gewünschten Veränderung der bisher als unethisch ausgezeichneten Praxis. Dort allerdings, wo der Forscher in seiner Vorstellung von einer friedlichen und humanen Welt Ethik auf diese Weise für sich in Anspruch nimmt, kann es nicht verwundern, wenn Unternehmen ihrerseits den abstrakten Begriff ebenfalls vor dem Hintergrund ihrer Welt in gewünschte Bahnen lenken. Dort, wo der Forscher prüft, ob die von ihm entwickelten Merkmale *philosophischen Prinzipien* entsprechen, muß das Unternehmen danach fragen, ob Ethik *ökonomischen Prinzipien* entspricht. Es kann also nicht darum gehen, Unternehmen zu kritisieren, die Ethik als Geschäft begreifen (was heutzutage sehr einfach ist), sondern die unüberwindbare Schranke von philosophischen Prinzipien und Ökonomie zu begreifen, sofern erstere sich nicht final zum letzteren verhalten.

Unternehmen können sich also sehr wohl "moralischen Voluntarismus" (Koslowski 1984, S. 53) leisten. Sie können die "Schlaffheit" eines Unternehmens gegen moralische Aktionen eintauschen und durch Berücksichtigung von ethischen und sozialen Aspekten profitabler agieren. Zwischen Ethik und Vorteil muß daher nach Koslowski kein Gegensatz bestehen: "Die Tradition der Ethik hat vielmehr - mit Ausnahme von Kant - immer die Konvergenz von Moralität und *wohlverstandenem* Eigeninteresse vertreten, eine Konvergenz, die durch neuere Arbeiten aus der ökonomischen Theorie nur bestätigt wird" (Koslowski 1984, S. 53; Hervorhebung im Original).

Ethik als Plädoyer für mehr Voluntarismus und bessere Geschäfte? Ohne diese ökonomische Brille können jedenfalls Unternehmen Ethik nicht erkennen. Und so ist es folgerichtig, daß als Beispiele für Unternehmensethik häufig Industriebereiche herangezogen werden, die im Rahmen des Wertewandels besonders unter Druck geraten. Hier werden Aktivitäten als Unternehmensethik ausgezeichnet, die diese ökonomischen Herausforderungen in partielle Legitimationsprogramme übersetzen. Ob Technologiekonzern (vgl. Reuter 1991) oder Automobilbranche (vgl. Reichart 1991), die Vermittlung von Sinn und Geist und die Übernahme von Verpflichtungen gegenüber der Gesellschaft werden langfristig als positive Unterstützung von Geschäftsstrategien und Führung der Unternehmen interpretiert (vgl. Hinterhuber 1992, S. 96ff.). Unternehmen stellen damit fest, daß sie - wieder einmal - neue externe Herausforderungen in ökonomische Handlungen übersetzen müssen. Sie entdecken "Sinn" als ökonomisches Problem und nehmen dankbar zur Kenntnis, daß sich auch Sinn bewirtschaften läßt (ob das "Sinn" macht, ist eine andere Frage). Auf die Frage: Was sollen wir tun? reagieren dann Transformatiker als Spezialisten in der Übersetzung gesellschaftlicher Phänomene in ökonomische Instrumente. Der Vorgang wird im wesentlichen immer nach folgendem Muster ablaufen:

1. Aus Ethik werden (gewünschte) Normen abgeleitet.
2. Normen dienen als Grundlage für Unternehmensgrundsätze.
3. Diese werden in Führungsgrundsätze oder andere Handlungsanweisungen übersetzt .

Diese Vorgehensweise kann an zwei Beispielen demonstriert werden: Hoffmann/Rebstock (1989) fragen z.B. danach, welche Werte für die Unternehmung relevant sind und wie diese Werte in die Praxis umgesetzt werden können. Als das wichtigste Spiegelbild von Grundwerten wird die Verfassung herangezogen und auf dem Wege weiterer Operationalisierungsschritte unternehmensspezifische Normen abgeleitet. Ethik hat in dieser Übersetzung die Aufgabe zu zeigen, welche Werte und Normen die Unternehmenskultur leiten sollten. Unternehmensethik wird damit zum Maßstab für die bewußte Gestaltung der Unternehmenskultur. Führungskräfte sollen damit über ihre traditionellen Aufgaben hinaus sinngebende und sinnvermittelnde Funktionen ausüben. Diese so vermittelte Ethik biete für die Unternehmenspolitik Entscheidungsregeln an, an denen sich die Unternehmensmitglieder orientieren können. Es gelte somit eine geistige Koordination zu schaffen, die richtige Entscheidungen im Interesse der Unternehmung stützt: "Für die Unternehmung bedeutet dies, daß einseitig sachrationales, ökonomisches Denken unter dem höheren, außerökonomischen Standpunkt der Ethik zugunsten langfristig vernünftigen Wirtschaftens relativiert und mitunter auch revidiert werden muß" (Hoffmann/ Rebstock 1989, S. 682).

Wundert man sich bei Hoffmann und Rebstock noch, daß die Verfassung in den Unternehmen offensichtlich erst via Unternehmensethik zu realisieren ist, wird der Übersetzungsvorgang in einem weiteren Beispiel noch deutlicher. So geht Wollert davon aus, daß es in Zukunft darum gehen wird, Mitarbeiter stärker zu integrieren, denn "auf Dauer wird eine Personalpolitik, die nicht mitarbeiterorientiert ist, immer zu negativen Kostenauswirkungen führen und damit unwirtschaftlich sein" (Wollert 1988, S. 19). Damit muß die Personalpolitik den Wertewandel erkennen und in ihr Kalkül einbeziehen. Danach sind zwei Veränderungen von Bedeutung: Rückgang der traditionellen Tugenden, wie Pflicht, Gehorsam etc. und Zunahme der Selbstentfaltungswerte wie Emanzipation, Partizipation und Genuß. Die damit einhergehende Veränderung der Arbeitsmoral, Autorität und Legitimation sind immer wieder neu zu berücksichtigen. Führungskräfte können sich immer weniger auf die ihnen verliehene Autorität verlassen, sondern sie müssen über die fachliche und positionale Autorität hinaus integer, kommunikationsfähig und glaubwürdig sein. Dies erfordert Einheitlichkeit von Handeln und Tun. Viele Repräsentanten fordern Verhaltensweisen, die sie selbst nicht einzuhalten bereit sind. Hier kommt der Verantwortung eine zentrale Rolle zu. Eine Führungsentscheidung zu verantworten, heißt Spielräume zu setzen. Verantwortung setzt damit Freiheit voraus: "Ethisch verantwortlich ist also eine Führungskraft dort, wo sie aus mehreren Optionen frei entscheiden und handeln kann, es somit eine Wahlfreiheit gibt" (Wollert 1988, S.27; vgl. auch Wollert 1991). Sinn muß vom Unternehmen in verschiedenen Bereichen identifiziert werden: Verdienst, Produkt bzw. Dienstleistung, Unternehmensziel bzw. Arbeitsorganisation, Umgang mit Mitarbeitern, innere Einstellung der Führungskräfte und Mitarbeiter. Zu diesem Zweck werden ausgehend von definierten Grundwerten personalpolitische Ziele, Strategien und Instrumente definiert und operationalisiert.

Damit wird deutlich, daß in den wenigen gut dokumentierten Fallbeispielen Ethik als ökonomische Kategorie gefaßt und in verschiedene Handlungsketten übertragen wird. Dieser Vorgang entspricht den Möglichkeiten und Notwendigkeiten einer ökonomischen Institution. (Ob die intendierte Wirkung tatsächlich eintritt, ist allerdings eine offene Frage und aufgrund methodischer Probleme empirisch kaum zu überprüfen).

Im Bereich des Umweltschutzes wird diese Übersetzung häufig von der chemischen Industrie betrieben, wenn es darum geht, z.B. Tierversuche, Gen- oder Biotechnik zu legitimieren oder den "modernen Pflanzenschutz" positiv auszuzeichnen (vgl. Strenger 1991, S. 397ff.). Verantwortung für die Umwelt wird übersetzt in klassische Maßnahmen der Produktsicherheit und der Fortbildung, um auch Kompetenz auf den Märkten bewahren zu können (vgl. ebenda, S. 400). Notwendigerweise prüfen damit Unternehmen auf der Basis ihrer ökonomischen Befindlichkeit, welche Grundprinzipien und Maßnahmen erforderlich sind, um in einem ökologisch sensiblen Markt auch in der Zukunft erfolgreich zu sein (vgl. hierzu das sehr informative Beispiel bei Merkle 1991).

Die o.a. Vorschläge müssen damit in ihrer Theorie-Praxis-Relation in dem Sinne als problematisch ausgezeichnet werden, als ökonomisch verfaßte Institutionen mit zunächst abstrakten Ethikbegriffen konfrontiert werden, um diese in einem zweiten Schritt in ökonomische Begriffe zu übersetzen, wobei diese Übersetzung notwendigerweise zu Lasten der Ethik vorzunehmen ist. Versuche, Belege zu sammeln, wonach die Unternehmenspraxis den Anforderungen einer Unternehmensethik entspricht, verkennen, daß die dahinter liegende Leitidee weder ethisch intendiert sein noch Bestand haben muß, wenn sich die ökonomomischen Bedingungen wieder verändern. In diesem Sinne ist es nicht unproblematisch, faktische Gegebenheiten in eine theoretisch konstruierte Welt hineinzuinterpretieren. Die Vermittlung zwischen faktischer Moral und positiv ausgezeichneter Ethik erzeugt so wechselseitige Mißverständnisse.

Es stellt sich die Frage, ob das generelle Problem nicht darin liegt, Vorschläge für ethisches Verhalten oder für ethische Prozeduren von der Betriebswirtschaftslehre her zu entwickeln. Wird Unternehmensethik von außen (z.B. von der Betriebswirtschaftslehre) an die Unternehmen herangetragen, wird sie nur zur Kenntnis genommen, wenn Unternehmen sie als ökonomisch relevant interpretieren können. Der Rest ist Hoffnung.

Betriebswirtschaftliche Behandlung von Ethik

Wenn Ethik der Unternehmung zum Gegenstand der Betriebswirtschaftslehre wird, denkt Betriebswirtschaftslehre "grundsätzlich nur in Strukturen weiter, die in ihrem Gegenstand enthalten sind. Ein derartiges Vorgehen gibt ihr aber keineswegs den Charakter einer normativen Wissenschaft, denn die Normen sind Bestandteil der Strukturen, sind also mit dem Gegenstand selbst gegeben" (Gutenberg 1963, S. 128). Dieser Gegenstand ist durch das erwerbswirtschaftliche Prinzip bestimmt, und eine wesentliche Aufgabe der Betriebswirtschaftslehre ist es, den empirisch vorfindbaren Optimierungsprozeß aufzuhellen und an seiner Vervollkommnung aktiv mitzuarbeiten (vgl. ebenda). Sofern also Ethik betriebswirtschaftlich relevante Wirkungen zeigt, die den Optimierungsprozeß beeinflussen, ist es Aufgabe der Betriebswirtschaftslehre, den Raum abzustecken, der die Bedingungen von Möglichkeiten thematisiert: "Der Gegenstand der Betriebswirtschaftslehre als solcher verlangt keine politischen, sozialethischen oder dergleichen Entscheidungen. Diese Entscheidungen fallen in einem völlig anderen Raum als dem der Betriebswirtschaftslehre, wirken dann jedoch in betriebswirtschaftliche Entscheidungen hinein und führen unter Umständen zu Konsequenzen, die betriebswirtschaftlich relevant sind" (ebenda, S. 129).

Politische, sozialethische und dergleichen Entscheidungen im Bereich des Umweltschutzes wirken zur Zeit verstärkt auf die betriebswirtschaftlichen Entscheidungen ein. Es sind die Menschen, die aufgrund veränderter Werthaltungen zu veränderten Konsumhaltungen neigen (vgl. Hansen 1991, S. 254ff.) oder beispielsweise umweltschädigende Unternehmen aus Angst vor gesundheitlichen Schäden meiden oder auch grundsätzlich nicht in umweltbelastenden Industrien arbeiten wollen. Es sind damit Wertewandel und veränderte Einstellungen zu Natur und Umweltschutz, die betriebswirtschaftlich relevant werden.

Folgt man einschlägigen, in der Regel allerdings empirisch nicht abgesicherten Berichten, so wird der Bereich Umweltschutz auch in dieser Hinsicht ökonomisch relevant. Spätestens seit der Studie von Heine/Mautz (1989) ist deutlich geworden, daß Arbeitnehmer nicht nur äußerst sensibel auf individuelle Bedrohungen durch die Belastung der Umwelt reagieren, sondern auch bereit sind, konkrete umweltschutzbezogene Maßnahmen am Arbeitsplatz zu unterstützen. Auch das mittlerweile wachsende und über programmatische Erklärungen hinausgehende Engagement der Gewerkschaften, die Umweltschutz und Arbeitsschutz als gemeinsame Schnittmenge entdeckt haben und in konkrete Forderungen umsetzen, macht deutlich, daß Umweltschutz als personalwirtschaftlicher Aspekt an Bedeutung gewinnt. Da allgemein innerhalb der Personalwirtschaft davon ausgegangen wird, daß unter heutigen Marktbedingungen der Mensch in allen Bereichen der Unternehmung an Bedeutung zunimmt, erzeugt nach Horst (1990) die Erkenntnis, daß das eigene Unternehmen an der Zerstörung der Umwelt beteiligt ist, bei Arbeitnehmern Loyalitätskonflikte. Arbeitnehmer erfahren in ihrem sozialen Umfeld, daß ihr eigenes Image sehr stark von dem Image ihres Arbeitgebers berührt wird. Dies führt zur Distanzierung von den Belangen der Unternehmung und im Extremfall zum Rückzug in die innere Emigration, Dienst nach Vorschrift oder die innere Kündigung und damit zu einer erheblichen Schwächung der Leistungsbereitschaft der Arbeitnehmer. Gleichzeitig steigt das Risiko, daß Mitarbeiter keine entsprechenden Ansprechpartner im Unternehmen finden und erst aus den Zeitungen oder von Bürgerinitiativen erfahren, welche Umweltrisiken im Unternehmen existieren oder durch das Unternehmen verursacht werden.

Diese Entwicklung kollidiert mit der veränderten Einstellung gegenüber dem Umweltschutz (vgl. Rosenstiel 1992). Das Umweltverhalten und das Umweltimage wird damit bedeutsam für die Rekrutierung von Nachwuchskräften und für die Integration bzw. Motivation der bestehenden Mitarbeiter sowie generell für die Personalentwicklung. Vor diesem Hintergrund ist die Beschäftigung mit Fragen des Umweltschutzes als Unternehmensethik ökonomisch unabweisbar. Der Blick des Unternehmens richtet sich dabei auf die Gelddimension, nicht aber auf die Umweltdimension. In Abhängigkeit von der Bedrohung des Unternehmens identifiziert die Personalwirtschaft die für den kurzfristigen Erfolg und das langfristige Überleben relevanten Umweltschutzbereiche, benennt die organisatorischen und personellen Aktivitätsfelder, budgetiert die damit verbundenen Aktionen und entwickelt Umsetzungsmaßnahmen. Je nach Ausmaß der Bedrohung des

Unternehmens wird es darauf ankommen, eine "Umweltorientierung umzusetzen, die nicht nur das Management und spezielle Akteure wie etwa Umweltschutzbeauftragte, sondern das alltagspraktische Wahrnehmen, Denken, Entscheiden und Verhalten sämtlicher Mitarbeiter in allen hierarchischen Ebenen und Funktionsbereichen grundsätzlich und nachhaltig (zu) beeinflussen" (Dierkes/Marz 1991, S. 226). Die zur Zeit bestehende Bereitschaft, diese Integrationsleistung über Unternehmenskultur und Unternehmensethik herzustellen, erfordert die Umsetzung der betriebswirtschaftlich relevanten Umweltschutzthemen in personalwirtschaftliche Maßnahmen (vgl. hierzu z.B. Dahm 1989).

Es geht im Rahmen einer betriebswirtschaftlichen Ethik also nicht darum, die Umwelt zu schützen, sondern das Unternehmen zu erhalten, auch wenn es sich dabei nicht vermeiden läßt, Umweltschutz zu praktizieren. Dieser betriebswirtschaftliche Umgang ist pragmatisch und erlaubt der Ethik nur die Verwendung ihres Begriffs. Sie ist um ihre Inhalte entkleidet, wird Rentabilitätsfaktor. Damit ist der Raum benannt, in dem sich ökologische Ethik im Rahmen der Ökonomie bewegen kann.

Literatur

Apel, K.-O.: Diskurs und Verantwortung, Frankfurt 1988

Brentano, L.: Privatwirtschaftslehre und Volkswirtschaftslehre, in: Bankarchiv, 12 (1912/1913) 1, S. 1-6

Bücher, K.: Eine Schicksalstunde der akademischen Nationalökonomie, in: Zeitschrift für die gesamte Staatswissenschaft, 73 (1917) 3, S. 255-293

Dahm, K.W.: Kann man Führungskräfte ethisch erziehen? in: Personalführung, (1989b)6, S. 586-591

Dierkes, M.; Marz, L.: Umweltorientierung als Teil der Unternehmenskultur, in: Steeger, U.: (Hrsg): Handbuch des Umweltmanagements, München 1992, S. 224-240

Dietrich, R.: Betrieb-Wissenschaft, München, Leipzig 1914

Enderle, G.: Ethik als unternehmerische Herausforderung, in: Die Unternehmung 41(1987)6, S. 433-450

Gutenberg, E.: Zur Frage des Normativen in den Sozialwissenschaften, in: F. Kambartel, H. Albert (Hrsg.): Sozialwissenschaft und Gesellschaftsgestaltung - Festschrift für G. Weisser, Berlin 1963, S. 121-129

Gutenberg, E.: Grundlagen der Betriebswirtschaftslehre, Band 1: Die Produktion, 22. Auflage, Berlin, Heidelberg, New York 1976

Habermas, J.: Einige Schwierigkeiten, Theorie und Praxis zu vermitteln, in: J. Habermas: Theorie und Praxis, Frankfurt 1978, S. 9-47

Hansen, U.: Marketing und soziale Verantwortung, in: H. Steinmann; A. Löhr (Hrsg): a.a.O., S. 243-256

Heine, H.; Mautz,R.: Industriearbeiter contra Umweltschutz, Frankfurt 1989

Hinterhuber, H.H.: Strategische Unternehmensführung, Bd.I, Strategisches Denken, 5. Auflage, Berlin, New York 1992

Höffe, O.: Lexikon der Ethik, 2. Auflage, München 1980

Höffe, O.: Sittlich-politische Diskurse, Frankfurt 1981

Hoffmann, F.; Rebstock, W.: Unternehmensethik, in: ZfB 59(1989)6, S. 667-687

Horst, P.: Umweltschutz - Thema der Personalplanung, in: Personalwirtschaft (1990)9, S. 21-23

Hundt, S.: Zur Theoriegeschichte der Betriebswirtschaftslehre, Köln 1977

Keinhorst, H.: Die normative Betrachtungsweise in der Betriebswirtschaftslehre, Berlin 1956

Koslowski, P.: Ethik des Kapitalismus, Tübingen 1984

Lenz, H.; Zundel, St.: Zum Begriff der Unternehmensethik, in: ZfbF 41(1989)4, S. 318-323

Lisowsky, A.: Ethik und Betriebswirtschaftslehre, in: Zeitschrift für Betriebswirtschaft (1927)4, S. 253-258; 5, S. 363-372; 6, S. 429-442

Maucher, H.: Ethik zwischen Gewinn und Wettbewerb, in: H. Steinmann; A. Löhr (Hrsg): a.a.O., S. 403-412

Merkle, H.: Ökologische Lernprozesse in einem Markenartikelunternehmen, in: H. Steinmann; A. Löhr (Hrsg): a.a.O., S. 427-436

Molzahn, E.: Die ethische Betrachtungsweise in der neueren deutschen Betriebswirtschaftslehre, Diss., Frankfurt 1937

Nicklisch, H.: Der Weg aufwärts! Organisation, Stuttgart 1920

Nicklisch, H.: Die Betriebswirtschaft (Nachdruck der 7. Auflage, Stuttgart 1932), Darmstadt 1972

Nicklisch, H.: Betriebswirtschaftslehre und Nationalsozialismus, in: Die Betriebswirtschaft, 26 (1933), S. 305-307

Pfriem, R.: Das Ökologieproblem als Gegenstand einer möglichen Unternehmensethik, in: E.K. Seifert; R. Pfriem (Hrsg): Wirtschaftsethik und ökologische Wirtschaftsforschung, Bern, Stuttgart 1989, S. 111-128

Reichart, L.: Führungsethik in der Unternehmenskultur, in: H. Steinmann, A. Löhr (Hrsg): a.a.O., S. 413-426

Reuter, E.: Über Macht und Ohnmacht des Geistes, in H. Steinmann; A. Löhr (Hrsg): a.a.O, S. 381-393

Ridder, H.-G.: Technologische Entwicklung und Kontinuität der Betriebswirtschaftslehre, Bern, Stuttgart 1990

Rosenstiel, L. von: Führungs- und Führungsnachwuchskräfte: Spannungen und Wandlungen in Phasen gesellschaftlichen Umbruchs, in: Zeitschrift für Personalforschung 6(1992)3, S. 327-351

Schär, J. F.: Allgemeine Handelsbetriebslehre, 5. erweiterte Auflage, Leipzig 1923

Steinmann, H.; Gerhard, B.: Effizienz und Ethik in der Unternehmensführung, in: K. Homann (Hrsg): Aktuelle Probleme der Wirtschaftsethik, Berlin 1992, S. 159-182

Steinmann, H.; Löhr, A.: Unternehmensethik - eine "realistische Idee" in: ZfbF 40(1988)4, S. 299-317

Steinmann, H.; Löhr, A.: Wider eine empirische Wendung der Unternehmensethik, in: ZfbF 41(1989)4, S. 325-328

Steinmann, H.; Löhr, A. (Hrsg): Unternehmensethik, 2. Auflage, Stuttgart 1991

Steinmann, H.; Löhr, A.: Einleitung: Grundfragen und Problembestände einer Unternehmensethik, in: H. Steinmann; A. Löhr: (Hrsg), a.a.O., 1991, S. 3-32

Steinmann, H.; Löhr, A.: Unternehmensethik, in: E. Frese (Hrsg): Handwörterbuch der Organisation, Stuttgart 1992, Sp. 2451-2463

Strenger, H.J.: Unternehmensethische Grundsätze in der chemischen Industrie, in: H. Steinmann, A. Löhr (Hrsg): a.a.O., S. 395-402

Ulrich, P.: Konsensus-Management: Die zweite Dimension rationaler Unternehmensführung, in: BfuP (1983)1, S. 70-84

Ulrich, P.: Transformation der ökonomischen Vernunft, Bern, Stuttgart, 2. Aufl. 1987

Ulrich, P.: Betriebswirtschaftslehre als praktische Sozialökonomie-programmatische Überlegungen, in: R. Wunderer (Hrsg): Betriebswirtschaftslehre als Management- und Führungslehre, Stuttgart 1988, S. 191-215

Ulrich, P.: Lassen sich Ökonomie und Ökologie wirtschaftsethisch versöhnen? in: E. Seifert; R. Pfriem (Hrsg): Wirtschaftsethik und ökologische Wirtschaftsforschung, Bern, Stuttgart 1989, S. 129-149

Ulrich, P.: Wirtschaftsethik auf der Suche nach der verlorenen ökonomischen Vernunft, in: P. Ulrich (Hrsg): Auf der Suche nach einer modernen Wirtschaftsethik, Bern, Stuttgart 1990, S. 179-226

Ulrich, P.: Unternehmensethik - Führungsinstrument oder Grundlagenreflexion?, in: H. Steinmann; A. Löhr (Hrsg): Unternehmensethik, 2. Auflage 1991, S. 189-210

Ulrich, P.: Perspektiven eines integrativen Ansatzes der Wirtschaftsethik am Beispiel sich verändernder betriebswirtschaftlicher Rationalisierungsmuster, in: K. Homann (Hrsg): Aktuelle Probleme der Wirtschaftsethik, Berlin 1992, S. 183-215

Wollert, A.: Personalpolitik als betrieblicher Gestaltungsfaktor, in: P.G. von Beckerath (Hrsg): Verhaltensethik im Personalwesen, Stuttgart 1988, S. 11-73

Wollert, A.: Wertorientierte Personalarbeit, in: K.-F. Ackermann; H. Scholz (Hrsg): Personalmanagement für die 90er Jahre, Stuttgart 1991, S. 77-96

Dialog oder Monolog.

Die Herausbildung beruflichen Umweltbewußtseins im Management der Großchemie angesichts öffentlicher Kritik

Hartwig Heine und Rüdiger Mautz

In einer demokratisch-pluralistischen Gesellschaft, die zur Bewältigung zum Beispiel des Umweltproblems auf umfassende Konsensbildungsprozesse angewiesen ist, ist die Frage von einiger Bedeutung, inwieweit sie überhaupt zur Kommunikation über solche Probleme fähig ist. Kommunikation ist einfach, wenn die Beteiligten dazu ausgebildet sind, den gleichen Code zu benutzen und von einem gemeinsam als verbindlich anerkannten Normensystem auszugehen, was der Fall ist, wenn sich etwa zwei Juristen vor Gericht über Strafbarkeit und Strafhöhe eines Vergehens streiten. Aber eine derartige kommunikative Situation ist bestenfalls innerhalb gesellschaftlicher Subsysteme wie dem Recht, der Wirtschaft, der Wissenschaft usw. gegeben; bei der gesellschaftsübergreifenden Auseinandersetzung über das Umweltproblem ist mehr als ungewiß, ob die verschiedenen Akteure bei der Definition und Bewertung des von ihnen diskutierten Problems eigentlich von den gleichen kognitiven Voraussetzungen, Bewertungs- und Entscheidungskriterien ausgehen oder - anders ausgedrückt - "überhaupt die gleiche Sprache sprechen". Daß darin auch das Risiko des kommunikativen Scheiterns enthalten ist - das Risiko, daß die Botschaften wechselseitig nur als "Rauschen" wahrgenommen werden -, ist selbst schon fast eine Alltagserfahrung geworden.

Sofern die gesellschaftliche Kommunikation in einer solchen Situation nicht abreißen soll, kann sie nicht einfach bei der Diskussion des objektiven Problems - der Zerstörung unserer natürlichen Lebensgrundlagen und der notwendigen Konsequenzen für die Gesellschaft - stehenbleiben, sondern muß eine Art Ebenensprung vollziehen, d.h. sie muß in irgendeiner Weise die Reflexion der unterschiedlichen Voraussetzungen, Problemwahrnehmungen und Bewertungsstandards einbeziehen, mit denen die gesellschaftlichen Akteure in die Kommunikation eintreten.

Damit ist das allgemeine Erkenntnisinteresse benannt, das hinter einem empirischen Forschungsprojekt[1] in zwei Unternehmen der deutschen Großchemie steht. Wir befragten hier etwa 80 Naturwissenschaftler (insbesondere Chemiker), Ingenieure und Kaufleute aus dem unteren und mittleren Management in Interviews von durchschnittlich dreistündiger Dauer über ihre Wahrnehmung des Umweltproblems überhaupt, des Umweltschutzes in ihrem Unternehmen und in der eigenen beruflichen Tätigkeit, über die politische Regulierung des industriellen Umweltschutzes und insbesondere über ihre Wahrnehmung der von außen kommenden Kritik an der Chemieindustrie und ihre Kommunikation mit den Kritikern.

Insgesamt wollten wir klären: Wie verorten diejenigen, die ihre berufliche Tätigkeit und ihr Unternehmen im Zentrum der öffentlichen Kritik sehen, diese von außen kommende Kritik? Wie identifizieren sie sich selbst angesichts dieser Kritik? Und welche Kommunikationsbarrieren und -brücken werden zu ihr sichtbar?

Gruppenbildung durch "kontrastierende Selbstidentifikation"

Zunächst eine Bemerkung zu der Frage, inwiefern wir bei den von uns Befragten im Hinblick auf das professionelle Umweltbewußtsein von einer sozialen Gruppe, von *einem* sozialen Subjekt sprechen können. Die Annahme, daß Vertreter des unteren und mittleren Managements - um sie handelte es sich bei unseren Befragungen - aufgrund ihrer materiellen Interessenlage und inhaltlichen Bindung an ihre berufliche Tätigkeit zur besonderen Identifikation mit dem eigenen Unternehmen neigen, bestätigte sich auch in unserer Untersuchung. Aber im spezifischen Fall unserer Befragten-Gruppe erwies es sich als nützlich (was wir im folgenden vielleicht verdeutlichen können), zur Identifizierung einer gruppenspezifischen Wahrnehmungs-

1 Das Forschungsprojekt wird am Göttinger SOFI durchgeführt und von der Volkswagen-Stiftung gefördert. Der Abschlußbericht wird 1993 in Buchform veröffentlicht werden.

weise des industriellen Umweltproblems noch weitere Faktoren zu berücksichtigen:

- Die von uns befragten industriellen Akteure unterliegen trotz unterschiedlicher individueller Tätigkeiten einer gemeinsamen beruflichen Sozialisation zu einer industriespezifischen Rationalität, in der sich - wenn auch individuell und je nach Ausbildung und beruflicher Funktion in unterschiedlicher Gewichtung - technische, naturwissenschaftliche und ökonomische Gesichtspunkte miteinander verquicken. Zusätzlich in Rechnung zu stellen ist dabei, daß ihre Wahrnehmungs- und Handlungsmuster mitgeprägt werden durch einen über verschiedene Kanäle (unternehmensinterne Publikationen, Schulungen und Veranstaltungen, andere formelle und informelle Kommunikationszusammenhänge) laufenden unternehmensspezifischen Diskurs, der heute vielfach auch mit dem etwas überhöhenden Etikett "Unternehmenskultur" versehen wird.

- Geprägt wird die Gruppe aber auch durch die gemeinsame Erfahrung einer Außenkritik, die die Chemieindustrie insgesamt, das eigene Unternehmen und oft genug auch direkt die eigene Tätigkeit aufs Korn nimmt. Dieser Außenkritik begegnet fast jeder der von uns Befragten nicht nur in den Medien, sondern auch in seinem unmittelbaren sozialen Umfeld außerhalb des Berufs: mehr als zwei Drittel im eigenen Freundes- und Bekanntenkreis, jeder Dritte in der eigenen Familie. Zwar setzen sich beide Unternehmen in ihrer Öffentlichkeitsarbeit gewissermaßen stellvertretend mit der Außenkritik auseinander, was aber dem einzelnen kaum Entlastung bringt. Gerade weil sich jeder weitgehend mit der eigenen Berufsrolle identifiziert und von der privaten Umgebung auch mit dem eigenen Unternehmen identifiziert wird, erlebt er diese Kritik als viel zu hautnah und meist auch als viel zu aggressiv, als daß er sich nicht zur Reaktion herausgefordert fühlte; die Minderheit, die sich von der Außenkritik unberührt zeigt, ist verschwindend. Wenn auch nicht bei jedem, der uns über seine verschiedenen Konfrontationen mit der Außenkritik berichtete, unmittelbare Verbitterung spürbar wurde, so doch die Routine vieler durchgestandener Gefechte - und Routine bedeutet hier, daß sich bestimmte Verhaltensweisen gegenüber dieser Kritik, bestimmte Wahrnehmungsmuster von ihr und damit auch ein bestimmtes Selbstbild angesichts ihrer verfestigt und abgeklärt haben. Obwohl die Auseinandersetzung meist in der außerberuflichen Vereinzelung nicht nur vor dem Fernsehschirm und bei der täglichen Zeitungslektüre, sondern auch im privaten Freundes- und Familienkreis stattfindet, ist sie für die große Mehrheit der von uns Befragten gemeinsames und dabei auch formierendes Schicksal, auch wenn innerhalb dieser Formierung noch einmal erhebliche Differenzierungen sichtbar werden.

Es handelt sich hier um eine Variante der "kontrastierenden Selbstidentifikation" (Berger/Luckmann 1980, S. 177): In Auseinandersetzung mit einer als feindlich wahrgenommenen Außenkritik bildet sich ein Stück gemeinsamer Identität heraus, das nicht allein durch eine gemeinsame berufliche Sozialisation präformiert und erklärlich ist, sondern teilweise erst *in* der Kommunikation mit der Außenkritik entsteht - ein Stück Selbstidentifikation, das noch einmal seine eigenen Kommunikationsbarrieren oder auch Verständigungsbrücken gegenüber der sozialen Außenwelt aufbaut.

Im folgenden wollen wir die Hypothese in den Mittelpunkt stellen, daß die Angehörigen des unteren und mittleren Managements in der Chemieindustrie im Hinblick auf das Umweltproblem eine soziale Gruppe bilden, deren Kommunikationsbereitschaft und -fähigkeit sich im Spannungsfeld zweier gegenläufiger Tendenzen entfaltet:

- Einerseits entwickeln sie auf der Grundlage ihrer beruflichen Sozialisation und Tätigkeit und in Auseinandersetzung mit der öffentlichen Kritik an der chemischen Industrie ein ausgeprägtes, auch moralisch gestütztes *Bewußtsein überlegener ökologischer Eigenkompetenz*, das den Rückzug in die kommunikative Selbstabschottung nahelegt.
- Andererseits entwickelt sich im gleichen Erfahrungskontext bei der Mehrheit der von uns Befragten ein Bewußtsein der nicht nur erlittenen, sondern auch begrenzt bejahten Abhängigkeit von einer Außeneinwirkung - wir nennen es kurz *Heteronomie-Bewußtsein* -, das wiederum den kommunikativen Brückenschlag zur externen Chemiekritik begünstigt und somit der Abschottungstendenz zuwiderläuft, ohne sie und das ihr zugrundeliegende Bewußtsein - und das macht die eigentliche Spannung aus - einfach aufheben zu können.

Die Kommunikationsbereitschaft der Chemie-Beschäftigten ist keineswegs einheitlich, sondern differenziert sich erheblich, aber bei ihrer überwiegenden Mehrheit findet diese Differenzierung innerhalb dieses Spannungsfeldes statt.

Kompetenz und Selbstabschottung

Zunächst zum ersten Teil unserer Ausgangsthese: Aufgrund ihrer beruflichen Erfahrungen und in der Auseinandersetzung mit der Außenkritik entwickeln die industriellen Akteure ein starkes Bewußtsein überlegener ökologischer Kompetenz mit der Tendenz zur kommunikativen Selbstabschottung. Es verfestigt sich auf zumindest drei Ebenen: auf der Handlungsebene, auf der kognitiven Ebene und - was vielleicht noch am ehesten überraschen mag - auf der moralischen Ebene.

Handlungskompetenz. Seit Beginn der achtziger Jahre hat der Umweltschutz seinen Einzug in die Großchemie gehalten; nicht nur bei den von uns befragten Betriebsleitern und Betriebsingenieuren, sondern auch bei den Forschern und Anlagenbauern und selbst bei den Technikern und Kaufleuten im Vertrieb nimmt die Beschäftigung mit dem Umweltschutz breiten Raum im Berufsalltag ein. Das Selbstbewußtsein eigener Handlungskompetenz wird meist entscheidend gestärkt durch das auf dieser Hierarchie-Ebene reichlich vorhandene "Kontrollbewußtsein", d.h. die Wahrnehmung eines erheblichen Spielraums für selbstbestimmtes Handeln, auch in Sachen Umweltschutz. Die meisten der von uns Befragten nehmen sich also nicht nur als Beschäftigte eines Unternehmens wahr, das im Bereich des Umweltschutzes seine Hausaufgaben im großen und ganzen erledigt - was eine nur vermittelte Handlungskompetenz bedeuten würde -, sondern sie sehen sich selbst als die eigentlichen Gestalter und Protagonisten des industriellen Umweltschutzes: "Die anderen reden vom Umweltschutz, wir machen ihn!" Dieses Selbstbewußtsein bringen z.B. auch wohlmeinende Greenpeace-Anhänger unter den von uns Befragten zum Ausdruck, wenn sie feststellen, daß selbst die zutreffendste Industriekritik immer noch meilenweit davon entfernt sei, den positiven Weg zur praktischen Problemlösung zu finden - und es seien eben sie selbst, die sich dieser schwersten aller Aufgaben unterzögen.

Kognitive Kompetenz. Vor allem für die Naturwissenschaftler und Ingenieure, teilweise auch für die Kaufleute scheint es in ihren Begegnungen mit der Außenkritik eine sehr beeindruckende Erfahrung zu sein, mit welcher Dezidiertheit hier Urteile über die Umweltschädlichkeit der Chemieindustrie abgegeben werden, ohne den für sie geltenden Standards von Fachwissen und Kompetenz zu genügen. Die immer wiederkehrenden Topoi der Antikritik lauten: Die Außenkritik bringt Fakten durcheinander, bewertet Risiken falsch, pauschalisiert statt zu differenzieren; weder nimmt sie zur Kenntnis, wieviel die Industrie inzwischen für den Umweltschutz tut, noch weiß sie offenbar, wie sehr das eigenes Leben bereits von Chemieprodukten abhängt. Die Wahrnehmung eines derartigen Kompetenzgefälles verstärkt sich noch angesichts der meist sehr emotionalen Einfärbung der Außenkritik; insbesondere Naturwissenschaftler und Techniker sind dahingehend sozialisiert, in der Vermengung fachlicher Fragen mit Affekten Dysfunktionalität und kognitive Inkompetenz zu sehen.

Moralische Kompetenz. Angesichts der moralischen Aufladung heutiger ökologischer Chemiekritik mag zunächst die Feststellung überraschen, daß die industriellen Akteure diesen Frontabschnitt gegenüber der Außenkritik nicht etwa kampflos räumen, sondern gerade hier mit aller Kraft gegenhalten. Es lohnt sich, diesen Punkt etwas genauer auszuführen.

Die Grundlage des guten Gewissens besteht in der überwiegenden Gewißheit, ihre berufliche Tätigkeit im Einklang mit den eigenen ökologischen Überzeugungen ausüben zu können, und zwar unter Anwendung noch strengerer Maßstäbe als in ihrer außerberuflichen Umgebung. Denn sie sehen sich als Mitarbeiter eines Unternehmens, das nicht mehr nur reaktiv und auf Grund äußeren Drucks ökologische Nachbesserungen vornimmt, sondern in der Produkt- und Verfahrensgestaltung immer mehr zu präventivem Umweltschutz übergeht und somit als aktiver Mitgestalter ökologischer Modernisierung fungiert. Die Moral ist "aufgeklärt"; es gibt in ihren Augen keinen prinzipiellen Widerspruch zwischen Ökologie und Unternehmensinteresse; vielmehr liegt der Umweltschutz im wohlverstandenen und zumindest längerfristigen Unternehmensinteresse, das wohl oder übel die Rücksicht auf eine ökologisch sensibilisierte Umwelt in das eigene ökonomische Kalkül aufnehmen muß. Zur Stärkung des Bewußtseins moralischer Eigenkompetenz trägt auch die Gewißheit bei, durchaus kritisch gegenüber dem Status quo, d.h. gegenüber diesem oder jenem noch bestehenden ökologischen Mißstand im Unternehmen auftreten zu können, und zwar als integraler Bestandteil einer wohlverstandenen Unternehmensloyalität.

Dieses Bewußtsein ermöglicht zunächst Gelassenheit gegenüber moralischer Kritik von außen; das Bewußtsein *überlegener* moralischer Kompetenz entsteht offenbar vor allem in der Auseinandersetzung mit der Außenkritik, wobei die Grenzen zwischen Defensive und Offensive fließend sind.

Da es sich bei beiden von uns untersuchten Unternehmen um international operierende Konzerne ("Multis") handelt, verfügen die von uns Befragten zumindest über indirekte Einblicke in die Probleme der Entwicklungsländer, oft sogar über eigene Primärerfahrungen mit ihnen. Die damit verbundene Sensibilisierung macht es den von uns Befragten - dies war für uns eine sehr eindrucksvolle Interview-Erfahrung - praktisch unmöglich, das Umwelt- und das globale Entwicklungsproblem auseinanderzudividieren. Die damit verbundene Perspektivenverschiebung verdeutlicht vielleicht das folgende Zitat eines Agrarwissenschaftlers zum hiesigen Reizthema Pflanzenschutzmittel:

"Auf den Philippinen habe ich erlebt, was passierte, wenn dort z.B. Reiszikaden auftraten. Wenn die eingefallen waren, gab es hinterher auf den Feldern, auf denen keine Pflanzenschutzmittel eingesetzt worden waren, kein Reiskorn mehr, während auf dem Feld daneben der Reis noch tonnenweise stand. Wenn Sie einmal die heulenden Bauern um sich herum gehabt haben, denken Sie anders darüber".

Dabei bildet sich ein Problembewußtsein heraus, das einfache Lösungsmuster abweist, aber nach unserem Eindruck auch nicht einfach damit abgetan werden kann, daß hier Pflanzenschutzproduzenten nach Legitimationen für den Absatz ihrer Produkte suchen. Es bildet die Grundlage für einen gelegentlich geäußerten sehr moralischen Gegenverdacht gegen die radikale Umweltschutzforderung nach Abschaffung aller Pflanzenschutzmittel: daß es sich hier um das Salongeschwätz reicher westeuropäischer Yuppis handelt, die keinen Gedanken an die wirklichen Probleme der Entwicklungsländer verschwenden.

Der von außen kommenden Kritik, zugunsten eigener Vorteile und Verwertungsinteressen die Zerstörung der Natur in Kauf zu nehmen, setzen die von uns Befragten entgegen, daß die Kritiker offenbar kein Sensorium für die Risiken hätten, die gerade auch mit dem *Verzicht* auf bestimmte Industrieproduktionen verbunden seien; neben der Verantwortung für die natürliche Umwelt gebe es auch eine zu berücksichtigende Verantwortung für Stand und Weiterentwicklung der Zivilisation.

Wir sind dieser Wahrnehmungsweise etwas genauer am Beispiel der industriellen Produktion bzw. Verwendung von FCKW nachgegangen, in die beide von uns untersuchten Unternehmen involviert sind. Der von außen kommenden Forderung nach *sofortigem* FCKW-Ausstieg hält die Mehrheit der Management-Vertreter entgegen, hier müsse es zu einem Abwägungsprozeß kommen, in den neben dem Aspekt der Umweltschädlichkeit auch der Gesichtspunkt eingeht, daß die FCKW über eine Reihe optimaler technischer Eigenschaften (Ungiftigkeit, geringe Brennbarkeit, ideale Dämm- und Kühlmittel) verfügen, für die erst einmal adäquate technische Ersatzlösungen und -mittel zu finden seien. Es sei besser, den Ausstieg (meist: bis 1995) zu verzögern, da sonst unabsehbare Konsequenzen - "der Zusammenbruch ganzer Kühlketten!" - für die technische Zivilisation drohten.

Gegen den hier für die Außenkritik naheliegenden Vorwurf, in unzulässiger Weise der Rücksicht auf die natürliche Umwelt die technisch-zivilisatorische Rücksicht gleichberechtigt zur Seite zu stellen, fahren sie ein noch schärferes Geschütz auf, das wesentlich zum Bewußtsein eigener moralischer Selbstgewißheit beiträgt: der Aufweis der Doppelmoral der Außenkritiker. Daß diese sich selbst nicht an das halten, was sie der Chemieindustrie abverlangen; daß sie ihre Uralt-Autos, die die Luft verpesten, mit dem Aufkleber "Rettet den Wald!" verzieren; daß sie gegen Pflanzenschutzmittel sind, aber gleichzeitig nach glatten Äpfeln verlangen; daß sie gegen die Chemie wettern, aber in ihrem Alltagsleben hundertfach Chemieprodukte verwenden, ist eine durchgehende, vielfach variierte Argumentationsfigur. Man sieht es ihr an, daß sie mitten in der Auseinandersetzung mit den Außenkritikern entstanden ist und den naheliegenden Impuls verfolgt, der Chemiekritik ihre Legitimation durch Entlegitimierung der Kritiker zu entziehen - die Äußerung "Die sollen sich an ihre eigene Nase fassen!" kehrt immer wieder. Aber der Vorwurf der Doppelmoral, der realen Komplizität der Kritiker mit den Kritisierten enthält auch den Keim einer moralistischen Aufklärung über eine gesamtgesellschaftlich vorherrschende *Lebens-*

weise, die insgesamt für die Umwelt zerstörerisch ist. Und es sind nicht wenige der von uns Befragten, die ihre Antikritik bis zu diesem Punkt vorantreiben und ausweiten, die also ehrlich aufrütteln wollen und dabei weder die Industrie noch ihre eigene Person aus der Kritik ausnehmen, wenn z.B. ein Chemiker-Forscher ausführt:

"Das Ganze ist ein massiver Mechanismus der Verdrängung... Ich kann dieses inkonsequente Verhalten von mir selbst und auch von vielen anderen kaum wirklich akzeptieren. Ich kann es mir nur dadurch erklären, daß viele wie ich auf Umweltfragen immer noch nach dem Motto 'Nach mir die Sintflut' reagieren".

Die große Mehrheit der von uns Befragten weicht also der moralischen Seite der Chemiekritik keineswegs aus, sondern nimmt die Auseinandersetzung gerade auch auf diesem Feld an. Dabei setzt sie in ihrer Wahrnehmung den Bewertungskriterien der Gegenseite nicht einfach *andere* Bewertungskriterien entgegen, sondern solche mit einer *höheren Komplexität*, d.h. sie nimmt die Kriterien der Gegenseite auf, ergänzt sie aber - nach dem Schema *nicht nur A, sondern auch B* - durch dazu sperrige Zusatzkriterien: Bei der Entscheidung über den möglichen Verzicht auf bestimmte Produkte sind *auch* die Konsequenzen für die Entwicklungsländer zu berücksichtigen; bei der Ökologisierung der Industrie müssen nicht nur die Konsequenzen für die Natur, sondern *auch* für die technische Zivilisation beachtet werden; die Kritik an der Chemieindustrie muß *auch* den Gesamtkomplex einer industrieabhängigen Lebensweise mitbedenken. Diese Selbstwahrnehmung eines insgesamt doch komplexeren Problembewußtseins ist es, die der Antikritik oft den Gestus und das Selbstbewußtsein höherer moralischer Kompetenz verleiht.

Wenn man nun berücksichtigt, daß sich das Selbstbewußtsein der eigenen überlegenen kognitiven, Handlungs- und moralischen Kompetenz in oft heftiger Auseinandersetzung mit einer Chemiekritik entwickelt, die als aggressiv gegen die eigene berufliche Identität gerichtet wahrgenommen wird, dann ist es naheliegend, sich nun erst recht im Besitz des Vernunftmonopols zu sehen und die Kommunikation mit der Außenkritik - zumindest im dialogischen Sinn - aufzugeben.

Aber ein solches verabsolutiertes Selbstbewußtsein ist nur bei einer Minderheit der von uns Befragten zu beobachten. Das Gegengewicht zu der Tendenz, sich bzw. die eigene Gruppe industrieller Akteure autonom zu setzen und im Alleinbesitz der Vernunft zu sehen, bildet das Bewußtsein einer *Außenabhängigkeit*, die im Grunde bejaht wird und sich direkt oder indirekt auch auf die Außenkritik bezieht. Damit kommen wir zum zweiten Teil unserer Ausgangsthese.

Heteronomie und Öffnung

Direkt auf die Außenkritik bezieht sich das mehrheitliche Eingeständnis, daß sie trotz aller Defizite insgesamt doch eine positive "Wirkung" auf das Umweltverhalten der Chemieindustrie habe. Dem liegt eine historische Erfahrung zugrunde, die mit dem Bewußtsein überlegener ökologischer Eigenkompetenz erst einmal vereinbart werden muß. Es ist kaum zu leugnen, daß die qualitativen Veränderungen im industriellen Umweltschutz seit dem Beginn der achtziger Jahre etwas mit der damals aufkommenden Umweltbewegung und ihrer Chemiekritik zu tun haben. Es geht hier nicht nur um eine historische, sondern auch um eine gegenwärtige alltägliche Erfahrung. Die Direktive "Bloß nicht in die negativen Schlagzeilen kommen!" begleitet noch heute viele vorsorgliche Umweltschutz-Maßnahmen in der Großchemie.

Das Vorhandensein eines Gegenpols zum eigenen Kompetenzbewußtsein läßt sich am Beispiel *Greenpeace* verdeutlichen. Beide von uns untersuchten chemischen Großunternehmen befinden sich schon seit längerem im Visier von Greenpeace, einer Umweltschutzorganisation, die mit besonderer Öffentlichkeitswirkung den kognitiven und moralischen Kompetenzanspruch der Chemie-Beschäftigten in Frage stellt, indem sie nicht nur gezielt auf bestimmte Risiken chemischer Produktion hinweist, sondern ihre Aktionen so inszeniert, daß in ihnen die Greenpeace-Aktivisten als die Ritter der guten Sache auftreten, was den Akteuren der Chemieindustrie nur die wenig schmeichelhafte komplementäre Rolle übrig läßt.

Die Antikritik an Greenpeace ist dann meist auch recht scharf. Die Sachbehauptungen von Greenpeace seien oft einseitig, übertrieben oder schlicht falsch, die Form der Aktionen abstoßend, das Verhalten der Aktivisten doppelzüngig - aber die *Wirkung*, dies wird andererseits zugestanden, doch unter dem Strich positiv. Wofür es in dem einen von uns untersuchten Unternehmen ein Beispiel gibt, das für die dort Beschäftigten bereits den Rang eines Paradigmas mit historischer Patina erhalten hat: den letztlich erfolgreichen Kampf von Greenpeace gegen die Dünnsäure-Verklappung in der Nordsee zu Beginn der achtziger Jahre. Das Gesamturteil über die gesellschaftliche Rolle von Greenpeace lautet in beiden Unternehmen: in den Aktionen gegen die Industrie oft daneben und trotzdem - auch für die Industrie - unverzichtbar.

Die Bejahung der Außeneinwirkung im Interesse des industriellen Umweltschutzes bestätigt sich auch gegenüber dem Medium der *Politik*, in dem sich die öffentliche Kritik an der Chemieindustrie zwar - wenn man von den öffentlichen Genehmigungsverfahren absieht - nur vermittelt äußert, aber dafür in Gestalt der Auflagen, Kontrollen und Sanktionen mit einem umso höheren Verbindlichkeitsanspruch.

Das Urteil über die Rationalität der staatlichen *Auflagen* fällt sehr differenziert und durchwachsen aus; häufig wird kritisiert, sie berücksichtigten nicht hinreichend ihre technische und ökonomische Machbarkeit, mit ihnen werde gerade nicht die optimale ökologische Wirkung erreicht, ihnen lägen unsinnige Risikoabschätzungen zugrunde, mit ihnen würden die internationalen Wettbewerbsbedingungen verzerrt usw.

Oder gegen die staatlichen *Kontrollen* wird eingewandt, sie würden ohne die notwendige Kompetenz durchgeführt und hätten eine oft bürokratisch überbordende Dokumentationspflicht zur Folge.

Und schließlich wird gegen die in den letzten Jahren sich häufenden *Gerichtsverfahren* gegen individuelle Umweltsünder in der Industrie eingewandt, daß das Prinzip der persönlichen Haftung und Verantwortung, das ihnen zugrunde liege, gerade nicht zu den Entscheidungs- und Handlungsstrukturen des industriellen Großunternehmens passe, daß es die Funktion des Betriebsleiters zum Schleudersitz mache usw.

Trotzdem: *Daß* der Industrie politische Auflagen für den Umweltschutz gemacht werden müssen, daß ihre Durchführung auch staatlich kontrolliert und ihre Nicht-Einhaltung auch gerichtlich bestraft werden müsse, ist für die große Mehrheit der von uns Befragten Konsens. Worin eben doch zum Ausdruck kommt, daß kaum jemand so recht glaubt, das eigene Unternehmen und die Industrie überhaupt werde die industriell generierten Umweltbelastungen ohne Anstoß von außen in Angriff nehmen; Heteronomie nicht nur in Gestalt öffentlichen Drucks, sondern auch in Gestalt politischer Regulierung bleibt notwendig.

Wir haben anfangs dargestellt, welches Bewußtsein überlegener ökologischer Eigenkompetenz unsere Akteure aus der Großchemie entwickelt haben - ein Kompetenzbewußtsein, das sich aus der eigenen industriellen Praxis, der Wahrnehmung des Unternehmenshandelns und aus der Auseinandersetzung mit einer in mehrerlei Hinsicht defizitär wahrgenommenen Außenkritik speist. Jetzt zeigt es sich, daß der Zusammenhang doch noch komplizierter ist. Zu dem so genährten Kompetenzbewußtsein gesellt sich das Wissen, daß sich der eigene Handlungsspielraum doch erst in einem Spannungsfeld entfalten kann, das aus der konfliktorischen Wechselwirkung zwischen technisch-ökonomischer Rationalität, politischen Vorgaben und einer als defizitär wahrgenommenen öffentlichen Kritik aufgebaut wird. Das professionelle Selbstbewußtsein, das sich der Außenkritik abweisend entgegenstellt, wird also durch das gleichzeitige Bewußtsein der Abhängigkeit eben auch von dieser Außenkritik relativiert oder zumindest begrenzt. Oder noch zugespitzter: Es weiß, daß sich die eigene Kompetenz erst aufgrund der Außeneinwirkung entfalten kann.

Die Spannung zwischen Heteronomie- und Kompetenzbewußtsein

Ist damit nun der oben erwähnten Tendenz zur Selbstabschottung der Boden entzogen, der Königsweg zur unproblematischen Teilnahme an der gesellschaftlichen Kommunikation über das Umweltproblem freigelegt? Mitnichten. Sicherlich verbessert das Bewußtsein der bejahten Außeneinwirkung die Kommunikationsbereitschaft gegenüber der Außenkritik. Aber entscheidend ist, daß dieses Bewußtsein das professionelle Selbst- und Kompetenzbewußtsein der industriellen Akteure keineswegs aufhebt, sondern mit ihm in ein Verhältnis polarer Spannung eintritt. Dies möchten wir an drei weiteren Ergebnissen unserer Befragungen verdeutlichen.

Die wahrgenommene Rationalität der Außenkritik

Das *erste* Ergebnis betrifft die Frage, welche Rationalität, welche Vernunft man eigentlich der öffentlichen Chemiekritik zuspricht. Daß es sich hier um eine Frage handelt, in der auch über die eigene Bereitschaft entschieden wird, mit der anderen Seite zu kommunizieren, dürfte auf der Hand liegen.

Zunächst gilt für alle von uns befragten Naturwissenschaftler und Ingenieure und für einen Teil der Kaufleute, daß sie die in der öffentlichen Chemiekritik zum Ausdruck kommende Denkweise als für sie persönlich überwiegend fremd, schwer nachvollziehbar und mit ihrer eigenen Denkweise inkompatibel wahrnehmen. Sie befinden sich also zunächst einmal auf der *einen* Seite des Grabens. Innere Unterschiede werden hier nur bei der Frage sichtbar, inwieweit man trotzdem der anderen Seite so etwas wie eine *eigene* Rationalität zubilligen kann.

Hier sind alle Schattierungen vertreten. Es gibt sie wirklich, die Produktionsleute, Forscher und Vertriebsmanager in der Chemie, die der Außenkritik nur die Nullrationalität zuschreiben. Mit dem Verdikt: "inkompetent, irrational, verlogen" ist für sie das Thema erledigt. Die Notwendigkeit einer ökologischen Umgestaltung der Industrie wird von ihnen keineswegs geleugnet, aber es handelt sich hier für sie (auch historisch) um einen Prozeß, der allein auf die Dynamik wissenschaftlich-industriellen Fortschritts zurückzuführen ist. Sie sind sozusagen die "Absolutisten" des Kompetenz-Pols.

Aber diese "Absolutisten", denen man sicherlich keinen Mangel an innerer Kohärenz vorwerfen kann, bilden nur eine vergleichsweise kleine Gruppe. Am anderen Ende des Spektrums stehen diejenigen, die zwar immer noch in der Chemiekritik eine ihnen persönlich fremde Denkweise am Werke sehen, dieser Denkweise aber explizit eine eigenständige Rationalität zubilligen. Sie können sich etwa dazu durchringen, einem Urteil von der Art, *in einem Bach, der voller Schaum ist und in dem tote Fische schwimmen, kann etwas nicht stimmen*, eine *eigenständige* Berechtigung zuzuerkennen, auch wenn der Urteilende ein Laie sei, der nichts über die Ursachen wisse. Sie sind die "Pluralisten" gesellschaftlicher Rationalität, auch wenn sie sich bewußt sind, persönlich in erster Linie der technisch-industriellen Rationalität verhaftet zu sein. (Letzteres ist übrigens der feine Unterschied zu denjenigen Kaufleuten, denen die Außenkritik insofern keine besonderen Probleme bereitet, als sie in ihr keine ihnen fremde Denkweise am Werke sehen).

Aber auch die Gruppe dieser "Pluralisten" ist klein. Die Masse der von uns Befragten verarbeitet die Spannung zwischen Kompetenz- und Heteronomiebewußtsein in der Weise, daß sie sich zwischen diesen beiden Extremen irgendwo auf halbem Wege ansiedeln, d.h. sich nicht dazu durchringen können, der Außenkritik eine eigene Rationalität zuzubilligen, ihr aber doch einen begrenzten Beitrag zur Durchsetzung gesellschaftlicher Vernunft zugestehen. Wir deuten hier nur einige Varianten an: Die Außenkritik ist irrational, aber hat (manchmal) doch eine gute Wirkung; die Außenkritik ist überwiegend irrational, aber manchmal gibt es auch wissenschaftlich ausgebildete, rationalitätsfähige Kritiker; die Außenkritik ist irrational, aber Irrationalität gibt es auch auf der eigenen Seite. Schon in dieser kurzen Skizzierung wird etwas von der Anstrengung deutlich, in die das Bewußtsein überlegener ökologischer Eigenkompetenz vor der Frage gerät, welche Art von Vernunft eigentlich den Chemiekritikern jenseits der Werkstore zuzubilligen ist - und zwar gerade auch dann, wenn es ein Bewußtsein der eigenen Abhängigkeit von ihnen gibt.

Die Kommunikation mit der Außenkritik

Dies gilt erst recht für ein *zweites* Ergebnis, das in diesem Zusammenhang von Interesse ist: Was berichten die von uns Befragten über ihr eigenes Kommunikationsverhalten gegenüber Außenkritikern? Einfach scheinen hier nur die Verhältnisse für diejenigen zu sein, die der Außenkritik allein die Nullrationalität zubilligen: Ihr Kommunikationsverhalten ist offenbar in keinem Fall dialogisch, sondern bestenfalls belehrend ("bei meinen Gesprächspartnern lasse ich nichts weiter gelten als den klaren wissenschaftlichen Beweis", Biologe in der Forschung), oft aber auch aggressiv-konfliktorisch oder schlicht blockierend. Relativ einfach liegen die Dinge auch noch bei der Mehrheit derer, die nur den *Wissenschaftlern* der anderen Seite eine gewisse Rationalität zubilligen wollen: Entweder lassen sie sich nur mit diesen auf Gespräche ein, d.h. ihr Kommunikationsverhalten ist hoch selektiv, oder sie versuchen durch offensive Information und Belehrung die "Laien"-

Umgebung auf das Niveau naturwissenschaftlicher Rationalität zu heben. Ansonsten scheint das Kommunikationsverhalten gegenüber der externen Chemiekritik aus einem Gemenge von Aufklärungs- und Dialogversuchen einerseits und Blockierungen andererseits zu bestehen. Wobei signifikant ist, daß auch von denen, die sich der Grenzen ihrer eigenen Rationalität bewußt sind oder sogar der anderen Seite explizit eine eigene Rationalität zubilligen, häufig selbstkritisch eingestanden wird, daß sie bei ihren Kommunikationsversuchen auch wider bessere Absicht leicht in Ungeduld, Gefühlsausbrüche und Blockierungen zurückfallen. Was noch einmal deutlich macht, welchen unaufhebbaren Rest von Fremdheit die öffentliche Kritik für die Repräsentanten technisch-industrieller Rationalität selbst dann behält, wenn dieser Außenkritik das Eigenrecht und der Eigensinn einer anderen Rationalität zugebilligt wird.

Weiterhin haben wir erkundet, wie die von uns Befragten die Öffentlichkeitsarbeit ihres Unternehmens gegenüber den Außenkritikern beurteilen, und zwar insbesondere angesichts unserer Frage, ob sich die Außendarstellung eigentlich darauf beschränken solle, beim Umweltschutz in erster Linie die bereits erreichten Erfolge darzustellen, oder ob sie auch offen die noch nicht gelösten Probleme ansprechen solle.

Weitgehender Konsens besteht darin, daß in der vergangenen Öffentlichkeitsarbeit beider Unternehmen Fehler gemacht wurden; vor allem durch Informationszurückhaltung oder Problembeschönigung sei einiges an Vertrauen verspielt worden. Die Wahrnehmung der heutigen Öffentlichkeitsarbeit ist in beiden Unternehmen allerdings unterschiedlich: In dem einen Unternehmen (A) wird sie als offensiv und initiativ, in dem anderen (B) als noch zu defensiv und reaktiv wahrgenommen. "Objektiv" steht hinter diesen unterschiedlichen Wahrnehmungen, daß das Unternehmen A schon Ende der siebziger Jahre damit begann, sich in seiner Außendarstellung offensiv des Umweltthemas zu bemächtigen, wozu sich das Unternehmen B erst später und auch dann nur mit einer gewissen Zurückhaltung entschließen konnte. So klingt im Urteil der Beschäftigten des Unternehmens B über "ihre" Öffentlichkeitsarbeit häufig verletzter Produzentenstolz durch: "Wir tun hier sehr viel für den Umweltschutz, aber die Außenwelt - und somit auch diejenigen, die uns draußen mit soviel Kritik begegnen - wird darüber nicht hinreichend informiert".

Interessanter scheinen uns aber die Antworten auf die Frage zu sein, ob in der Öffentlichkeitsarbeit - sozusagen als vertrauensbildende Maßnahme - auch die noch ungelösten Umweltprobleme des eigenen Unternehmens angesprochen werden sollten.

Eigentlich ist dies ja eine Suggestivfrage - jeder gebildete Mensch weiß, daß es intelligenter ist, "Problembewußtsein" zu demonstrieren, statt nur die "heile Welt" darzustellen. Und so argumentierten auch die Befürworter einer problemorientierten Außendarstellung bei den von uns Befragten: Die Erfahrung lehre nun einmal, daß eine nur erfolgsorientierte Selbstdarstellung kein Vertrauen wecke; irgendwann kommen begangene Sünden doch heraus, und dann ist die Öffentlichkeitswirkung umso verheerender, usw. Umso bemerkenswerter ist, daß sich angesichts dieser Frage unsere Interviewpartner dennoch in zwei entgegengesetzte Lager aufspalten. Wobei sich zunächst wieder ein deutlicher Unterschied zwischen beiden Unternehmen zeigte: Während es im Unternehmen A nur eine Minderheit ist, die explizit für die Beschränkung der Öffentlichkeitsarbeit auf Erfolgsmeldungen votiert, ist es im Unternehmen B die Hälfte.

Für einen Außenstehenden wäre es naheliegend, hier als Motiv sofort das schlechte Gewissen zu vermuten. Bei unseren Interviewpartnern gab es ein paar Äußerungen, die diese Vermutung zu bestätigen scheinen ("Wer redet schon über die Leiche im eigenen Keller?"), aber sie bleiben die Ausnahme. Die eindeutig überwiegende Motivlage für dieses Zögern läßt sich in der Frage bündeln: Wie kann man die Wahrheit sagen, wenn die andere Seite sie nicht versteht oder nicht verstehen will? Da werden Befürchtungen geäußert, eine offene Darlegung noch ungelöster Probleme werde in der Öffentlichkeit nur übertriebene Ängste oder "Panik" auslösen, weil man die Risiken eben nicht richtig einzuschätzen wisse; da wird erwartet, so den "politisch" motivierten Kritikern nur wieder Wasser auf ihre Mühlen zu geben; da wird allgemein das Problem angesprochen, einer Laien-Öffentlichkeit technische Zusammenhänge zu vermitteln.

Es ist keine Überraschung, daß sich die unterschiedlichen Vernunftzuweisungen an die Außenkritik auch auf die unterschiedlichen Anforderungen an die Öffentlichkeitsarbeit auswirken. Die Forderung nach einer mehr problemorientierten Öffentlichkeitsarbeit wird bei den "Absolutisten" am seltensten, bei den "Pluralisten" am häufigsten vertreten; mit der Forderung nach einer eher offensiv-belehrenden, vorwiegend erfolgsorientierten Selbstdarstellung verhält es sich genau umgekehrt. Aber das ist nur die eine Hälfte der Wahrheit. Zu ihrer Kehrseite gehört, daß es sogar bei denjenigen, die ausdrücklich auch der nicht-wissenschaftlichen Öffentlichkeit eine eigene Rationalität beim Umweltproblem zubilligen, Zweifler an der Möglichkeit einer "Glasnost"-Öffentlichkeitsarbeit gibt - und wenn auch nur mit der Begründung, daß die kommunikative Lage zwischen Unternehmen und Öffentlichkeit inzwischen allzu verfahren ist, um aus dem bestehenden Teufelskreis noch herauskommen zu können. Was wir bei dem berichteten Kommunikationsverhalten an Brüchen, Inkonsequenzen und Rückfällen kennenlernten - und zwar auch "wider besseres Wissen" -, findet hier bei dem Problem der Öffentlichkeitsarbeit seine Fortsetzung und Entsprechung.

Man kann diese Ergebnisse in doppelter Weise lesen, und beide Lesarten, so meinen wir, gehören zusammen. In der einen Lesart bestätigt sich noch einmal, wie schwierig der Kommunikationsprozeß zwischen Chemieindustrie und Öffentlichkeit ist und nicht mit einfachen Rezepten oder Absichtserklärungen entkrampft werden kann. Denn zumindest auf der Seite der Industrie-Beschäftigten steht hinter diesen Schwierigkeiten ein Bewußtsein von auf der eigenen Seite vorhandener und auf der anderen Seite fehlender Kompetenz, das die Kommunikation nicht gerade erleichtert und zudem die fatale Tendenz hat, in jeder konkreten Kommunikationserfahrung jeweils neu bestätigt zu werden.

Die zweite Lesart ist an dem Faktum festzumachen, daß unter den Management-Vertretern des Unternehmens A die Forderung nach einer problemorientierten Öffentlichkeitsarbeit erheblich mehr Anhänger hat als im Unternehmen B. Dieser Unterschied läßt sich auch als Lernprozeß interpretieren. Angesichts des öffentlichen Mißtrauens und der öffentlichen Desinformation fordern die meisten unserer Interviewpartner aus dem Unternehmen B, dessen öffentliche Selbstdarstellung oft als noch zu zurückhaltend und defensiv wahrgenommen wird, eine offensive, die eigenen bereits erzielten Umweltschutzerfolge darstellende Öffentlichkeitsarbeit. Die Beschäftigten des Unternehmens A sind schon eher überzeugt, daß die bei ihnen praktizierte Öffentlichkeitsarbeit diesen Anforderungen genügt; angesichts der Erfahrung, daß Mißtrauen und Vorbehalte der Öffentlichkeit trotzdem weiterbestehen, öffnet sich bei ihnen eine Mehrheit der Überlegung, ob man nicht eher eine problem- statt nur erfolgsorientierte Selbstdarstellung nach außen bevorzugen solle; eine konsistente Minderheit kritisiert die eigene Öffentlichkeitsarbeit bereits explizit in dieser Richtung und fordert ein umfassendes "Glasnost".

Wenn diese letzte Lesart einen Kern von Wahrheit beanspruchen kann, so enthält unser "Modell" von der polaren Spannung zwischen Kompetenz- und Heteronomiebewußtsein bei unseren Management-Vertretern *zwei* dynamische Momente: Auf der einen Seite reproduziert sich das Bewußtsein der eigenen überlegenen moralischen, kognitiven und Handlungskompetenz in der Auseinandersetzung mit der Außenkritik sozusagen täglich neu mitsamt der daran anknüpfenden Tendenz zu kommunikativer Selbstabschottung; auf der anderen Seite kann sich auf der Grundlage des Bewußtseins der Außenabhängigkeit aber auch eine Sensibilität für die defizitäre Seite einer solchen Selbstabschottung und somit die Tendenz zu einem offeneren Kommunikationsverhalten entwickeln - ohne aber, um das noch einmal zu betonen, damit die erste Tendenz wirklich außer Kraft setzen zu können.

Sollen "Laien" mitentscheiden?

Das *dritte* Ergebnis, das wiederum das unaufhebbare Spannungsverhältnis zwischen Kompetenz- und Heteronomie-Bewußtsein verdeutlicht, betrifft die Frage, inwieweit "Laien" in umweltpolitische Entscheidungen einbezogen werden sollen.

Ein klares Bewußtsein der eigenen Außenabhängigkeit zeigt sich zunächst bei den Antworten auf unsere Frage, wer heute in Deutschland eigentlich Motor des umweltpolitischen Fortschritts ist. Daß *der* Motor heute in der Industrie, der Wissenschaft oder der Technik zu suchen sei, ist unter den Naturwissenschaftlern und Ingenieuren die Meinung einer Minderheit - nur bei den Kaufleuten war jeder zweite Befragte der Auffassung, man könne hier die Industrie inzwischen zu den Mit-Initiatoren rechnen. In den *Grünen* sieht zwar heute nur noch eine (allerdings starke) Minderheit eine gesellschaftlich vorwärtstreibende Kraft - ihnen wird vor allem das historische Verdienst zugesprochen, das Umweltthema gesellschaftsfähig gemacht zu haben -, aber jeder zweite Befragte weist inzwischen den großen Parteien bzw. dem Staat eine solche Protagonistenrolle zu; eine konsistente Minderheit sieht im Umweltthema mittlerweile auch einen von "jedermann" getragenen gesellschaftlichen Selbstläufer. Klare Mehrheitsmeinung ist, daß in jedem Fall Greenpeace eine vorwärtstreibende Rolle zukommt - nur bei den Chemikern, den prononciertesten Vertretern der Antikritik, ist diese Auffassung etwas seltener zu hören.

Dieses im Hinblick auf die sozialen Protagonisten des ökologischen Fortschritts pluralistische Gesellschaftsbild darf jedoch nicht zu der Annahme verführen, unsere Management-Vertreter seien in ihrer Mehrheit auch Anhänger einer pluralistisch regulierten ökologischen Industriepolitik. In der Frage, wer letztlich die industriepolitischen Entscheidungen in Sachen Umweltschutz treffen soll, entscheidet sich doch eine Mehrheit für die expertokratische Option, d.h. für die "Fachleute" aus Wissenschaft, Technik, Politik und Verwaltung. Teilweise ist diese Option zwar noch mit den Regularien der repräsentativen Demokratie vereinbar - die "harten" Expertokraten, die auch noch die "politischen" Fachleute oder gar die Verwaltungsexperten aus den Entscheidungsprozessen ausschließen möchten, haben wir zu dieser Mehrheit gerechnet, sie bilden aber nur einen Teil von ihr -, aber ihre Hauptintention ist der explizite Ausschluß der "Laien":

"Das Normalvolk muß entscheiden können, wer Verwaltungsbeamter und politischer Vertreter wird. Absolut unakzeptabel ist es aber, wenn Nicht-Fachleute nachträglich Experten-Entscheidungen wieder über den Haufen werfen" (Naturwissenschaftler im Pflanzenschutz).

Auffällig oft wird in diesem Zusammenhang auf die Irrationalität und Demagogie in öffentlichen Versammlungen zu industriellen Umweltproblemen verwiesen, die man selbst miterlebt habe (gelegentlich wird hier auch von "Urerlebnissen" gesprochen) und die die eigene Überzeugung gefestigt hätten, daß alle plebiszitären Elemente aus den umweltpolitischen Entscheidungsprozessen ausgeschlossen werden müßten.

Die widersprüchliche Verbindung von Heteronomie- und Kompetenzbewußtsein und die immer wieder virulent werdende Abschottungstendenz des letzteren zeigt sich in der breiten Mittelgruppe derjenigen, die einerseits bejahen, daß irgendwo im gesellschaftlichen Raum auch "Laien" oder Organisationen wie Greenpeace Druck ausüben müssen (pluralistisches Gesellschaftsbild), die sie andererseits aber doch von den Orten, wo die realen industriepolitischen Entscheidungen gefällt werden, so weit wie möglich fernhalten möchten.

Allerdings fand sich bei den von uns Befragten auch eine qualifizierte Minderheit, die ausdrücklich für eine demokratische, zumindest pluralistische Entscheidungsfindung votiert. In ihr ist es wiederum nur eine Minderheit, die dies mit den demokratischen Spielregeln selbst begründet; meist wird nach einer Lösung oder zumindest Vermittlung des Problems der unterschiedlichen Rationalitäten gesucht: sei es, daß man optimistisch auf den "wissenden Bürger" setzt oder selbstrelativierend anmerkt, daß "auch Experten Emotionen haben"; sei es, daß man aus der positiven *Wirkung* der Intervention von "Laien" eben doch auf die Notwendigkeit ihrer Beteiligung an den politischen Entscheidungsprozessen schließt ("Presse und Grüne haben viele Dinge überhaupt erst in die Diskussion gebracht, sie sind außerordentlich nützlich", Verfahrensingenieur), oder daß man - und dies ist die weitestgehende Begründung - die eigenständige Berechtigung von Angst und ganz anderen Wertgesichtspunkten hervorhebt.

Diejenige Position, die vielleicht am elaboriertesten eine Vermittlung zwischen Kompetenz- und Heteronomiebewußtsein sucht, ohne die Spannung zwischen ihnen aufzuheben, läßt sich in die Formel "Technokratie plus Großkundgebungen" fassen, d.h. letzten Endes müssen die Experten entscheiden, aber dies muß flankiert werden durch im öffentlichen Raum ablaufende Bewußtseinsprozesse, in denen neue Themen gesellschaftsfähig gemacht und der notwendige Druck erzeugt werden, denn "ohne Druck von unten bewegen die Experten wenig" (Chemiker-Laborleiter).

Der Fall Gentechnologie

Ein interessanter Anwendungsfall für die Frage, wer das Subjekt umweltpolitischer Entscheidungen sein soll, ist die *Gentechnologie*, in die beide von uns untersuchten Unternehmen direkt involviert sind. *Daß* der Gentechnologie aus *moralischen* Gründen eine Grenze zwischen Erlaubtem und

Unerlaubtem gezogen werden muß, ist für die übergroße Mehrheit der von uns Befragten Konsens und ermöglicht ihnen den Anschluß an den moralischen Charakter der öffentlichen Diskussion über die Gentechnologie. Der Unterschied zur öffentlichen Problembehandlung besteht hier eigentlich nur in zwei Punkten: Erstens wird die Grenze des moralisch Erlaubten mehrheitlich bei gentechnischen Eingriffen in die *menschliche* Keimbahn gesehen (die zugrundeliegende Ethik ist *anthropozentrisch*), und zweitens wird stärker auf das (auch moralische) *Risiko* verwiesen, das in der Nicht-Nutzung von Chancen liege, mit gentechnischen Mitteln Therapiemöglichkeiten von sonst unheilbaren Krankheiten (z.B. AIDS) aufzuspüren oder landwirtschaftlich besser nutzbare Pflanzen (für die Entwicklungsländer!) zu entwickeln.

In unserem Zusammenhang ist nun die Frage interessant, *wer* in der Gentechnologie die Grenze zwischen Erlaubtem und Unerlaubtem ziehen bzw. ihre Einhaltung kontrollieren soll, denn hier geht es gerade auch um die Frage, wie weit das *moralische* Element im Bewußtsein überlegener Eigenkompetenz bei unseren Management-Vertretern trägt.

Auch hier ist wieder nur eine kleine Gruppe der von uns Befragten der Auffassung, daß die mit der Gentechnologie befaßten Naturwissenschaftler und Forscher bereits autonom eine solche Grenzziehung vornehmen und dies auch als Kontrolle ausreicht, z.B. weil sie sowieso "pflichtbewußt" sind. Eine deutliche Mehrheit ist der Meinung, daß sie in irgendeiner Weise extern (zumindest gegenüber dem einzelnen Forscher und industriellen Anwender) vorgenommen werden muß, wobei dieses (Selbst-)Mißtrauen allerdings seltener mit den Imperativen industrieller Konkurrenz- und Verwertungsinteressen, häufiger mit dem "faustischen" Motiv einer sich eigendynamisch entgrenzenden Forschungs- und Macherlust begründet wird (auch dies ist noch Teil des moralischen Selbstbewußtseins: Die Versuchung liegt *im* Wissenschaftler selbst).

Das Spektrum der Auffassungen zu der Frage, wer das Subjekt einer solchen externen Reglementierung sein soll, ist groß. Die schwächste Form der Externalisierung der Kontrolle, die von nicht wenigen Vertretern des wissenschaftlichen Managements befürwortet wird, ist ihre Delegation an die eigene Profession, an die "Gemeinschaft der Wissenschaftler". Zu institutionalisieren wäre sie etwa in Gestalt unabhängiger "Fachkommissionen", die die Einhaltung der durch "Selbstverständigung" gefundenen Grenzen zu überwachen und sie gegen die direkt involvierten Wissenschaftler, denen hilfsweise auch ein "hippokratischer Eid für Naturwissenschaftler" abzunehmen wäre, mit bestimmten Sanktionsmöglichkeiten (z.B. Publikationsverbot) durchzusetzen hätten. Hier wird das Dilemma zwischen Kompetenz- und Heteronomiebewußtsein dadurch aufgelöst, daß die Kontrolle innerhalb der eigenen Profession verbleibt, aber gegenüber dem einzelnen Wissenschaftler/Forscher als externe Instanz auftritt.

Wieder andere greifen den Gedanken solcher institutionalisierter "Kommissionen" auf, gehen aber einen Externalisierungsschritt weiter, indem sie den prinzipiellen Vorbehalt einbringen, daß die Grenzen nicht *nur* von Wissenschaftlern festgelegt werden und die Kommissionen deshalb nicht *nur* mit ihnen besetzt sein sollten, denn

"Wissenschaftler sitzen vielfach im Elfenbeinturm ohne Kontakt zu den realen Risiken und Problemen" (Ingenieur in der Anwendungstechnik).

Gerade bei prononcierten "Pluralisten" verbindet sich der Selbstverdacht gegen den faustisch "drauflos forschenden" Naturwissenschaftler mit der Betonung der Wichtigkeit einer

"offenen Kommunikation mit Andersdenkenden, die einem Fragen stellen und Antworten abverlangen, die man sich vielleicht als Forscher selbst nicht stellen würde" (Chemiker in der Forschung).

Am häufigsten geht aber der professionelle Selbstverdacht mit der Forderung nach *staatlicher* Reglementierung einher, wobei Meinungsunterschiede eigentlich nur in der Frage bestehen, ob eine (hippokratische) Selbstverpflichtung der beteiligten Naturwissenschaftler hier noch eine nützliche ergänzende Funktion haben könne; während die einen auf

"ethische Verpflichtung und staatliche Kontrolle" setzen (Betriebsingenieur),

erklären andere - manchmal auch unter Verweis auf das Verhalten der Ärzte im Dritten Reich -:

"Den Forscher kann man so nicht bremsen; der braucht eine äußere Kontrolle, ein gesetzliches Gitter, das die Forschungen klar reglementiert" (Ingenieur im Umweltschutz).

So bestätigt auch die Frage nach der Kontrolle der Gentechnologie noch einmal das spannungsreiche Verhältnis von Kompetenz- und Heteronomiebewußtsein. In der Literatur wird die gegenwärtige öffentliche Debatte zwischen nicht-wissenschaftlichen Kritikern und wissenschaftlichen Verteidigern der Gentechnologie manchmal wie ein Gespräch zwischen Tauben und Blinden beschrieben (vgl. das fiktive, aber auf der Kompilation realer Äußerungen beruhende "Gespräch" in Freudenberg 1990, S. 5 ff.). Unsere Management-Vertreter lassen sich, wie sich zeigte, nicht einfach den Tauben oder Blinden zurechnen, obwohl sie für Unternehmen arbeiten, die in dieses Gebiet viel investiert haben und deshalb auch öffentlich heftig kritisiert werden. Trotz eines gut entwickelten Selbstbewußtseins, das auf der Grundlage anthropozentrischer Moral der Gegenseite die "Schuld des Unterlassens" vorwirft, gibt es hier auch ein moralisches Selbstmißtrauen, das - wenn auch in sehr abgestufter Weise - eine Brücke zur anderen Seite schlägt.

Der Gesellschaftsvertrag

Wir wollen jedoch nicht unterschlagen, daß es auf die Frage "Wer soll entscheiden?" auch Ansätze zu einer sehr allgemeinen und prinzipiellen Antwort gibt, die die Spannung zwischen Kompetenz- und Heteronomiebewußtsein in einem neuen Licht erscheinen läßt. Wir gehen abschließend auf sie ein, obwohl sie in elaborierter Form nur von einer Minderheit vertreten wird.

Ihr Grundgedanke besteht darin, die Gesellschaft zu einem aufgeklärten Konsens - in unseren Worten zu einer Art *"Gesellschaftsvertrag"* - über die Grenzen aufzufordern, die der industriellen Produktion und im Zusammenhang damit auch der gesellschaftlichen Konsumtion angesichts des Umweltproblems zu ziehen sind.

Ähnlich wie bei der Fokussierung der Antikritik auf die vorherrschende Lebensweise ist auch hier die Auseinandersetzung mit der externen Chemiekritik wieder ein primäres Motiv. Wir haben gesehen, daß die Außenkritik als kognitiv und moralisch unterkomplex wahrgenommen wird: Auf der einen Seite werden die Chemieprodukte gern und mit Selbstverständlichkeit konsumiert, auf der anderen Seite werden die mit ihrer Produktion verbundenen Umweltgefährdungen kritisiert.

"Die Kritiker sehen nicht die Komplexität: Wenn ich das eine nicht will, muß ich auch auf einiges andere verzichten" (Ingenieur im Umweltschutz); "wenn die Gesellschaft chemische Produkte will, geht's nicht ohne Abfallstoffe" (Chemiker-Betriebsleiter).

Der Impuls zur Selbstverteidigung produziert hier aber nicht nur ein sich abschottendes Überlegenheitsbewußtsein, sondern treibt auch den Wunsch nach gesellschaftlicher Aufklärung hervor, wobei häufig genug die Erwartung durchscheint, die Aufklärung über die notwendige Verknüpftheit bestimmter zivilisatorischer Annehmlichkeiten mit bestimmten Umweltbelastungen werde schon von selbst die Kritiker zum Schweigen bringen:

"Man müßte in der Öffentlichkeit immer wieder die Abhängigkeit der meisten Menschen von der Chemie herausstellen. Was würden wir sagen, wenn es kein Chlor mehr in der industriellen Kunststoffproduktion gäbe? Das heutige Auto gäbe es nicht" (Kaufmann im Vertrieb).

Die gesellschaftliche Mehrheit, so könnte man dieses Zitat sinngemäß ergänzen, die das wirklich in Kauf nehmen würde, möchte ich erst einmal sehen!

Hier erfolgt die Überantwortung von Entscheidungen an die Gesellschaft noch vorwiegend rhetorisch; die gewünschte Aufklärung, so die Erwartung, wird die Gesellschaft schon zur Einsicht in ihre eigene wohlverstandene Interessenlage bringen. Demgegenüber geht die folgende Äußerung schon einen Schritt weiter:

"Die Frage ist, ob der Bürger wirklich die Konsequenzen tragen will, wenn wir ad hoc aus den FCKW aussteigen, wenn also z.B. bei den Reinigungschemikalien die Ersatzstoffe teurer werden... Oder ob er z.B. im Auto Armaturen hinnehmen will, die wieder aus Pappe sind und nicht mehr aus mit FCKW aufgeschäumten Kunststoffen... Man kann die sanfte Chemie haben, muß dann aber akzeptieren, daß dann viele Produkte, die heute zum Leben und Überleben gehören, verschwinden, z.B. auch Mittel gegen tödliche Krankheiten. Ich halte die ganze Diskussion solange nicht für durchdacht, wie nicht auch die Konsequenzen durchdacht werden... Wenn die Mehrheit der Bevölkerung will, daß wir die Chlorchemie aufgeben, müssen wir das machen. Die Menschen müssen aber wissen, welche Konsequenzen das haben kann, und wenn sie dann immer noch ja sagen, dann bitteschön. Ich denke hier an die Atomkraft-Technologie: Ich halte sie für gut, aber die Bevölkerung hat anders entschieden und das muß man akzeptieren" (Ingenieur im Umweltschutz).

Aufgrund realer Erfahrungen wird hier immerhin schon die Möglichkeit ins Auge gefaßt, mit der eigenen Auffassung in die Minderheit zu geraten; gleichzeitig wird zumindest implizit auch der Anspruch aufgegeben, *alle* für die Gesamtabwägung wichtigen (insbesondere) ökologischen Parameter im Griff zu haben und selbst beurteilen zu können - ein Stück Bewußtsein eigener Außenabhängigkeit wird sichtbar. An der Forderung nach gesellschaftlicher Aufklärung über den komplexen Zusammenhang von ökologischem Schaden und gesellschaftlichem Nutzen wird festgehalten, aber eher im Sinne einer in jedem Fall zu erfüllenden Bedingung, deren Wirkung letzten Endes nicht abzusehen ist.

Für unsere Management-Vertreter gibt es zwei harte Motive, die Grenzziehung auch real an die Gesellschaft zu delegieren. Der eine Grund sind offenbar eigene Erfahrungen mit der Schwierigkeit, Kostensteigerungen, die aufgrund eines auch vom Abnehmer gewünschten verbesserten industriellen Umweltschutzes zustande gekommen sind, über den Preis an den Abnehmer weiterzugeben:

"Da fehlt in unserer Gesellschaft immer noch die Bereitschaft, einen entsprechenden Mehrpreis zu bezahlen" (Kaufmann im Vertrieb).

Hier ist es das Verhältnis von Produktpreis und ökologischem Nutzen, über das in der Gesellschaft ein aufgeklärter Konsens hergestellt werden soll, damit der industrielle Produzent nicht zunehmend in die Schere zwischen eigenen Kosten und Preiserwartungen der Abnehmer gerät.

Das zweite Motiv für den Rekurs auf den Gesellschaftsvertrag ist die Hoffnung, auf diese Weise den bisher erfahrenen und auch weiterhin absehbaren Dauerkonflikt zwischen Industrie, bestimmten Konsumenten-Gruppen und ökologischer Öffentlichkeit sozial rationalisieren zu können und dabei selbst so weit wie möglich aus der Schußlinie herauszukommen. Nur so ist die überraschende Neutralität zu erklären, mit der konstatiert wird:

"Bei den Pestiziden, bei DDT, bei der Gentechnologie sind grundsätzliche Risikoabschätzungen notwendig" (Chemiker im Umweltschutz),

oder wenn dargelegt wird:

"Man muß die gesellschaftlichen Folgen darstellen: Kohlenwasserstoffe werden auch zu Hemden, Schuhen usw. verarbeitet. Die Gesellschaft muß entscheiden, ob die Industrie beauftragt wird, neue Produktionsverfahren zu erforschen, oder ob sie hier weiterhin freie Hand behalten soll wie bisher" (Biologe im Pflanzenschutz).

Obwohl hier inhaltlich nicht näher ausgeführt wird, durch welche Mechanismen und Institutionen "die Gesellschaft" und ihre Konsensbildung repräsentiert werden soll: Interessant ist die sich hier andeutende Bereitschaft, möglicherweise auch jenseits politisch gesetzter Auflagen ein weiteres Stück eigener Autonomie abzugeben. Angesichts der ökologischen Konflikterfahrungen erklärt sich zumindest ein Teil der industriellen Akteure bereit, das eigene Handeln durch die gesellschaftliche Konsensbildung über die Grenzen industrieller Lebensweise und Zivilisation konditionieren zu lassen. Die mögliche generelle Kompromißlinie eines derartigen Konsenses, soweit er die Chemieindustrie betrifft, skizziert ein Industriekaufmann so:

"Will man keinen Rückschritt in der Welt, braucht man Chemie in vielerlei Hinsicht; die Frage ist, welche Chemiestoffe man zur Aufrechterhaltung der Lebensqualität benötigt und welche nicht. Ich bin der Meinung: So wenig Chemie wie nötig, aber wo sie sinnvoll und nötig ist, sollte sie eingesetzt werden, dann aber so sauber und umweltfreundlich wie möglich".

Der Gesellschaftsvertrag kann so zum Modell des Umgangs mit dem Umweltproblem überhaupt werden:

"Ohne gewisse Einschränkungen wird es nicht gehen, und darüber muß die Gesellschaft entscheiden" (Biologin im Pflanzenschutz); "die Frage ist letztlich, ob die Gesellschaft bzw. die Mehrheit zu einer Veränderung ihrer Präferenzen und Bedürfnisse bereit und in der Lage ist" (Ingenieur in der Anlagenplanung).

So schlägt der angestrebte Gesellschaftsvertrag für die industriellen Akteure eine Brücke über den Dualismus von Eigenkompetenz und Heteronomie: Einerseits bedeutet er die Abgabe von Entscheidungskompetenz nach außen und an einen gesellschaftlichen Mechanismus, auf den man selbst nur partiell Einfluß nehmen kann und der nach Spielregeln und Gesichtspunkten abläuft, die nur teilweise die eigenen sind; andererseits weisen sich die industriellen Akteure in diesem gesellschaftlichen Prozeß eine spezifische und - wohl nicht ganz zu Unrecht - nur von ihnen erfüllbare Teilaufgabe zu, nämliche die gesellschaftliche Aufklärung über die Verquickung von Industrie und zivilisatorischer Lebensweise.

Kommunikative Barrieren und gesellschaftliche Aufklärung

Trotzdem bleibt als Fazit: Das Selbstbewußtsein der von uns befragten industriellen Akteure, insbesondere der Naturwissenschaftler und Ingenieure, Repräsentanten einer Rationalität zu sein, die durch überlegene kognitive, moralische und Handlungskompetenz ausgezeichnet und legitimiert ist, wird durch das Bewußtsein, bei der Entfaltung dieser Kompetenzen auch außenabhängig zu sein, im Normalfall zwar begrenzt, aber nicht aufgehoben. Das Bewußtsein der bejahten Abhängigkeit von außen wird vor allem durch die Erfahrung der Politik- und Öffentlichkeitsabhängigkeit der eigenen industriell-ökologischen Handlungsmöglichkeiten genährt, wobei (was wir hier nur teilweise ausgeführt haben) auch das Wissen eine Rolle spielen dürfte, daß die allgemeine wie auch persönliche Sensibilisierung für das Umweltproblem zugleich außerberufliche Quellen hat. Aber das Selbstbewußtsein überlegener Rationalität, das die meisten der von uns Befragten charakterisiert, ist nicht nur durch ihre technisch-naturwissenschaftliche Ausbildung präformiert, sondern es konstituiert sich in der eigenen industriellen Praxis und in der Kommunikation mit der Außenkritik sozusagen täglich neu und erweitert sich hier auch zu dem Selbstbewußtsein überlegener *moralischer* Kompetenz. Es erweist sich als weitgehend immun gegenüber den Reflexivitätsunterschieden, die bei den Managementvertretern im Hinblick auf die eigene Vernunft sichtbar geworden sind (von der Frage, welche Rationalität den Außenkritikern zuzuweisen ist, bis zum Gedanken des Gesellschaftsvertrages).

Wir haben zu Anfang gesagt: In gesellschaftsübergreifenden Diskursen wie der Umweltdiskussion wird es früher oder später unvermeidbar, die "zweite Ebene" einzubeziehen, d.h. die Reflexion über die gesellschaftlich vorhandenen unterschiedlichen Wahrnehmungsweisen. Jetzt wäre hinzuzusetzen: Dies klärt nicht nur, worüber man überhaupt reden kann und worüber man lieber schweigen sollte, wenn man sich mit Chemikern oder Ingenieuren in der Chemieindustrie auf Diskussionen über das Umweltthema einläßt. Die Aufklärung über die kommunikativen Voraussetzungen *eines* sozialen Akteurs, die seine Kommunikationsprobleme und -barrieren erklärlich macht, erschließt immer auch Einsichten in die impliziten Voraussetzungen der anderen Akteure - auch derer, die hier als sozialwissenschaftliche Forscher auftraten -; sie macht problematisch, was auch diesen anderen Akteuren zunächst selbstverständlich erschien, und erweitert damit die gesellschaftlichen Kommunikationsmöglichkeiten insgesamt.

Um noch einmal zu unseren Naturwissenschaftlern, Ingenieuren und Kaufleuten in der Großchemie zurückzukehren: Erschließt ihre Antikritik, die Chemiekritiker sollten sich gefälligst nicht nur um die umweltschädliche Industrie, sondern auch um ihre eigene umweltfeindliche Lebensweise kümmern, nicht ein reales Problemfeld, so sehr diese Antikritik auch aus dem uneingestandenen Motiv der Selbstverteidigung geboren sein mag? Erzwingt die Aufklärung darüber, daß sie bei der Bewertung z.B. des FCKW-Problems einen anderen Begriff von den dabei zu berücksichtigenden Risiken haben, nicht zumindest eine neu *überdachte* und *formulierte* Begründung des Plädoyers für den sofortigen Ausstieg aus den FCKW?

Wir meinen, durch eine derartige Aufklärung über die bestehenden Kommunikationsbarrieren werden diese zwar nicht zum Verschwinden gebracht, aber durch eine wachsende Reflexivität beider Seiten werden die kommunikativen Brücken etwas breiter.

Literatur

Peter L. Berger, Thomas Luckmann: Die gesellschaftliche Konstruktion der Wirklichkeit. Frankfurt/Main 1980.

Andreas Freudenberg, Klaus Röhring, Norbert Stennes: Gentechnik - Grundwissen für den politisch-ethischen Dialog. Frankfurt/New York 1990.

Hartwig Heine: Das Verhältnis der Naturwissenschaftler und Ingenieure in der Großchemie zur ökologischen Industriekritik. In: Soziale Welt, Heft 2, 1992.

Quo vadis - Partizipatives Management?

Thomas Breisig

Im Grundsatz sind sich scheinbar alle Wissenschaftler und Praktiker, die sich zu modernen Managementstrategien äußern, einig: Neuzeitliche Unternehmensführung ohne ein erhebliches Maß an Beteiligung der arbeitenden Menschen am Unternehmensgeschehen, insbesondere an den sie unmittelbar betreffenden Entscheidungen, ist schlechthin undenkbar. Gerade auch mit der Thematisierung von Unternehmenskultur oder Unternehmensethik wird die Partizipation der Beschäftigten immer wieder als unabdingbar angesehen. Selbst in den Gewerkschaften, die sich in der Debatte um Fragen der Beteiligung bislang eher mit mahnenden Worten hervorgetan haben (vgl. z.B. Bobke 1984; Strauß-Wieczorek 1987), scheinen kritische bzw. vorsichtige Positionen heute nicht mehr mehrheitsfähig.

Das Partizipations-Paradigma wird derzeit politisch dominiert, wobei euphorische Positionen und Visionen, etwa im Sinne einer "Sozialpartnerschaft auf Hightech-Ebene", im Vordergrund stehen. Ebenso werden aber - immer noch - Stimmen laut, die "vor einer folgenreichen Fehlallokation von Aufmerksamkeit auf 'Partizipationsfragen' ... warnen" (Wiesenthal 1990, S. 35). Sie verweisen darauf, daß Partizipation nicht unbedingt ökonomisch effektiv noch emanzipatorisch erfolgreich sein muß, was die nicht immer positiven Erfahrungen mit Selbstverwaltungsprojekten oder mit der Mitbestimmung nahelegen.

Trotz aller zu beachtenden Restriktionen wäre es meines Erachtens reichlich töricht, das reale Handlungspotential partizipativer Konzepte zu verkennen. Die inzwischen vorliegenden empirischen Untersuchungen erlauben die Schlußfolgerung, daß die ursprünglichen Befürchtungen (wie Aushöhlung der kollektiven Interessenvertretung oder erhöhtes Rationalisierungsrisiko) bislang nicht eingetreten sind (vgl. z.B. Greifenstein u.a. 1992). Es gibt zweifelsohne vielfältige - auch politische - Gründe, für Partizipation oder partizipatives Management einzutreten. Zugleich ist aber zu fragen, ob die Argumentationen in der Literatur nicht etwas zu glatt, die Annahmen über Funktionsvoraussetzungen und Wirkungsmechanismen zu simpel, die maßgeblichen Begrifflichkeiten zu unklar und die empirischen Erkenntnisse noch zu defizitär sind.

Vielleicht ist es der Stachel des Nonkonformismus, der mich treibt, hier auch einige kritische Gedanken zu publizieren, die angesichts der Unternehmenskultur-Welle und der mit ihr einhergehenden Glorifizierung von Partizipation momentan nicht gerade en vogue sind. Dabei will ich vor allem die groben Schematisierungen, etwa nach dem Muster "früher der böse Taylorismus - heute das partizipative Management", auf ihren Realitätsgehalt hin analysieren. Um es aber nochmals zu betonen: Es geht mir *keineswegs* um eine politische Ablehnung oder gar Bekämpfung partizipativen Managements - im Gegenteil. Das emanzipatorische Potential auch bescheidenster, prä-partizipativer Methoden der Einbeziehung der Arbeitnehmer/innen in betriebliche Aktivitäten ist von mir selbst, aber wohl auch von einflußreichen gesellschaftlichen Kräften wie den Gewerkschaften lange unterschätzt worden.

Im folgenden will ich einige Gedanken und Thesen, die mich in der letzten Zeit beschäftigt haben, zur Diskussion stellen.

Partizipation ist doch etwas Selbstverständliches - oder?

Eine wesentliche Frage, die die Partizipations-Euphorie aufgeworfen hat, ist, ob Beteiligung in arbeitsteiligen Kooperationszusammenhängen nicht ein Selbstläufer ist und insoweit den ihr derzeit zukommenden Aufwand an Aufmerksamkeit überhaupt rechtfertigt.

Die klassischen organisationstheoretischen Modelle wie Bürokratie und Taylorismus funktionier(t)en in Wahrheit nie so schematisch, wie es das Konzept nahelegt. Noch so tayloristisch gestaltete Maschinensysteme bzw. noch so ausgefeilte Organisationspläne hinterlassen Funktionslücken, die der "positiven" und häufig spontanen Ausfüllung durch die Beschäftigten bedürfen. Aus diesen nicht zu unterschätzenden Zuarbeitserfordernissen ergeben sich Einflußmöglichkeiten am Arbeitsplatz, etwa durch Kontrolle über die Arbeitsausführung, Informationsfilterung, eigenwillige Re-definition von Arbeitsaufgaben usw. (vgl. Schimank 1986; Laville 1990, S. 127).

Jedoch spielen sich diese Kooperationen in der Sphäre des Informellen und des Verborgenen, vielleicht auch des Zufälligen (etwa in Abhängigkeit von personellen Konstellationen) ab, und darin mag dann tatsächlich ein Unterschied zum partizipativen Management bestehen. Die Beteiligung wird nicht mehr dem Zufall überlassen, sie wird, unter bewußter Anwendung personalwirtschaftlich-organisatorischer Instrumente und Überbau-Konstruktionen wie "Unternehmenskultur", offizialisiert und instrumentalisiert, eben - wie das Begriffspaar schon aussagt - "gemanagt". Partizipation ist damit keine Frage des Seins oder Nicht-Seins, sondern des ihr zukommenden organisationsoffiziellen Status, des angewandten Instrumentariums und - wahrscheinlich - des Ausmaßes.

Partizipationsforderungen haben Geschichte

In der Literatur wird nicht selten unterstellt, daß die Reflexion über partizipative Managementkonzepte etwas Neues sei. Dabei werden - selbst von kritischen Autoren/innen - relativ schematische Vergleiche zwischen früher und heute vorgenommen, die ich für diskussionsbedürftig halte:

> "Bisher versuchte das Management, diese (aus der Natur des Arbeitsvertrages resultierende, T.B.) Unsicherheit - gestützt durch das unternehmerische Direktionsrecht - über Anweisungen und Kontrolle sowie den Aufbau einer hierarchischen Unternehmensorganisation zu minimieren. Einige Gründe sprechen allerdings in jüngster Zeit für eine Neuorientierung des Umgangs mit der Arbeitskraft." (Beisheim u.a. 1991, S. 127)

Solche Betrachtungen, die implizit oder explizit im einschlägigen Schrifttum weit verbreitet sind, haben den Vorteil, zu pointieren und damit die Richtung des postulierten Wandels klar aufzuzeigen. Aber wird hier nicht vorschnell simplifiziert? Unbeachtet bleibt dabei das bereits erwähnte notwendige Maß an heimlicher und informeller Partizipation. Den meines Erachtens zu groben Vergleichen möchte ich mit einem kleinen Experiment begegnen: Aus welcher Zeit stammt wohl das folgende Zitat?

> "Der Wandel der Managementtheorie ist ... nicht nur bedingt durch die Erweiterung des Rahmens theoretischer Kapazität, die es erlaubt, mehrere Variablen gebündelt zu beachten. Das Objekt der Führungsaufgabe hat sich gewandelt: Mehr als zuvor verlangt komplexe Aufgabenstellung Innovationskapazität der Gesamtorganisation, Kooperativität, Kreativität. Die komplexe Aufgabenstellung ihrerseits erwächst ... vor allem aus instabiler, dynamischer Umwelt des Systems. Stabile Umwelten verlangen geringe Innovation, erlauben starre Aufgabenabgrenzung, hierarchisch-bürokratische, vertikale Kom-

munikation, Zentrierung der Entscheidungsaktivitäten in der Spitze der Organisation. Die Lernfähigkeit dieses Befehlsmodells jedoch ist beschränkt. Hohe Innovationsraten verlangen Variabilität der Aufgabenstellung und Verantwortungsabgrenzung, horizontale Kommunikation, beratenden Kontakt statt Befehl, egalitäre statt zentralisierte Struktur. Der bei solchen Anforderungen notwendige höhere Verpflichtungsgrad der Organisationsmitglieder in der Ausübung von Tätigkeiten (anstelle bloßer Folgeleistungen) soll erreicht werden durch 'self-direction', 'self-control', 'self-actualization' im Arbeitsprozeß ... Die Kosten geringer Motivation erweisen sich als höher als die aus der hierarchisch-bürokratischen Struktur resultierenden Gewinne. Dezentralisierung und Partizipation an Entscheidungen mittels eines 'group-system-management' sollen die notwendigen Motivationen schaffen. 'Job enlargement', Selbstkontrolle, befristete eigene Zielsetzung untergeordneter Gruppen, ermöglichen die Durchführung eines 'participative management'."

Sind das die Worte eines zeitgenössischen "Unternehmenskultur"-Vertreters, der die Visionen eines anderen Management-Ansatzes für jetzt und die Zukunft einfordert bzw. ihre Unabweisbarkeit beleuchtet? Zumindest könnten sie es ohne weiteres sein.

Tatsächlich ist das Zitat aber nunmehr 20 Jahre alt und stammt von Gronemeyer (1973, S. 57f.). Bereits in den sechziger Jahren hat z.B. der Soziologe Hans Paul Bahrdt (1966) eine "Krise der Hierarchie" beschworen und einen "Wandel der Kooperationsformen" konstatiert bzw. als naheliegende Reaktion auf Umweltveränderungen angesehen.

Ab dieser Zeit wurden auch in vielen deutschen Unternehmen schriftlich fixierte *Führungsgrundsätze* eingeführt, die eine Beteiligung des arbeitenden Menschen an ihn unmittelbar betreffenden betrieblichen Entscheidungen proklamierten (Breisig 1987, S. 257f.). "Auf der Seite der Mitarbeiter", stellte der Ausschuß für Soziale Betriebsgestaltung bei der Bundesvereinigung der Deutschen Arbeitgeberverbände schon im Jahr 1970 (S. 1) fest, "ist der Wunsch, in einem möglichst selbständigen Wirkungsbereich Verantwortung zu übernehmen, infolge der veränderten, selbstbewußteren Haltung größer als früher", was nach seiner Auffassung einen Wandel im Sinne einer stärkeren Delegation von Aufgaben, Befugnissen und Verantwortung nach sich ziehen sollte.

Sind mit diesen Feststellungen die Unternehmenskultur-Apologeten als Scharlatane enttarnt, die uns längst etablierte und altbewährte Kooperationsmuster nunmehr unter neuem Label verkaufen wollen? So zu argumentieren wäre sicherlich ebenso verkürzt, wie es die groben Vergleiche der oben skizzierten Art sind.

Die Probleme, die auf der Managementseite zur Ableitung von Partizipationserfordernissen führen und geführt haben, sind als solche nicht neu. Erscheinungen der Marktsättigung mit der Konsequenz zurückgehender Nachfrage bzw. sich ausdifferenzierender Kundenwünsche, Produktdiversifikation, sich verändernde Aufgabenstrukturen, erhöhte Flexibilitäts- und Innovationserfordernisse, Implikationen immer kürzer werdender Intervalle des technischen Fortschritts, Komplexität, beständig steigende Informationsbedarfe, gesellschaftliche Autoritäts- und Hierarchiekritik, Beteiligungsforderungen sowie Motivations- und Identifikationsdefizite seitens der Beschäftigten wurden in den sechziger und siebziger Jahren ebenso problematisiert wie heute (ausführlich Breisig 1987, S. 221ff.).

Weitgehend blieb man jedoch auf der Stufe der Problematisierung stecken, was sich auch in der Art des Instrumentariums zeigt, das als angemessene Reaktion auf die sich verändernden Bedingungen betrachtet wurde. Unverbindliche Dokumentationen mit plakativem, proklamatorischem und legitimatorischem Anstrich ohne Umsetzungsautomatik hatten Hochkonjunktur. Dazu gehörten in erster Linie die schriftlichen Führungsgrundsätze mit Aufforderungscharakter an die Vorgesetzten, einen kooperativen Führungsstil zu praktizieren, ihre Mitarbeiter/innen an anstehenden Entscheidungen zu beteiligen, gute Leistungen ausdrücklich zu loben usw. Auch die Sozialbilanz-Initiativen der siebziger Jahre fügten sich nahtlos in diese Linie zwangloser Absichtserklärungen bzw. *Public relations*-Maßnahmen. Was (noch) fehlte, war die zwingende Unmittelbarkeit des Wandels. Der faktischen Kraft des Normativen waren deutliche Grenzen gesetzt, die sich aus den starken Beharrungskräften bürokratisch-hierarchischer Systeme, mitunter aber auch aus letztendlich fehlendem Veränderungswillen im Top-Management ergaben.

Stärker an den realen Prozessen orientierte Konzeptionen wie Organisationsentwicklung und Arbeitsgestaltungsansätze wie *Job enrichment* oder *teilautonome Arbeitsgruppen* sind kaum über das Experimentier-Stadium hinausgelangt. Ihnen kam in den Sozialwissenschaften - nicht zuletzt vom großangelegten Forschungsprogramm der sozial-liberalen Regierung zur Humanisierung des Arbeitslebens befördert - eine über Gebühr hohe Aufmerksamkeit zu. Viele dieser Projekte hätten ohne öffentliche Förderungsmittel wohl niemals stattgefunden, und nach Auslaufen der staatlichen Finanzierung wurden sie auch überwiegend eingestellt.

Ausgangs der siebziger Jahre war die Bilanz ernüchternd. Die gerade auch in linken Kreisen gehegten Erwartungen, die sozio-ökonomischen Veränderungen induzierten einen realen Partizipationsschub und ein Zugehen auf menschliche Selbstverwirklichungsbedürfnisse, wurden jäh enttäuscht. Der papierne Ruf nach kooperativer Führung blieb weitgehend Lippenbekenntnis, Organisationsentwicklung und Humanisierung der Arbeit entpuppten sich als Strohfeuer anstatt der erhofften Initialzündung.

Die Vorboten eines "echten" Wandels waren in meiner Wahrnehmung erst die meist als Qualitätszirkel bezeichneten Gruppenkonzepte, die ab den späten siebziger und im Laufe der achtziger Jahre immer mehr Verbreitung in den industriellen Kernsektoren gefunden haben. Mit dem Gespenst Japan im Rücken hat der Druck der Probleme im wirtschaftlichen und gesellschaftlichen Umfeld erst jetzt ein solches Maß an Entfaltung erreicht, daß *reale* Veränderungen unabweisbar waren. Im Gegensatz etwa zu den Führungsgrundsätzen haben die großenteils sehr erfolgreich angewandten Qualitätszirkel mehr zu bieten als verbale Versprechungen. Partizipation wird nicht bloß proklamiert, sondern institutionalisiert und damit auf den Erlebnisbereich der Beschäftigten herunterbuchstabiert. Sie wird greifbar und erfahrbar.

Die anhaltende Anwendung von Gruppenkonzepten hat dazu geführt, daß partizipative Ansätze heute in vielen Unternehmen wie selbstverständlich zum personalwirtschaftlichen Instrumentarium gehören. Vielfach haben sie sich gar "nur" als Zwischenstufe auf dem Weg zu Arbeits- und Produktionsstrukturen erwiesen (vgl. die aktuelle Debatte über *Lean Production*), in deren Mittelpunkt der (zumindest perspektivische) Übergang zu teilautonomer Gruppenarbeit steht.

Die Tatsache der festen Verankerung im Spektrum der real praktizierten Instrumente über einen erheblichen Zeitraum hat dann auch auf der Mikroebene im Bereich horizontaler und vertikaler Kooperationen und besonders im Verhältnis zwischen Vorgesetzten und Untergebenen signifikante Wandlungen nach sich gezogen. In einem eigenen Forschungsprojekt habe ich feststellen können, daß es nach übereinstimmender Wahrnehmung der Befragten aus Unternehmen mit längerer Qualitätszirkel-Erfahrung im Zuge der Gruppenarbeit zu praktischen Veränderungen hinsichtlich des Führungsstils kommt. Während papierne Führungsgrundsätze und ergänzende Führungskräfteschulungen in der Praxis wenig bewegt haben, geht von den Gruppenaktivitäten offenbar ein viel stärkerer Veränderungsdruck auf die Vorgesetzten aus. Man ist eher gehalten, miteinander zu kommunizieren; der Umgang wird freundlicher. Viele Beschäftigte, die erst im Zirkel erste Partizipationskompetenzen erlangen konnten, treten den Vorgesetzten mit größerem Selbstbewußtsein entgegen (Breisig 1990b, S. 97f.; Greifenstein u.a. 1992, S. 253).

Partizipation ist auch eine Frage der Form

Soweit ein kleiner Rückblick und meine sehr persönliche Deutung des aktuellen Standes um partizipatives Management. Nicht zuletzt zum Zwecke der Versachlichung der Diskussion, was neben Worthülsen und inhaltsleeren Proklamationen denn an der Unternehmenskultur "dran" ist, möchte ich einige Gedanken über diverse Partizipationsformen anfügen.

Offenbar bin ich nicht der erste, für den eine begriffliche Spezifizierung von Partizipation ein "hoffnungsloses Unterfangen" ist (vgl. schon Wächter 1984, S. 309). Der Terminus erscheint durch inflationären Gebrauch und inhaltliche Diffusität so stark abgenutzt, daß er als sozialwissenschaftliche Kategorie kaum noch taugt. Jedoch - das nur am Rande - läßt sich mit ihm nach wie vor trefflich Politik machen.

Um aber in der Sache voranzukommen, Funktionsvoraussetzungen, Wirkungsmechanismen, Anwendungseffizienzen, Risiken und Chancen für die Betroffenen besser abschätzen und diskutieren zu können, ist es meines Erachtens erforderlich, das Ideengebäude Partizipation bzw. partizipatives Management herunterzubuchstabieren auf konkrete Ausprägungsformen. In der sozialwissenschaftlichen Literatur werden durchaus Strukturierungsangebote gemacht, die Aufmerksamkeit verdienen.

Im Rahmen von recht groben Schematisierungen werden etwa *direkte (individuelle)* von *indirekten (repräsentativen)* Beteiligungsformen z.B. über Gewerkschaften oder Betriebsräte unterschieden (Kappler 1987, Sp. 1632). Auf der Ebene der Entscheidungsfindung läßt sich die Partizipation *am Arbeitsplatz* auf der Ebene des *einzelnen Betriebes*, des *gesamten Unternehmens* und auf *überbetrieblicher Ebene* voneinander abgrenzen (Oechsler 1988, S. 160).

Eine damit korrespondierende und häufig benutzte Differenzierung unterscheidet zwischen *Basispartizipation* und *Leitungspartizipation*. Basispartizipation findet am Arbeitsplatz statt und umfaßt neue Formen der Arbeitsgestaltung (z.B. Job Enrichment), Kleingruppenkonzepte (z.B. Qualitätszirkel, Lernstatt, teilautonome Arbeitsgruppen) sowie die Anwendung kooperativer Personalführungsstile, indem "sich der Vorgesetzte mit seinen Mitarbeitern abstimmt, sie um Vorschläge ersucht und diese auch ernsthaft in Betracht zieht, bevor eine Entscheidung getroffen wird" (Schanz 1992, Sp. 1904). Leitungspartizipation ist dadurch gekennzeichnet, daß die "interne Organisation der Firma direkt mit in die Partizipationsstruktur" einbezogen ist, sei es formell oder auf informellem Wege (Backhaus 1979, S. 203). Beispiele sind die institutionalisierten Mitbestimmungsmöglichkeiten über Betriebsräte oder auch Beteiligungsgremien in partnerschaftlich geführten Unternehmen wie (früher) Porst oder Opel-Hoppmann (Schanz 1992, Sp. 1904f.).

Neben solchen ebenenbezogenen Ansätzen finden sich in der Literatur auch Typologisierungsversuche, die Partizipationsmuster oder -intensitäten zu umschreiben versuchen. In einem älteren, an den Motiven zur Partizipationsgewährung ansetzenden Konzept von Kirsch u.a. (1979) wird danach unterschieden, ob es in erster Linie um die Berücksichtigung der Werte und Bedürfnisse der Partizipierenden und/oder um die Aktivierung ihrer Kenntnisse und Fähigkeiten zum Zwecke der Verbesserung von Entscheidungsqualitäten geht.

Demnach liegt *Pseudo-Partizipation* vor, "wenn es weder um Werte bzw. Bedürfnisse noch um das Wissen der Partizipienten geht, die Partizipation nur einer Verbesserung der zwischenmenschlichen Beziehungen dient und man hofft, daß sich die Partizipienten anschließend mit der Führungsentscheidung ohnehin identifizieren." Beteiligung im Sinne einer *Human-Resources-Strategie* sehen Kirsch u.a. dann als gegeben an, "wenn man durch Eröffnung von Partizipationschancen das Wissenspotential der Geführten mobilisieren möchte, während man deren Werte und Bedürfnisse andererseits als Einflußfaktor auszuklammern trachtet."

Partizipation als *Social-Values-Strategie* liegt vor, "wenn man die Geführten (oder ihre Repräsentanten) an Entscheidungen beteiligt, weil ihre Werte bzw. Bedürfnisse berücksichtigt werden sollen". Schließlich hat man es mit *authentischer Partizipation* zu tun, "wenn man Partizipationschancen eröffnet, um sowohl eine Artikulation und Berücksichtigung der Bedürfnisse und Werte als auch eine Mobilisierung des Wissens der Geführten zu ermöglichen" (Kirsch u.a. 1979, S. 298f.).

Diese Typologie mag zu analytischen Zwecken oder zur Ideologiekritik ganz hilfreich sein, unter praxeologischen Gesichtspunkten führt sie nicht weiter. Daß Manager unter den Bedingungen kapitalistischen Wirtschaftens bereit sind, authentische Partizipation und erst recht Beteiligung als Social-Values-Strategie zu gewähren, ist bestenfalls für ganz wenige Ausnahmefälle zu erwarten. Außerdem ist die Frage nach dem Motiv zweitrangig, wenn Beteiligung zu realen Verbesserungen der Arbeitssituation führt. Das Management verfolgt partizipative Ansätze als Human-Resources- und nicht als Social-Values-Strategie - so what?!

Ich halte es für hilfreicher zu fragen, aus welchen konkreten Aktivitäten partizipative Prozesse bestehen, in meiner Wahrnehmung eine stark vernachlässigte Optik bei den Typologisierungsversuchen.

Häufig wird Partizipation auf die reine Teilhabe am Treffen von Entscheidungen reduziert. Streng genommen müssen dann viele konkrete Ausprägungsformen aus dem instrumentellen Spektrum gestrichen werden. Qualitätszirkel präsentieren in der Regel ihre Vorschläge an das Management, das über die Umsetzung befindet. Kooperative Führung rüttelt nicht an der alleinigen Entscheidungskompetenz der/des Vorgesetzten, weshalb sie sich trefflich ideologiekritisch auseinandernehmen läßt (Breisig 1987). Aber führt es weiter, wenn nachher nur die Mitbestimmung durch den Betriebsrat - und das nur in inhaltlich eng abgesteckten Bereichen - als "echte" Partizipation übrigbleibt?

De Jong (1975) hat in einem älteren Ansatz den Versuch unternommen, auch prä-dezisionale Aktivitäten unter Partizipationsprozesse zu subsumieren. Dabei unterscheidet er die folgenden Stufen:

"(1) Die Initiative. Bestimmte Personen oder Gremien können berechtigt sein, Gegenstände zur Sprache zu bringen oder wenigstens Vorschläge dazu zu machen.
(2) Die Formulierung des Problems. Man kann das Recht (bzw. die Aufgabe) haben, Probleme zu formulieren und dabei Zielsetzungen und Randbedingungen festzusetzen.
(3) Die Bereitstellung von Unterlagen. Man kann berechtigt sein, sich Unterlagen zu verschaffen.
(4) Analyse und Integration der Unterlagen und Schlüsse ziehen. Man kann befugt sein, aus den verfügbaren Informationen Schlüsse zu ziehen (gegebenenfalls und vorzugsweise mit Alternativen).
(5) Meinung. Man kann berechtigt sein, hinsichtlich der Ergebnisse der vorangehenden Stufen Meinungsvorschläge zu machen (gewöhnlich mit dem Recht, von den vorhandenen Unterlagen und darauf basierenden Schlüssen Kenntnis zu nehmen). Eine solche Meinung kann gewissermaßen für die letzte Stufe des Entscheidungsprozesses verbindlich sein" (de Jong 1975, S. 121f.).

Erst als letzte Stufe sieht de Jong die eigentliche Entscheidung vor.

Auch post-dezisionale Komponenten werden schließlich in einer weiteren Differenzierung berücksichtigt, die am Zeitpunkt ansetzt, an dem die Partizipanten in Entscheidungsprozesse eingreifen (Greifenstein u.a. 1990, S. 607). Danach kann man zwischen *Korrektur- und Konzeptions-Partizipation* differenzieren. Konzeptionspartizipation setzt bereits in der Planungsphase z.B. von technisch-organisatorischen Veränderungen an (Beispiel: die Arbeit von Projektgruppen). Diese Form der vorgeschalteten Beteiligung ist in der Regel sehr zeit- und kostenintensiv. Ihr Vorteil liegt darin, daß das Know-how der Partizipanten eher für eine Verbesserung der Entscheidungsqualität nutzbar gemacht werden kann, daß mit höherer Akzeptanz zu rechnen ist und daß die Beteiligung zu einem Zeitpunkt einsetzt, bei dem die potentiellen Entscheidungsspielräume noch relativ groß sind.

Bei der Korrekturpartizipation ist die Entscheidung im Prinzip schon getroffen und realisiert. Angesichts personeller, zeitlicher und kostenmäßiger Restriktionen und der in vielen Fällen zu bewältigenden Komplexität greifen Beteiligungsmechanismen häufig erst ex post. Die Korrekturpartizipation setzt an den verbliebenen Gestaltungsspielräumen an; es geht um die Aus- und ggf. Umgestaltung eines im Grunde schon bestehenden Zustandes. "Als Reaktion auf bereits beschlossene und zum Teil eingeführte Innovationen konzentriert sich das Partizipationshandeln auf die 'sozialverträgliche', d.h. an Arbeitnehmerinteressen orientierte Modifikation technischorganisatorischer Neuerungen" (Greifenstein u.a. 1992, S. 30). Die Korrekturpartizipation stößt zwar aufgrund der schon gefallenen Basisentscheidungen immer wieder an Grenzen, jedoch ist das kein Grund, sie in ihrer Bedeutung und Reichweite geringzuschätzen - gerade in Zusammenhang mit dem sich derzeit abzeichnenden Verlauf der technologischen Entwicklungen.

Da Maschinen gewissermaßen autistisch, von ihrer Umwelt abgeschlossen sind, müssen die Konstrukteure alle möglichen Störungen und Irritationen kennen bzw. antizipieren und sie bei der Gestaltung entsprechend berücksichtigen. Die gängigen Erfahrungen z.B. mit flexiblen Fertigungssystemen zeigen aber, daß "auch der penibelst ausgearbeitete und optimierte Plan schon nach wenigen Stunden von den wirklichen Fertigungsabläufen überholt ist" (Brödner 1986, S. 83).

Je komplexer die Anlagen, desto unwahrscheinlicher wird das Vorhersehen aller möglichen Störungen und desto größer wird die Notwendigkeit, während der Systementwicklung wie auch im Rahmen der Systemanwendung auf die Kenntnisse und Erfahrungen der Beschäftigten zum Zwecke der Aus- bzw. Umgestaltung zurückzugreifen. Maschinisierung hinterläßt Funktionslücken, die nur durch "positive" Einbringung der menschlichen Subjektivität zu schließen sind.

Innerhalb gewisser Grenzen verwischt die Differenzierung von Korrektur- und Konzeptionspartizipation, was zugleich eine Grundproblematik des oft ausgesprochen statisch verstandenen Begriffes "Entscheidung" transparent macht, wie er z.B. in der entscheidungsorientierten Betriebswirtschaftslehre zugrunde gelegt wird. Die Kritik an einer getroffenen Entscheidung, die Formulierung und Thematisierung eines oder mehrerer Probleme, das Unterbreiten konkreter Verbesserungsvorschläge ist mühelos auch als erster Schritt zur Revision und zur Veränderung zu deuten, zumal dann, wenn die Machtgrundlagen der Partizipanten etwa aufgrund ihres Expertenwissens als eher hoch zu veranschlagen sind. Die Vorstellung von "der" Entscheidung ist dann aufzugeben zugunsten von ganzen Ketten ineinandergreifender und interdependenter Entscheidungssequenzen. Post-dezisionale Aktivitäten von Entscheidung A können dann in einem prä-dezisionale Aktivitäten von Entscheidung B sein usw. Jedoch muß ich konzedieren, daß dieses Modell der Dynamisierung von Entscheidungen nur in gewissen Grenzen (z.B. in Abhängigkeit von Investitionshöhen) zutrifft. Wenn z.B. eine "millionenschwere" Anlage eingeführt worden ist, kann wohl nicht davon ausgegangen werden, daß diese Grundsatzentscheidung sich bei Kritik als ohne weiteres revidierbar entwickelt.

Für mich sind aus den genannten Gründen gerade unter den Randbedingungen von "Neuen Produktionskonzepten", "Systemischer Rationalisierung", "Lean Production" usw. auch Formen der Korrekturpartizipation eine hervorragende Chance der Untergebenen, selbst bei prinzipiell unveränderten Herrschaftsverhältnissen Revisionen von Entscheidungen herbeiführen zu können.

Auch wenn der Partizipationsgrad bei Konzeptionspartizipation unbestritten höher ist und man auf der Ebene theoretischer Reflexion gar nicht umhin kann, nur diesen Typus mit Attributen wie "echt" oder "authentisch" zu versehen: Bei nüchterner Analyse und im Augenschein "der Realitäten" sind seine Anwendungsspielräume indessen begrenzt. Das Dilemma der Konzeptionspartizipation sehe ich vor allem darin, daß sie hoch mit dem Typus der Leitungspartizipation und der Partizipation auf betrieblicher Ebene korreliert, während in der Praxis sich der Trend infolge von Individualisierungs-, Flexibilisierungs- und Dezentralisierungstendenzen aber eindeutig der Basispartizipation zuneigt. Die Mitbestimmung des Betriebsrats als wirksamste Form von Konzeptionspartizipation hat(te) ihre Blütezeit in der Epoche der industriellen Massenproduktion, bei der sich viele Sachverhalte auf betrieblicher Ebene etwa in Verhandlung mit einer zentralisierten Personalabteilung regulieren ließen (Oechsler 1993).

Konzeptionspartizipation in dezentral konfigurierten Systemen ließe sich institutionell in Form von Projektgruppen organisieren. Viele Eindrücke und Befunde aus der Praxis sprechen auch für eine Intensivierung des Projektmanagements.

Gleichwohl zeigt das Beispiel der Benutzerbeteiligung die Grenzen dieser Partizipationsform für die betroffenen Arbeitnehmer/innen auf. Die Artikulations- und Qualifikationsvorsprünge der EDV- und Orga-Experten und die Dominanz ihrer Fachsprache bewirken häufig eine Degradierung der Benutzervertreter/innen zu Statisten mit reiner Alibifunktion. Zudem reicht der lange Arm der Hierarchie in der Regel weit in die Projektgruppen-Arbeit hinein, indem Managementvorgaben oder -anforderungen als verbindliche Auflage für die zu entwickelnden Systemlösungen einfließen (Breisig 1990a, S. 155ff.). Aus der vermeintlichen konzeptionellen Beteiligung bleibt unter diesen Bedingungen lediglich eine korrektive Tätigkeit übrig.

Blickt man "den Realitäten" ins Gesicht, dann tangieren Formen der Konzeptionspartizipation zwangsläufig und unmittelbar das unternehmerische Direktionsrecht und stoßen daher schwerlich auf Akzeptanz. Überlegungen, etwa über prozeßbezogene Regelungen im Rahmen von Tarifverträgen voranzukommen (Oechsler 1993), sind als Visionen und Entwicklungsmöglichkeiten natürlich weiterzuverfolgen. Mittelfristig sehe ich aber ungleich größere Chancen auf der Ebene der Korrekturpartizipation, die für das Management funktional notwendig und in ihrem Handlungspotential für die Beschäftigten sowie in ihrer Variantenvielfalt keineswegs ausgereizt ist. Die Gruppenkonzepte wie Qualitätszirkel bildeten die Vorhut; was folgen muß, ist eine Stärkung der institutionellen Möglichkeiten individueller Beteiligung auch außerhalb von Teams.

Ich möchte noch einmal auf das Spektrum prä- bzw. post-dezisionaler Aktivitäten zurückkommen, wie es de Jong (1975) schon in den 70er Jahren formuliert hat. Die Position der Beschäftigten muß gestärkt werden, damit sie - ohne Furcht von Repressionen - wie selbstverständlich in die Lage versetzt werden, Meinungen zu äußern, wahrgenommene Probleme zu thematisieren, Initiativen zu ergreifen, Informationen einzuholen, Unterlagen zu beschaffen und zu analysieren, Vorschläge zu unterbreiten usw. Die Erfahrung mit unverbindlichen Führungsgrundsätzen bzw. greifbaren und wahrnehmbaren Gruppenkonzepten lehrt, daß eine Institutionalisierung unumgänglich ist, um dem Partizipationsgedanken auch Durchschlagskraft und Wirksamkeit zu verleihen. Das geltende Betriebsverfassungsgesetz (BetrVG) enthält durchaus solche Institutionen, die aber bislang unter der Dominanz kollektiver Mitbestimmungsregelungen kaum zur Entfaltung gekommen sind. Zu diesen chronisch unterbelichteten Varianten der Korrekturpartizipation, die sogar über den "Luxus" einer gesetzlichen Grundlage verfügen, will ich abschließend noch einige Überlegungen anstellen.

Betriebsverfassungsrechtliche Formen individueller Korrekturpartizipation

Das 1972 novellierte BetrVG enthält im Gegensatz zu seinen Vorläufern erstmals neben Rechten und Pflichten von Arbeitgeber, Betriebsrat und Gewerkschaft auch Rechte der einzelnen Arbeitnehmer/innen zur Stärkung ihrer Rechtsstellung. Der Gesetzgeber hat den Individualrechten immerhin einen ganzen Unterabschnitt des Gesetzes mit den §§ 81-86 gewidmet. Zur Begründung wurde angeführt, "daß trotz der umfassenden Interessenvertretung der Arbeitnehmerschaft durch den Betriebsrat beim einzelnen Arbeitnehmer, insbesondere in größeren Betrieben, vielfach das Gefühl einer bloßen Objektstellung weiterbesteht" (aus der Begründung zum Regierungsentwurf zu § 81; vgl. Bundestags-Drucksache VI/1786, S. 47).

Bezüglich der hier in Rede stehenden Partizipations-Problematik erscheinen insbesondere die folgenden Rechtsgrundlagen relevant:

Nach § 81 hat der Arbeitgeber die Beschäftigten über ihre Aufgabe und Verantwortung sowie die Art der Tätigkeit und die Einordnung in den Betriebsablauf zu unterrichten. In der Novellierung von 1989 wurde ein dritter Absatz hinzugefügt, der die umfassende Unterrichtung der Arbeitnehmerin/des Arbeitnehmers über technologische Änderungen und die Erörterung der qualifikatorischen Auswirkungen vorschreibt. In seinen aktuellen Überlegungen zur Reform des Arbeitsrechts folgert Oechsler (1993):

"Hier könnten sich schlüssig Mitbestimmungsrechte des einzelnen Arbeitnehmers über Qualifizierungsmaßnahmen, Arbeitsgestaltungsmaßnahmen und einen möglichen Arbeitsplatzwechsel anschließen. Dabei könnte so verfahren werden, daß der Betriebsrat hinzugezogen werden kann, wie es bisher auch schon üblich ist."

Über die Unterrichtungsrechte hinaus haben die Beschäftigten nach § 82 Abs. 1 das Recht, in den sie betreffenden betrieblichen Angelegenheiten gehört zu werden. Sie sind zudem berechtigt, zu Maßnahmen des Arbeitgebers Stellung zu beziehen und Vorschläge für die Gestaltung des Arbeitsplatzes und des Arbeitsablaufs zu machen.

In den §§ 84-86 sind die individuellen Beschwerderechte der Arbeitnehmer/innen geregelt.
Nach § 84 kann sich der/die Betroffene bei den "zuständigen Stellen des Betriebs" beschweren, wenn sie/er sich vom Arbeitgeber oder von anderen

Arbeitnehmer/innen des Betriebs beeinträchtigt fühlt, ohne daß ihr/ihm daraus Nachteile entstehen dürfen.

Gemäß § 85 kann er/sie sich auch mit einer Beschwerde an den Betriebsrat wenden. Der Betriebsrat hat, falls er die Beschwerde als berechtigt erachtet, mit dem Arbeitgeber darüber zu verhandeln. Kommt keine Einigung zustande, entscheidet die Einigungsstelle, es sei denn, Beschwerdegegenstand ist ein individueller Rechtsanspruch (z.B. aus Gesetzen, Tarifverträgen oder Betriebsvereinbarungen).

§ 86 eröffnet die Möglichkeit, Einzelheiten des Beschwerdeverfahrens durch Tarifvertrag oder Betriebsvereinbarung zu regeln.

Das gesamte Spektrum an prä- bzw. post-dezisionalen Aktivitäten, das de Jong (1975) beschrieben hat, ist damit eigentlich vom BetrVG abgedeckt. Die Arbeitnehmer/innen sind quasi vom Gesetzgeber ermächtigt, sich Informationen einzuholen (was sogar im Gesetz als Pflicht des Arbeitgebers formuliert ist), Initiativen zu ergreifen, Probleme zu formulieren, Meinungen zu äußern, Kritik zu üben, Entscheidungen zu reklamieren, Vorschläge zu entwickeln usw. Das Problem ist nur, daß die Individualrechte nach §§ 81-86 praktisch bislang kaum in Erscheinung getreten sind. Das hängt natürlich damit zusammen, daß die Individualrechte im 1972er BetrVG gerade vor dem Hintergrund der historischen Entwicklung und des etablierten Systems der industriellen Beziehungen eine Art "konzeptioneller Fremdkörper" waren und bis heute geblieben sind. Interessenvertretung wird immer noch mit den Aktivitäten des Betriebsrates gleichgesetzt. Das zeigt sich besonders deutlich an den Beschwerderechten. Nach allen vorliegenden Informationen spielen die offiziellen gesetzlichen Beschwerdemöglichkeiten in der Praxis kaum eine Rolle. Ihre Bedeutung ist offenbar so gering, daß sich in Deutschland in den letzten 30 Jahren meines Wissens kein/e Forscher/in mit dieser Thematik intensiver auseinandergesetzt hat. In völligem Kontrast zur deutschen Situation spielen in den USA die - tarifvertraglich vereinbarten oder unilateral vom Arbeitgeber "gewährten" - Beschwerdeverfahren ("grievance procedures" oder "complaint procedures") eine hervorragende Rolle bei der Regulierung der industriellen Konflikte.

Geht man davon aus, daß Beschwerden eine arbeitsalltägliche Erscheinung sind, so ist zu vermuten, daß sie im deutschen System über andere "Kanäle" als formalisierte Beschwerdeverfahren abgewickelt werden (insbesondere über das - in den USA nicht existierende - System der kodifizierten Mitbestimmung). Es gibt in Deutschland offensichtlich funktionale Äquivalente, die die betriebsverfassungsrechtlichen Beschwerdeverfahren zur Randerscheinung geraten lassen. Die Tätigkeit der Betriebsräte wirkt als Pendant der Konfliktartikulation und -lösung via Beschwerdeverfahren, wie wir sie im amerikanischen System finden. Selbstverständlich entstehen hüben wie drüben arbeitsalltäglich Konfliktanlässe und damit potentielle Beschwerdegründe seitens der Arbeitnehmer/innen. Im deutschen System werden aber die Problemlösungsprozeduren überwiegend von den einzelnen Belegschaftsmitgliedern abgekoppelt. Konflikte, Beschwerden und Anregungen werden vom Betriebsrat und zum Teil von den gewerkschaftlichen Vertrauensleuten gebündelt und über betriebsverfassungsrechtliche Mitbestimmungs- und Mitwirkungsrechte an den Arbeitgeber herangetragen. Dieses mir für das deutsche System typisch erscheinende Muster hat kürzlich wieder die Untersuchung von Kühnlein/Paul-Kohlhoff (1991) über Weiterbildung in der chemischen Industrie ergeben. Wenn die Betriebsräte Mitsprache über die Gestaltung von Weiterbildungsprogrammen reklamieren, dann kommt es ihnen darauf an, Forderungen, die aus der Belegschaft an sie herangetragen werden, zur Durchsetzung zu verhelfen.

Dadurch wird wahrscheinlich eine effektivierende Wirkung erzielt: es wird zusammengefaßt und vorsortiert. Die Interessenvertretung hat die Möglichkeit, Interessen unterschiedlich zu gewichten, Partikularinteressen gegeneinander abzuwägen und verhandlungsfähige Kompromißformeln zu entwickeln.

Diese Standardpraktiken können aber meines Erachtens nur in zentralisierten Systemen befriedigend funktionieren. Je mehr sich Dezentralisierungs- und Flexibilisierungstendenzen ausweiten, desto stärker gerät die repräsentative Partizipation an ihre Kapazitätsgrenze. Hier deutet sich ein Veränderungsbedarf sehr grundsätzlicher Art an.

Will man in der Partizipationsfrage weiterkommen, so sind bloße Proklamationen nicht genug. Es bedarf konkreter und greifbarer Institutionen. Das BetrVG bietet mit seinen Individualrechten genügend Ansatzpunkte für die dauerhafte Etablierung von Foren der Korrekturpartizipation, die aber von den Akteuren aufgrund der traditionellen und systemimmanenten

Dominanz der kollektiven Mitbestimmung kaum wahrgenommen, geschweige denn genutzt wurden. Diese Foren gilt es zu stärken und zu konkretisieren. Dies könnte etwa über die Institutionalisierung von regelmäßigen Zusammenkünften (Abteilungsbesprechungen, Mitarbeiter/innen-Gespräche), Mitarbeiter/innen-Befragungen oder auch über die Schaffung und Förderung "gemeinsamer" Bearbeitungsverfahren für individuelle Beschwerden im Sinne von § 86 BetrVG bewerkstelligt werden - selbstverständlich in Einklang mit den geschriebenen und eingespielten Regelungen der kollektiven Mitbestimmung unter aktiver Einbeziehung der Betriebsräte auf übergeordneter Ebene.

Ansätze für eine allmähliche Umorientierung in diese Richtung zeichnen sich ab. So enthält z.B. das IG Metall-Konzept "Tarifreform 2000" die Forderung nach Ausbau individueller Reklamations- und Beschwerderechte (Lang/Meine 1991, S. 159).

Auch wenn es sich - um bei den Beschwerderechten zu bleiben - "nur" um eine klassische Variante von Korrekturpartizipation handelt; die Erfahrungen aus den USA deuten darauf hin, daß man mit diesem Instrument wirksame Interessenvertretung auf der Arbeitsplatzebene unter aktiver Beteiligung der Betroffenen betreiben kann (vgl. die empirischen Untersuchungen von Kuhn 1961 zum sogenannten "fractional bargaining"). Kuhn verdichtet seine Erkenntnisse in der These, daß

"... the grievance process has evolved from a policing procedure for worker protection into a means for on-the-job joint determination of work conditions" (Kuhn 1967, S. 261).

Dabei gelingt es - stets in Abhängigkeit von der aktuellen Durchsetzungsmacht - einzelnen Arbeitsgruppen sogar, das den Beschwerdeverfahren inhärente Prinzip der Korrekturpartizipation in Richtung Konzeptionspartizipation zu überwinden:

"Since the formal grievance procedure usually does not allow for discussions and hearings before managers act, workers and stewards must seek such consideration informally or under the guise of a grievance about a past action" (Kuhn 1967, S. 258).

Selbstverständlich lassen sich solche Erkenntnisse nur bedingt übertragen, zumal sich die dahinterstehenden Systeme der industriellen Beziehungen in den USA und in der Bundesrepublik Deutschland beträchtlich voneinander unterscheiden. Gleichwohl vermögen sie zu exemplifizieren, welche mikropolitischen Dynamiken selbst in bescheidenen Formen der Korrekturpartizipation stecken.

Wichtig ist zunächst, daß sich im Rahmen institutionalisierter und damit erlebbarer Foren Partizipationsbedürfnisse und -kompetenzen entwickeln (können). Ich schließe mich voll der Auffassung von Greifenstein u.a. (1992, S. 37) an, wenn sie sagen:

"Wenn die empirischen Befunde zum Arbeitermitspracherecht in Frankreich und unsere eigenen Erhebungen zur Beteiligungspraxis bei technisch-organisatorischen Innovationen belegen, daß die Arbeitnehmer auf Dauer nicht mitreden wollen, ohne tatsächlich etwas zu sagen zu haben, dann folgt hieraus: Die Modernisierungspartizipation ist nicht nur Herrschaftsinstrument, sondern auch Autonomiechance."

Je mehr das Management funktional auf Partizipation angewiesen ist - und dafür spricht ja bekanntlich viel - , desto weniger kann es sich leisten, nur von Beteiligung zu reden und nicht danach zu handeln, oder einmal gewährte Partizipationschancen zu widerrufen. Zugegeben - die Arbeit von Qualitätszirkel bleibt vorläufig auf das Feld von Korrekturpartizipation begrenzt. Raum für die Entwicklung grundlegender Alternativen besteht in der Regel nicht. Auch die hier vorgeschlagene Stärkung und Konkretisierung der Individualrechte von Anhörung, Unterrichtung, dem Ergreifen von Initiativen, der Reklamation usw. tangiert nicht das unternehmerische Direktionsrecht und bleibt damit in seinem Entfaltungsspielraum begrenzt. Eben das sehe ich aber inzwischen auch als gewichtigen Vorteil an. Man setzt sich zwar dem Vorwurf aus, mit solchen Forderungen nur an Symptomen herumzukurieren (vgl. auch Greifenstein u.a. 1992, S. 250), aber Korrekturpartizipation ist leichter durchzusetzen, während Konzeptionspartizipation mit Ausnahme der verbrieften Mitbestimmungsrechte der Betriebsräte eine Utopie in durchaus positiv zu verstehendem Sinne ist und bleibt.

Aufgrund der inhärenten Dynamik und Unberechenbarkeit von Beteiligung kann sich - gestützt von den vorliegenden empirischen Erkenntnissen von Kuhn (1961) über Beschwerdeverfahren bis hin zu Greifenstein u.a. (1992) über Gruppenkonzepte - selbst bei den vermeintlich bescheideneren Ausprägungsformen ein emanzipatorisches Potential entfalten bzw. ein Prozeß der Verselbständigung einstellen, der auf steigenden Partizipations-Bedürfnissen und -Kompetenzen seitens der Adressaten gründet. Kontraintentional können die Initiatoren in verzwickte Situationen geraten: "Es ist wie bei dem Zauberlehrling, der die Geister, die er rief, nun nicht mehr beherrscht" (Bungard/Wiendieck 1985).

Literatur

Ausschuß für Soziale Betriebsgestaltung bei der Bundesvereinigung der Deutschen Arbeitgeberverbände (1970): Delegation von Aufgaben, Befugnissen und Verantwortung, Informationen für die Betriebsleitung Nr. 22, Bergisch-Gladbach

Backhaus, Jürgen (1979): Ökonomik der partizipativen Unternehmung I, Tübingen

Bahrdt, Hans Paul (1966): Die Krise der Hierarchie im Wandel der Kooperationsformen, in: Verhandlungen des 14. Deutschen Soziologentages, 2. Aufl., Stuttgart, S. 113-121

Beisheim, Margret u.a. (1991): Partizipative Organisationsformen und industrielle Beziehungen, in: Müller-Jentsch, Walther (Hrsg.): Konfliktpartnerschaft. Akteure und Institutionen der industriellen Beziehungen, München u. Mering, S. 123-138

Bobke, Manfred H. (1984): Mitbestimmung am Arbeitsplatz - Bestehende Möglichkeiten nach dem Betriebsverfassungsgesetz, in: Arbeitsrecht im Betrieb, 1984, S. 36-38

Breisig, Thomas (1987): Führungsmodelle und Führungsgrundsätze - verändertes unternehmerisches Selbstverständnis oder Instrument der Rationalisierung? Spardorf

Breisig, Thomas (1990a): Betriebliche Sozialtechniken. Handbuch für Betriebsrat und Personalwesen, Neuwied u. Frankfurt a.M.

Breisig, Thomas (1990b): It's Team Time. Kleingruppenkonzepte in Unternehmen, Köln

Brödner, Peter (1986): Fabrik 2000. Alternative Entwicklungspfade in die Zukunft der Fabrik, Berlin

Bungard, Walter/Wiendieck, Gerd (1985): Zur Problematik der Effizienzanalyse von Quality Circles, in: Dokumentation Dritter Deutscher Quality Circle Kongreß, Düsseldorf, S. 63-100

Greifenstein, Ralph/Jansen, Peter/Kißler, Leo (1990): Direkte Arbeitnehmerbeteiligung mit oder ohne Interessenvertretung? - Die Antwort einer empirischen Partizipationsfolgenabschätzung im Betrieb -, in: WSI-Mitteilungen, Nr. 9 - 1990, S. 602-610

Greifenstein, Ralph/Jansen, Peter/Kißler, Leo (1992): Neue Verfahren der Arbeitnehmerbeteiligung und Wandel der Arbeitsbeziehungen. Eine empirische Untersuchung im deutsch-französischen Vergleich, polis-Arbeitspapier aus der FernUniversität Hagen, Hagen

Greifenstein, Ralph/Jansen, Peter/Kißler, Leo (1993): Gemanagte Partizipation. Qualitätszirkel in der deutschen und der französichen Automobilindustrie, München und Mering

Gronemeyer, Reimer (1973): Integration durch Partizipation? Frankfurt a.M.

de Jong, John-Render (1975): Möglichkeiten und Probleme der innerbetrieblichen Partizipation, in: Zeitschrift für Arbeitswissenschaft, Nr. 2 - 1975, S. 121-124

Kappler, Ekkehard (1987): Partizipation und Führung, in Kieser, Alfred u.a. (Hrsg.): Handwörterbuch der Führung, Stuttgart, Sp. 1631-1647

Kirsch, Werner u.a. (1979): Das Management des geplanten Wandels von Organisationen, Stuttgart

Kühnlein, Gertrud/Paul-Kohlhoff, Angela (1991): Bildungschancen im Betrieb. Untersuchungen zur Weiterbildung in der chemischen Industrie, Berlin

Kuhn, James W. (1961): Bargaining in grievance settlement. The power of industrial work groups, New York u. London

Kuhn, James W. (1967): The grievance process, in: Dunlop, John T./Chamberlain, Neil W. (Hrsg.): Frontiers of collective bargaining, New York u.a., S. 252-312

Lang, Klaus/Meine, Hartmut (1991): Tarifreform 2000: Gestaltungsrahmen und Entgeltstrukturen zukünftiger Industriearbeit, in: WSI-Mitteilungen, Nr. 3 - 1991, S. 156-163

Laville, Jean-Louis (1990): Modernisierung und soziale Innovation in kleinen und mittelständischen Betrieben in Europa, in: Kißler, Leo (Hrsg.): Partizipation und Kompetenz, Opladen, S. 127-147

Oechsler, Walter A. (1988): Personal und Arbeit. Einführung in die Personalwirtschaft, 3. Aufl., München

Oechsler, Walter A. (1993): Personalentwicklung in einem Arbeitsrecht von gestern - Thesen zur Entwicklung von Personal und Arbeitsrecht, in: Zeitschrift für Personalforschung, Nr. 1 - 1993, S. 25-34

Schanz, Günther (1992): Partizipation, in: Frese, Erich (Hrsg.): Handwörterbuch der Organisation, 3. Aufl., Stuttgart, Sp. 1901-1914

Schimank, Uwe (1986): Technik, Subjektivität und Kontrolle in formalen Organisationen - eine Theorieperspektive, in: Seltz, Rüdiger u.a. (Hrsg.): Organisation als soziales System, Berlin, S. 71-91

Strauß-Wieczorek, Gerlinde (1987): Qualitätszirkel: Taylorismus plus Sozialtechnik statt Mitbestimmung am Arbeitsplatz, in: Die Mitbestimmung, Nr. 11 - 1987, S. 676-678

Wächter, Hartmut (1984): Partizipation und Mitbestimmung in der Krise, in: Staehle, Wolfgang H./Stoll, Edgar (Hrsg.): Betriebswirtschaftslehre und ökonomische Krise, Wiesbaden, S. 307-319

Wiesenthal, Helmut (1990): Ist Sozialverträglichkeit gleich Betroffenenpartizipation? In: Soziale Welt, Nr. 1 - 1990, S. 28-46

Human Resource Management und industrielle Beziehungen.

Eine empirische Untersuchung über Konflikt und Kooperation im Betrieb

Hansjörg Weitbrecht und Stephan Fischer

In jüngerer Zeit haben die Veröffentlichungen über *Human Resource Management* (HRM) stark zugenommen[1], auch in der betrieblichen Praxis taucht der Begriff anstelle des traditionellen "Personalwesens" immer häufiger auf. Es ist daran zu erinnern, daß HRM in einem völlig anderen sozialen und kulturellen Kontext entstanden ist, nämlich im anglo-amerikanischen Raum, mit der Zielsetzung, den individuellen Arbeitnehmer enger an das Unternehmen zu binden und die traditionellen, konfliktträchtigen Beziehungen mit kollektiven Interessenvertretungen zu überwinden.

Es kann daher die berechtigte Frage gestellt werden, welche Effekte HRM im Kontext industrieller Beziehungen hat, die nach allgemeiner Ansicht als "high trust"-Beziehungen anzusehen sind.[2] Von besonderem Interesse ist, wie das HRM und seine einzelnen Elemente im deutschen Kontext auf die individuellen und kollektiven Arbeitsbeziehungen im Betrieb wirken. In der traditionellen Betrachtung der industriellen Beziehungen war das Verhältnis des Unternehmens zum einzelnen Arbeitnehmer weitgehend vernachlässigt worden zugunsten einer Beschäftigung mit den Erscheinungsformen des industriellen Konflikts und der kollektiven Konfliktregelung. Während im anglo-amerikanischen Kontext HRM und *Industrial Relations* als konkurrierende Regelungssysteme gesehen werden, bleibt im deutschen Kontext die Frage offen, in welchem Verhältnis HRM zu den kollektiven Arbeitsbeziehungen steht.

1 Vgl. Staehle 1988 und 1989; Staehle/Schirmer 1990; Wohlgemuth 1986 und 1990

2 Müller-Jentsch 1991, S. 461. In noch stärkerem Maße gilt dies für die Herstellung kooperativer industrieller Beziehungen in internationalen Firmen, s. Weitbrecht 1991

Die empirische Untersuchung, deren Ergebnisse in diesem Beitrag vorgestellt werden, begreift die Herstellung "kooperativer Beziehungen" (in der Definition der Befragten) als eine von den individuellen und kollektiven Arbeitsbeziehungen abhängige Variable.

Konzepte des Human Resource Management

Die Definition von *Human Resource Management* ist in der Literatur nicht einheitlich; schon in seinem "Herkunftsland", USA, stößt man auf eine weite Vieldeutigkeit dieses Begriffes. R. Thomas, der vier amerikanische Bücher über HRM ausgewertet hat, kommt zu dem Ergebnis, daß drei große Richtungen in der HRM-Forschung zu unterscheiden sind (Thomas 1988):

(1) HRM als eine Managementphilosophie, die organisationssoziologische, organisationspsychologische, personalwirtschaftliche und *Industrial Relations*-Aspekte miteinander verbindet (Schein 1987).

(2) HRM als Managementphilosophie, die auf einen kurzen Nenner gebracht, nichts anderes ist als "*Industrial Relations* ohne Gewerkschaften." (Kochan 1986).

(3) HRM als das Remake einer bereits alten Managementtheorie, die zwar industriellen Frieden verspricht, aber letztlich die gesamte Kontrolle innerhalb des Betriebes für das Management beansprucht (Walton 1987).

Kontrastiert man diese unterschiedlichen Varianten von HRM mit denen britischer Autoren, ergeben sich wiederum andere Vorstellungen über HRM. Hendry und Pettigrew (1986) betonen z.B., daß HRM und Unternehmensstrategie zwei Elemente der gleichen Sache sind, wobei das HRM die Philosophie darstellt, die mittels der Strategie praktisch umgesetzt wird. Guest (1987) hingegen sieht die Integration der Arbeitnehmer in den Betrieb und die Qualitätssteigerung als die zwei Hauptziele des HRM an. Wegen dieser Definitionsvielfalt ist es unabdingbar, genau zu definieren, was unter diesem Begriff verstanden werden soll. Dazu werden im folgenden die neueren HRM-Ansätze kurz vorgestellt.

Die meisten neueren Ansätze des HRM stammen aus den USA und wurden zu Beginn der achtziger Jahre veröffentlicht. Von den amerikanischen Ansätzen kann man als die zwei größten HRM-Richtungen das *Michigan*-Konzept und das *Harvard*-Konzept voneinander unterscheiden. Erst in der zweiten Hälfte der achtziger Jahre haben auch britische Autoren eigene HRM-Ansätze vorgestellt. Während amerikanische Autoren HRM entweder normativ oder praktizistisch behandeln, vergleichen britische Autoren HRM mit dem traditionellen Personalmanagement.

Das Michigan-Konzept des HRM

Inspiriert durch japanische und deutsche Wirtschaftserfolge hat sich eine Forschergruppe der Universität Michigan mit der Verbindung von Strategie und HRM beschäftigt (Devanna/Fombrun/Tichy 1981; 1982; 1984). Dabei war es das Ziel der Autoren, HRM als Bestandteil der Organisationsstrategie zu erklären. Strategie wird definiert als Prozeß, durch den fundamentale Aufträge und Ziele der Organisation formuliert werden, und als Prozeß, durch den die Organisation ihre Ressourcen zur Zielerreichung einsetzt (Devanna u.a. 1982, S. 47). *Strategisches Management* enthält nach dem Michigan-Konzept die Elemente Unternehmensstrategie, Organisationsstruktur und HRM, die wie folgt interagieren:

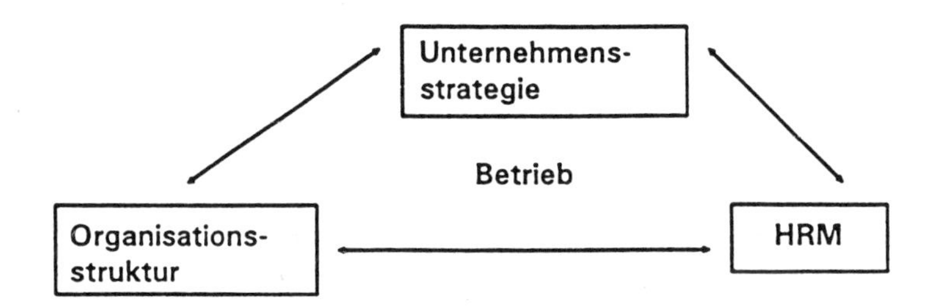

Abb. 1: Strategisches Management nach dem Michigan-Konzept

Das wirklich Neue an diesem Modell des strategischen Managements ist die Verbindung von Unternehmensstrategie und Organisationsstruktur mit dem HRM. Der Zusammenhang zwischen Strategie und Struktur wurde bereits Anfang der sechziger Jahre von Chandler (1980) untersucht. Er kam dabei zu dem Ergebnis, daß die Struktur einer Organisation ihrer Strategie folgt. Dieses Ergebnis wird von den Autoren des Michigan-Konzepts übernommen. Auch hier wird der Unternehmensstrategie die zeitliche Priorität vor den beiden anderen Elementen zuerkannt. Die Organisationsstruktur und das HRM folgen somit der Unternehmensstrategie. Das fundamentale Problem des strategischen Managements sehen die Autoren darin, die direkte Ausrichtung von Unternehmensstrategie, Organisationsstruktur und HRM beständig aufrechtzuerhalten. Im Sinne dieses Zusammenhangs werden unter strategischen Gesichtspunkten die folgenden vier Elemente des HRM unterschieden:

1. die strategische Personalauswahl,
2. die strategische Leistungsbeurteilung,
3. die strategische Belohnung (Anreiz),
4. die strategische Personalentwicklung.

Diese vier Elemente werden zu einem HRM-Zyklus zusammengefaßt, wobei die zentrale Variable in diesem Zyklus eindeutig die "Ausführung der beruflichen Tätigkeit der Arbeitnehmer" ist. Sie soll durch die vier Elemente des HRM auf der betrieblichen Ebene positiv beeinflußt werden.

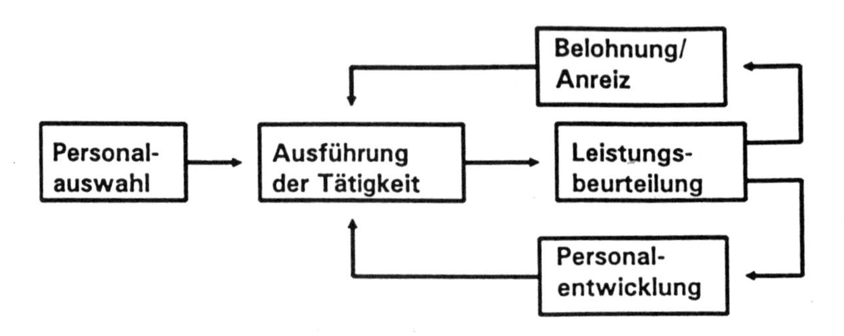

Abb. 2: Der HRM-Zyklus nach dem Michigan Konzept

Um nun diesen HRM-Zyklus auf alle Organisationen übertragen zu können, greifen die Autoren auf Anthonys (1965) Differenzierung der Managementtätigkeit in strategische, taktische und operative Dimensionen zurück. Nach dieser Unterscheidung werden auf der strategischen Ebene langfristige Ziele definiert, auf der taktischen Wege gesucht, diese Ziele zu erreichen, und auf der operativen die täglichen Managementtätigkeiten ausgeübt, um die Wege zum Ziel zu gehen (Devanna u.a. 1983, S. 51). Den vier Elementen des HRM werden auf allen drei Ebenen der Managementtätigkeit Relevanz beigemessen, wobei der strategischen Ebene die größte Bedeutung zukommt.

Das Michigan-Konzept des HRM beeinflußte in den achtziger Jahren eine große Anzahl von amerikanischen, britischen und deutschen Arbeiten, die ebenfalls die besondere Bedeutung der Strategie für das HRM betonen[3]. Obwohl die Bedeutung dieses Ansatzes unumstritten ist, blieb er nicht ohne Kritik. W. Staehle wandte ein, daß das Michigan-Konzept zu sehr dem alten Anpassungsdenken des Personalmanagements verhaftet bleibt, und daß es zudem die große Bedeutung vergangener personalpolitischer Maßnahmen für die zukünftige Strategieformulierung unterschätzt (Staehle 1989, S. 392).

Das Harvard-Konzept des HRM

Der zweite neue HRM-Ansatz in der amerikanischen Literatur, das Harvard-Konzept, spielt seit der Einführung eines neuen MBA-Pflichtkurses an der *Harvard Business School* 1981 für die Ausbildung zukünftiger Manager eine große Rolle. Für die Autoren des Harvard-Konzeptes beinhaltet das HRM alle Entscheidungen und Handlungen des Managements, die die Beziehungen zwischen der Organisation und den Arbeitnehmern betreffen (Beer u.a. 1985, S. 1). Damit zielt das Harvard-Konzept weniger auf die Verbindung von Strategie und HRM als auf die Bestimmung von HRM als *General Management*-Ansatz (Beer u.a. 1985, S. 9; Staehle 1989, S. 392).

3 Für die Vielzahl weiterer amerikanischer Artikel stehen Dyer 1984 und Evans 1986; für die britischen Arbeiten kann stellvertretend der Artikel von Hendry/Pettigrew 1986 genannt werden; als Vertreter der deutschsprachigen Literatur seien Ackermann 1986 und Marr 1986 genannt.

Aus dieser Sichtweise ergibt sich ein anderer HRM-Zyklus als im Michigan-Konzept.

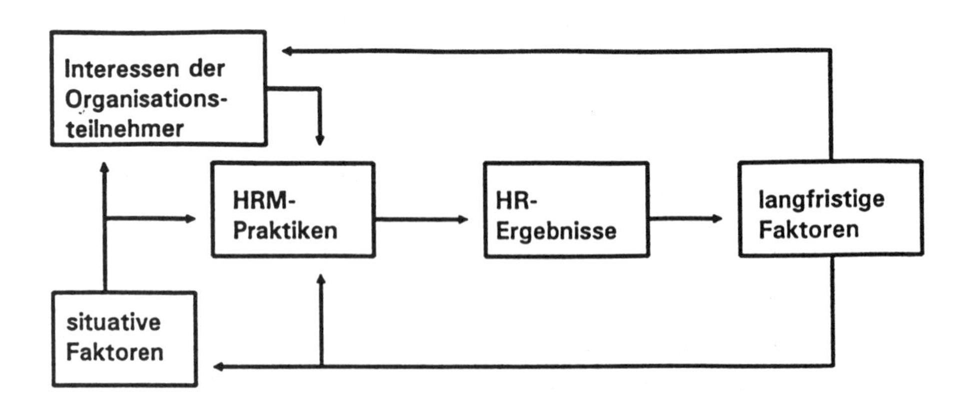

Abb. 3: Der HRM-Zyklus nach dem Harvard-Konzept

Dieser HRM-Zyklus umfaßt insgesamt fünf Elemente. Dabei sind die situativen Faktoren und die Interessen der Organisationsteilnehmer die zwei wichtigsten Einflußfaktoren auf die HRM-Praktiken. Unter den situativen Faktoren verstehen die Autoren alle Einflußfaktoren, die in der Umwelt einer Organisation eine bedeutende Rolle spielen (wie z.B. Gesetze, soziale Werte, Gewerkschaften, Arbeitsmarkt und die allgemeinen Wirtschaftsbedingungen). Die situativen Faktoren beeinflussen die HRM-Praktiken zweifach: zum einen wirken sie direkt auf das HRM, zum anderen verändern sie indirekt die HRM-Praktiken über die Einflußnahme auf die Interessen der Organisationsmitglieder. Die Gruppe der Organisationsteilnehmer besteht wiederum aus den Anteilseignern, dem Management, den Arbeitnehmern, der Regierung, der Kommune und den Gewerkschaften. Nach dem Harvard-Konzept sind die Arbeitnehmer die wichtigste Gruppe der Organisationsteilnehmer. Dem Management wird hingegen die Rolle eines Vermittlers zwischen den unterschiedlichen Interessen aller Organisationsteilnehmer zugeschrieben. Aus dem Verständnis, daß die Arbeitnehmer als wichtigste Gruppe innerhalb der Organisation anzusehen sind, ergibt sich auch eine besondere Form der Anwendung von HRM-Praktiken, von denen folgende vier aufgeführt werden:

1. Partizipation,
2. HR-Bewegungen (z.B. Personalbeschaffung, -einsatz und -entlassung),
3. Belohnungssystem,
4. Arbeitsorganisation.

Geprägt von der besonderen Bedeutung des Arbeitnehmers innerhalb der Organisation, steht die Partizipation im Zentrum der HRM-Praktiken. Sie sollte die zentrale Perspektive bei der Formulierung der anderen HRM-Praktiken sein. Jede dieser HRM-Praktiken muß demnach nach dem Prinzip gestaltet sein, den Arbeitnehmern einen größtmöglichen Einfluß auf die Entscheidungen in ihrem jeweiligen Bereich zu geben. Aus den so gewonnenen Prämissen ergibt sich das folgende System der HRM-Praktiken:

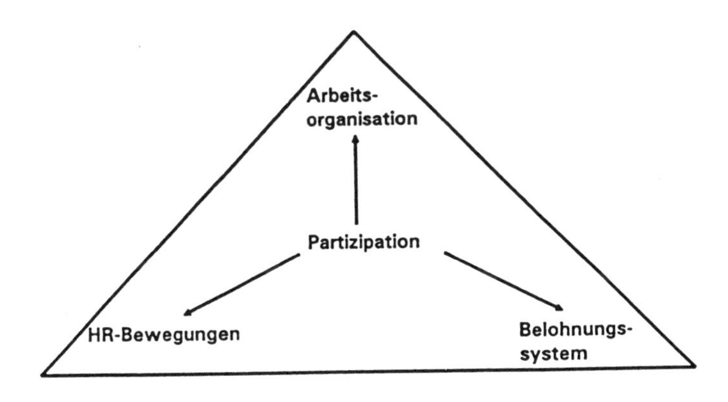

Abb. 4: Das System der HRM-Praktiken nach dem Harvard-Konzept

Die Anwendung der HRM-Praktiken und die Orientierung dieser Praktiken an dem Prinzip der Partizipation beeinflußt dann unmittelbar die HR-Ergebnisse. Als die wichtigsten HR-Ergebnisse nennen die Autoren die folgenden vier:

1. Bindung der Arbeitnehmer an die Organisation,
2. Kongruenz von Zielen der Arbeitnehmer und des Managements,
3. Kompetenz der Arbeitnehmer und

4. Kosteneffektivität der HRM-Praktiken.

Von diesen HR-Ergebnissen ist in der Literatur besonders die Bindung der Arbeitnehmer an die Organisation (*Commitment*) intensiv diskutiert worden. Walton stellt z.B. einem alten "control system" ein neues "commitment system" gegenüber (Walton 1985).[4] Dabei beschreibt er das alte System als rigide arbeitsteilig, mit festgelegten Arbeitsinhalten, mit tayloristischen Arbeitsprinzipien und mit einer Sichtweise der Arbeit als Kostenfaktor. Dem steht das "commitment system" gegenüber, das durch eine frühzeitige Information der Arbeitnehmer über wirtschaftliche Aktivitäten, die Partizipation der Arbeitnehmer an den verschiedenen Bereichen der Organisation und eine Arbeitsplatzgestaltung mit verantwortungsvolleren und flexibleren Tätigkeiten geprägt ist (Guest/Dewe 1991, S. 79). Der Grad der Implementation eines "commitment systems" als HR-Ergebnis innerhalb der Organisation beeinflußt dann wiederum die langfristigen Faktoren. Unter diesen langfristigen Faktoren werden organisatorische Effektivität, individuelles Wohlergehen und gesellschaftlicher Nutzen verstanden. Die organisatorische Effektivität bezeichnet dabei die Möglichkeiten der Organisation, sich unterschiedlichen Organisationsumwelten anzupassen. Gelingt dies gut, ist die Organisation wirtschaftlich stark, was individuelles und letztlich auch gesellschaftliches Wohlergehen zur Folge hat. Die langfristigen Faktoren haben ebenfalls eine besondere Bedeutung für die HRM-Praktiken, da sie diese sowohl direkt als auch indirekt - über die Einflußnahme auf die situativen Faktoren und die Interessen der Organisationsmitglieder - beeinflussen.

Das Harvard-Konzept läßt sich zusammenfassend als *General Management*-Perspektive des HRM bezeichnen, die den Arbeitnehmer als wichtigsten Organisationsteilnehmer betrachtet.

HRM und traditionelles Personalmanagement

Aus der Analyse der beiden grundlegenden amerikanischen Ansätze des HRM ergeben sich zwei zentrale Aspekte. Zum einen die langfristige, strategische Ausrichtung des HRM und zum anderen die besondere Rolle der

4 Für die britische Forschungsrichtung kann u.a. angeführt werden Guest/Dewe 1991

Arbeitnehmer innerhalb des Unternehmens, die ihre Partizipation zwecks engerer Bindung an den Betrieb nahelegt. Neben der vermehrten Partizipation fördert diese Sichtweise ebenfalls gezielt die Kommunikation zwischen Management und Arbeitnehmern innerhalb eines Betriebes. Die Frage, ob diese Aspekte tatsächlich neu sind und nicht schon vom herkömmlichen Personalmanagement gesehen wurden, haben britische Autoren aufgeworfen. Um sie zu beantworten, haben sie die grundlegenden Prinzipien des HRM mit denen des herkömmlichen Personalmanagements verglichen. Dabei sind sie überwiegend von den Erkenntnissen der amerikanischen Ansätze ausgegangen, ohne jedoch zwischen den beiden Ansätzen zu differenzieren. Vielmehr plädieren sie für eine Synthese beider Ansätze.

Karen Legge kommt beim Vergleich britischer Abhandlungen über HRM und Personalmanagement zu dem Schluß, daß viele Autoren große Gemeinsamkeiten zwischen den beiden Managementformen festgestellt haben.[5] Neben den Gemeinsamkeiten entdeckt sie jedoch auch einige Unterschiede zwischen beiden Managementrichtungen. Zum einen den, daß HRM - im Gegensatz zum herkömmlichen Personalmanagement - nicht nur die Personalentwicklung fördert, sondern ebenso gezielt auf die Weiterbildung der Linienmanager hinarbeitet. Daraus ergibt sich eine veränderte Rolle des Linienmanagers, der sich in seinem gesamten Führungsstil an die Prinzipien des HRM halten soll. Diese Prinzipien sind jedoch nicht frei wählbar, sondern sollen idealerweise in einer gemeinsamen Unternehmenskultur verankert sein (Dierkes 1988). Die größte Differenz zum Personalmanagement sieht Legge in der Betonung einer gemeinsamen Unternehmenskultur durch das HRM.

In der Literatur finden sich weitere Unterschiede. Zum einen wird die unterschiedliche Perspektive beider Richtungen betont: das herkömmliche Personalmanagement hat in der Regel eine kurzfristige Planungsperspektive, in der eher ad hoc Entscheidungen fallen, demgegenüber zeichnet sich das HRM durch eine langfristige Perspektive aus, die eine strategische Planung ermöglicht (s. Guest 1987, S. 507 und Keenoy 1990, S. 3). Zum anderen werden die unterschiedlichen Sichtweisen des Betriebes angeführt: dem

5 Legge (1989) führt u.a. die folgenden drei Autoren an: Armstrong 1987, Fowler 1987 und Guest 1987; daneben muß noch besonders hingewiesen werden auf Farnham 1988.

herkömmlichen Personalmanagement wird eine eher pluralistische Sicht des Betriebes zugeschrieben, die vorwiegend kollektive Vereinbarungen fördert und zu einer geringen Bindung der Arbeitnehmer an das Unternehmen führt, demgegenüber sieht das HRM den Betrieb eher unitaristisch, wodurch wiederum individuelle Vereinbarungen und eine engere Bindung der Arbeitnehmer gefördert werden (s. Guest 1987, S. 507; Keenoy 1990, S. 3; Horwitz 1990, S. 5). Als unitaristisch bezeichnen die Autoren die Sichtweise von Arbeitnehmern und Management als zwei Gruppen innerhalb eines Betriebes, die gemeinsame Ziele verfolgen, sich als ein großes Team verstehen, das sein Bestes gibt.

Um an dieser Stelle die diskutierten Unterschiede zwischen HRM und herkömmlichem Personalmanagement zu resümieren, können folgende sieben Punkte genannt werden:

1. die gezielte Entwicklung des Personals,
2. die Betonung auch der Entwicklung der Linienmanager,
3. die veränderte Rolle des Linienmanagers,
4. die Betonung einer gemeinsamen Unternehmenskultur,
5. die langfristige Planungsperspektive, die strategische Entscheidungen ermöglicht,
6. die gezielte Förderung der Kommunikation,
7. die Bindung der Arbeitnehmer durch Partizipation an den Betrieb.

Diese Variablen haben unsere empirische Untersuchung strukturiert.

Die Verknüpfung von HRM und betrieblichen Arbeitsbeziehungen

Während die beiden amerikanischen Ansätze die industriellen Beziehungen ausblenden, finden gerade sie bei den britischen Autoren besondere Beachtung (Oechsler 1992).[6] So argumentiert Guest (1987; 1989), ebenfalls ausgehend von den neueren amerikanischen HRM-Ansätzen, folgendermaßen: Das HRM sei ein Managementansatz, der eine unitaristische Sichtweise des Betriebes propagierte, die zur Individualisierung der betrieblichen Beziehungen führt. Daraus ergebe sich eine engere Beziehung zwischen den einzelnen Arbeitnehmern und dem Management, die eine direkte Orientie-

6 Eine der wenigen Ausnahmen stellt Kochan et al. 1986 dar.

rung des Managements an den Bedürfnissen der Arbeitnehmer ermöglicht. Dies habe eine hohe Zufriedenheit der Arbeitnehmer zur Folge, die sich u.a. in einer engen Bindung (*Commitment*) an den Betrieb ausdrücke und schließlich zu kooperativen betrieblichen Beziehungen führte. Guest nimmt weiter an, daß die kollektive Arbeitnehmervertretung langfristig überflüssig und bestenfalls noch eine marginale Rolle im Betrieb spielen wird.[7] Auf einen kurzen Nenner gebracht, ist demnach der Betrieb ohne kollektive Arbeitnehmervertretung, aber mit mitarbeiterorientiertem Management das Ergebnis einer konsequenten Praktizierung von HRM (Guest 1987, S. 518).

HRM ist jedoch nicht von vornherein antigewerkschaftlich. Die Arbeitnehmervertretung wird in Betrieben mit HRM mit der Zeit einfach überflüssig, da das Management die Arbeitnehmer als die wichtigsten Organisationsmitglieder erkennt und deshalb auf deren Bedürfnisse im Betrieb eingeht. Diese Überlegungen Guests kulminieren letztlich in der Alternative: entweder individuelle Beziehungen im Betrieb durch Praktizierung der sieben HRM-Elemente oder kollektive Arbeitsbeziehungen ohne HRM. Er verweist damit auf die Unverträglichkeit beider Systeme. Diese Konkurrenzsituation kann aus dem anglo-amerikanischen Kontext erklärt werden, den Guest vor Augen hat. Die industriellen Beziehungen sind in Großbritannien durch den Voluntarismus, also die Nicht-Einmischung des Staates durch gesetzliche Regelungen, gekennzeichnet (Moran 1983, S. 263). Es gibt dort keine staatliche Garantie für die Institutionen und Akteure der industriellen Beziehungen, die traditionell von einer pluralistischen Sichtweise des Betriebes geleitet werden, wodurch sich eine starke Betonung der Beziehung des Managements zur kollektiven Interessenvertretung ergibt.

Der deutsche Kontext der betrieblichen Beziehungen

Die deutschen industriellen Beziehungen sind hingegen durch einen hohen Grad an Verrechtlichung auf allen Ebenen gekennzeichnet; Ziel dieser Verrechtlichung ist, den industriellen Konflikt mittels spezieller Verfahren zu institutionalisieren. Diese Verrechtlichung zeigt sich besonders deutlich

7 Siehe u.a. Walton 1985, S. 79 und Horwitz 1990, S. 5.

auf der Betriebsebene, wo durch das Betriebsverfassungsgesetz der Betriebsrat als eine *gesetzliche* Interessenvertretung der Arbeitnehmer verankert wurde. Der Betriebsrat kann wegen seiner Funktion als Vertreter der Interessen aller Arbeitnehmer im Betrieb, dem die verschiedenen Wirkungs- und Mitbestimmungsrechte zur Verfügung stehen, auch als kollektiver Arbeitnehmervertreter bezeichnet werden. Demnach sind die Beziehungen des Managements zu den Betriebsräten in Deutschland auch als kollektive zu bezeichnen. Zudem findet sich innerhalb der Betriebe auch eine individuelle Ebene der Beziehungen, nämlich die des Managements zu den einzelnen Arbeitnehmern. Die individuellen Beziehungen werden durch den Arbeitsvertrag geregelt; daneben hat vor allem das Direktionsrecht des Arbeitgebers eine wichtige Bedeutung für das Verhältnis von Management und Arbeitnehmern, weil darin in besonderem Maße die Machtverteilung im Betrieb sichtbar wird.

Der Blick auf die deutschen Rahmenbedingungen der industriellen Beziehungen im Betrieb macht deutlich, daß die Verrechtlichung des industriellen Konflikts auch eine explizite staatliche Garantie für die Akteure und Institutionen der industriellen Beziehungen auf allen Ebenen einschließt. Diese Garantie wird für die betriebliche Ebene seit den fünfziger Jahren durch das Betriebsverfassungsgesetz gegeben. Mit der Unveränderbarkeit der industriellen Beziehungen im Betrieb muß der Ansatz von Guest für Deutschland modifiziert werden. Aufgrund der staatlichen Garantie darf hier nicht die Frage gestellt werden, ob das HRM die traditionellen Arbeitsbeziehungen im Betrieb ablöst, sondern vielmehr muß danach gefragt werden, ob und wenn ja, welchen Einfluß das HRM auf sie hat.

Folgt man nun der Zweiteilung der Beziehungen auf betrieblicher Ebene in Deutschland und überträgt man zugleich die Überlegungen von Guest auf die hiesigen Verhältnisse der Betriebsverfassung, kann folgende Hypothese formuliert werden: Das Praktizieren von HRM führt in Deutschland zu einer Veränderung der individuellen Ebene im Betrieb, die sich darin zeigt, daß ein gegenseitiges Vertrauen zwischen dem Management und den einzelnen Arbeitnehmern und damit letztlich eine stärkere Bindung des Arbeitnehmers an den Betrieb entsteht. Dadurch verändern sich die individuellen Beziehungen im Betrieb, die aufgrund des zunehmenden Vertrauens kooperativer werden. Zudem läßt sich ein Zusammenhang zwischen den individuellen und den kollektiven Beziehungen im Betrieb vermuten, bei dem eine zunehmende Kooperation auf der individuellen Ebene einen positiven Einfluß auf die kollektive Ebene der Beziehungen im Betrieb hat.

Wenn diese Überlegungen richtig sind, müßte man einen starken positiven Einfluß der zuvor beschriebenen sieben Elemente des HRM auf die individuellen Beziehungen im Betrieb nachweisen können, die - als intermediäre Variable - wiederum die kollektiven Beziehungen so beeinflussen, daß diese ebenfalls kooperativer werden. Diese Hypothese wurde empirisch in der chemischen Industrie Baden-Württembergs überprüft.

HRM und industrielle Beziehungen im Betrieb

Im Juli/ August 1991 wurde über den Arbeitgeberverband Chemie Baden-Württemberg eine schriftliche Befragung von insgesamt 166 Mitgliedsfirmen durchgeführt. Diese Mitgliedsfirmen, die alle mehr als 50 Arbeitnehmer haben, erhielten ein Rundschreiben des Arbeitgeberverbandes, in dem das Forschungsprojekt "Personalpolitik und Arbeitsbeziehungen im Betrieb" kurz vorgestellt wurde. Zusätzlich war jedem Rundschreiben ein standardisierter Fragebogen mit 72 Fragen beigefügt, wobei darum gebeten wurde, daß dieser Fragebogen vom Leiter des Bereichs Personal oder seinem Stellvertreter direkt ausgefüllt werden soll. An der Befragung haben sich 74 der 166 Betriebe beteiligt, was einer Rücklaufquote von ca. 45% entspricht. Für die Untersuchung der oben formulierten Hypothese wird das Verfahren der logistischen Regression angewandt.[8] Dieses Verfahren eignet sich besonders für den Fall, daß die abhängige Variable ein kategoriales Meßniveau und nur zwei Ausprägungen hat (kooperative vs. nichtkooperative Beziehungen). Dabei werden die sieben HRM-Aspekte als

8 Auf das Verfahren der logistischen Regression wird in dieser Arbeit nicht näher eingegangen. Weitere Informationen zur Methode können u.a. gefunden werden in Goodman 1978, insb. Part One: The Logit Model, S. 5-55 (für die Analyse mit Dummy Variablen); Hosmer/Lemeshow 1989 und Christensen 1990.

Dummy Variablen (Praktizieren oder Nicht-Praktizieren) in die Analyse aufgenommen.[9]

Zum regionalen Kontext der Untersuchung ist zu sagen, daß die chemische Industrie mit einem Anteil von 6,3% am Umsatz des verarbeitenden Gewerbes die fünftgrößte Branche in Baden-Württemberg ist. In dieser Branche waren 1980 insgesamt 63.000 Beschäftigte tätig. In den 80er Jahren stieg diese Zahl permanent an. Im Arbeitgeberverband Chemie Baden-Württemberg sind 1990 271 Unternehmen mit knapp 72.000 Beschäftigten organisiert. Davon sind knapp die Hälfte, nämlich 35.600, gewerbliche Arbeitnehmer, während 36.200 Angestellte in diesem Industriezweig beschäftigt sind. Die Struktur der Firmen ist ausgesprochen klein- und mittelständisch. 86% der Unternehmen beschäftigen weniger als 500 Mitarbeiter und etwa 54% der Arbeitnehmer arbeiten in Betrieben mit weniger als 1.000 Beschäftigen. Die durchschnittliche Betriebsgröße liegt bei knapp 250 Beschäftigten. Die wirtschaftliche Situation der chemischen Industrie Baden-Württembergs ist sowohl im Vergleich zu allen Industriezweigen in Baden-Württemberg als auch im Vergleich zur chemischen Industrie im gesamten Bundesgebiet wesentlich günstiger. Dies gilt für den Umsatz bei der Produktion und auch für die Beschäftigungsentwicklung. So ist der Umsatz in der chemischen Industrie Baden-Württembergs 1990 im Vergleich zum Vorjahr um 5,4% auf über 22 Mrd. DM angestiegen. Auch bei der Beschäftigungsentwicklung wurde ein Zuwachs von 3,5% erreicht.

Zusammenfassend kann also gesagt werden, daß es der chemischen Industrie Baden-Württembergs im allgemeinen und speziell den 74 untersuchten Betrieben im Vergleich zu anderen Branchen und anderen Regionen wirtschaftlich sehr gut geht. Dies wirkt sich nicht zuletzt auch positiv auf das Verhältnis von Arbeitgebern und Arbeitnehmern aus. Ohne dies empirisch belegen zu können, liegt die Vermutung nahe, daß die tariflichen und betrieblichen Beziehungen in der chemischen Industrie Baden-Württembergs wegen dieser Wirtschaftssituation tendenziell kooperativer sind als etwa im Ruhrgebiet oder in der Metallindustrie. Diese Vermutung wird durch die Tatsache gestützt, daß es in den achtziger Jahren weder Streiks noch Aussperrungen gegeben hat.

9 Als Dummy Variablen sind die sieben unabhängigen Variablen mit 0 und 1 rekodiert, wobei 0 für das Nicht-Praktizieren und 1 für das Praktizieren des jeweiligen HRM-Elementes steht.

Die Operationalisierung der Variablen

Die der neueren anglo-amerikanischen Literatur entnommenen sieben HRM-Aspekte waren für den Fragebogen so zu operationalisieren, daß man sie mit den theoretischen Überlegungen in Verbindung bringen kann.
Die Variable "*Kultur*" umfaßt dabei u.a. Fragen nach einer einheitlich vorgegebenen Definition und einer bewußten Gestaltung der Unternehmenskultur, sowie nach einer Projektgruppe, die sich ausschließlich mit diesem Thema beschäftigt. Ausschlaggebend ist demnach nicht die Frage, ob ein Betrieb eine Unternehmenskultur hat, sondern vielmehr, ob er sich bewußt mit dieser Unternehmenskultur beschäftigt.
Bei der Variable "*Strategie*" steht vor allem die strategische Planung der Personalpolitik und die Verbindung von wirtschaftlicher und personalpolitischer Planung im Vordergrund. Des weiteren werden Fragen nach qualitativer und quantitativer Personalbedarfsplanung und der Häufigkeit von Strategiesitzungen des Unternehmens gestellt.
Unter dem Stichwort "*Personalentwicklung der Vorgesetzten*" werden Fragen zur Entwicklung der Führungskräfte im Sinn von individueller Karriereplanung und betriebsinternen Schulungen über Fragen der Führung gestellt.
Zudem ist als "*Personalentwicklung der Mitarbeiter*" der Bereich der fachlichen und persönlichen Fortbildungsmaßnahmen zur Entwicklung der Mitarbeiter enthalten. Neben der Personalentwicklung steht beim HRM die Entwicklung des Linienmanagements als Hauptadressat des "general management-Ansatzes des HRM" im Vordergrund (s. Wohlgemuth 1986; 1990).
Aus diesem Grund enthält die Variable "*Linie*" hauptsächlich den Aspekt, ob einzelne Führungsaufgaben von der Personalabteilung wieder zurück an die Linie abgegeben werden. Zusätzlich wird nach der Zusammenarbeit zwischen der Personalabteilung und den Fachabteilungen bei Führungsproblemen gefragt.
Bei der Variable "*Kommunikation*" wird die Frage nach gezielten Programmen zur Förderung der Kommunikation zwischen den Mitarbeitern und den direkten Vorgesetzten einerseits und der Geschäftsleitung andererseits gestellt. Dabei sind beispielhaft Programme wie "open door" oder "offen gesagt" aufgeführt.

Mit dieser Variable ist besonders die Variable "*Partizipation*" eng verbunden, die Aspekte umfaßt wie z.B. die Partizipation der Mitarbeiter bei der Auswahl eines neuen Kollegen und bei der Gestaltung der Personalentwicklung, sowie die Frage nach dem Zeitpunkt der Information der Mitarbeiter über Maßnahmen, die deren Arbeitsbedingungen betreffen. Zudem wird gezielt nach der Anwendung von Qualitätszirkeln als einem modernen Instrument der Partizipation gefragt.

Das "*Verhältnis des Managements zum Betriebsrat*" (kollektive Ebene) umfaßt neben der allgemeinen Einschätzung der Zusammenarbeit von Management und Betriebsrat spezielle Fragen zur Einschätzung des Betriebsrates als Verhandlungsgegner oder -partner und zum Klima der Verhandlungen über Betriebsvereinbarungen. Des weiteren kommt der Frage nach der Häufigkeit von regelmäßigen Treffen zwischen Management und Betriebsrat eine besondere Bedeutung zu. Je nach dem Grad der Einschätzung des Verhältnisses sowie der Häufigkeit und Form der Zusammenarbeit zwischen Management und Betriebsrat werden die betrieblichen Beziehungen als kooperativ oder als nicht-kooperativ bezeichnet.
Die gleiche Vorgehensweise wird auch bei dem "*Verhältnis des Managements zu den Arbeitnehmern*" (individuelle Ebene) gewählt. Für diese Variable stehen subjektive Fragen nach der Einschätzung des allgemeinen Arbeitsklimas und dem Grad der Identifikation der Arbeitnehmer neben der Frage, ob Arbeitnehmer und Management ein gemeinsames oder ein unterschiedliches Ziel verfolgen. Auch hier erfolgt je nach Angabe eine Unterscheidung in kooperative und nicht-kooperative individuelle Beziehungen.

Festzuhalten bleibt, daß sich in unserem Fragebogen - in operationalisierter Form - alle sieben HRM-Aspekte wiederfinden und darüber hinaus eine Ausdifferenzierung der betrieblichen Beziehungen nach einerseits Management-Betriebsrat- und andererseits Management-Arbeitnehmer-Beziehungen.

HRM und individuelle Beziehungen im Betrieb

Von allen sieben HRM-Elementen haben die Variablen "Strategie", "Partizipation", "Personalentwicklung der Vorgesetzten" und "Personalentwicklung der Mitarbeiter" einen signifikanten Einfluß auf die Wahrscheinlichkeit, daß ein Betrieb kooperative Beziehungen auf der individuellen Ebene hat. Die drei anderen Variablen werden in dem Endmodell nicht mehr berücksichtigt, da sie nach dem Selektionskriterium der "Likelihood-ratio Statistik" über dem Signifikanzniveau von 0,05 liegen.[10] Die weitere Ergebnisinterpretation berücksichtigt demnach nur noch die vier signifikanten Variablen.

Errechnet man die Wahrscheinlichkeit, daß ein Betrieb kooperative individuelle Beziehungen hat, wenn er keine der vier signifikanten HRM-Elemente praktiziert, erhält man den Wert 0,024. Dieser Wert liegt weit unterhalb der 0,5-Grenze, so daß gesagt werden muß, daß ein solcher Betrieb höchstwahrscheinlich keine kooperativen Beziehungen hat.[11] Konkreter: Das Verhältnis von kooperativen zu nicht-kooperativen individuellen Beziehungen liegt in einem solchen Betrieb bei 1 zu 40. Ähnlich verhält es sich in Betrieben, in denen jeweils nur eines der vier HRM-Elemente praktiziert wird. Dabei zeigt sich bei einem Vergleich, daß die Variable "Strategie" den größten Einfluß auf die individuellen Beziehungen im Betrieb hat. Mit einem Verhältnis von kooperativen zu nicht-kooperativen individuellen Beziehungen von 1 zu 8,5 ist die Wahrscheinlichkeit hier deutlich höher als etwa beim alleinigen Praktizieren der drei anderen HRM-Elemente (Personalentwicklung der Mitarbeiter 1 zu 11, Partizipation 1 zu 12 und Personalentwicklung der Vorgesetzten 1 zu 14). Vergleicht man nun wiederum diese Ergebnisse mit denen von Betrieben, in denen alle vier HRM-Elemente gemeinsam praktiziert werden, stellt man eine Umkehr der Verhältnisse fest. In solchen Betrieben liegt die errechnete Wahrscheinlichkeit bei 0,80, also weit über der 0,5-Grenze, was zu der Interpretation führt, daß ein solcher Betrieb höchstwahrscheinlich kooperative individuelle Beziehungen hat. Das bestätigt sich, wenn man sich das Verhältnis von kooperativen zu nicht-kooperativen Beziehungen im Betrieb ansieht. Dieses Verhältnis liegt in Betrieben mit allen vier HRM-Elementen bei 4 zu 1!

---

10 Die Grenze der Wahrscheinlichkeit, daß eine Variable in das Modell aufgenommen wird oder aus dem Modell ausgeschlossen wird liegt jeweils bei 0.05 = 5%.

11 Liegt die Schätzung unterhalb der 0.5-Grenze, tritt das Ereignis nicht ein. Liegt es darüber tritt das Ereignis ein. Siehe Norusis 1990, S. B-42 o.

Betrachtet man nun die errechneten Koeffizienten für die verbleibenden vier Variablen, stellt man fest, daß diese durchweg positiv sind.[12] Das bedeutet, daß bei steigenden Werten der unabhängigen Variablen auch die Eintrittswahrscheinlichkeit des Ereignisses zunimmt. Konkreter: Je weiter entwickelt die vier HRM-Elemente in einem Betrieb sind, desto kooperativer sind auch die Beziehungen in diesem Betrieb. Von besonderer Bedeutung für diese Interpretation der Koeffizienten ist dabei der Wert des "Modell-Chi^2". Damit wird getestet, ob die Koeffizienten der signifikanten Variablen gleich Null sind. Dieser Test ist somit vergleichbar mit dem F-Test bei der linearen Regression. In unserem Modell sind die Koeffizienten von allen vier Variablen unterhalb des Signifikanzniveaus der Irrtumswahrscheinlichkeit von 0,05, so daß die Nullhypothese verworfen werden kann.

Vergleicht man jetzt noch Betriebe ohne eine strategische Personalpolitik mit Betrieben mit strategischer Personalpolitik, erhöht sich die Wahrscheinlichkeit des Eintretens kooperativer individueller Beziehungen um das 4,6-fache. Der Einfluß der Personalentwicklung der Mitarbeiter ist nicht ganz so groß, aber immerhin steigt die Eintrittswahrscheinlichkeit hier um das 3,7-fache an. Danach folgt die Variable "Partizipation". Hier steigt die Eintrittswahrscheinlichkeit um das 3,3-fache an. Schließlich folgt noch die Personalentwicklung der Vorgesetzten, die ebenfalls einen statistisch positiven Einfluß auf die individuellen Beziehungen hat, was sich an einer Erhöhung der Eintrittswahrscheinlichkeit um das 2,9-fache zeigt. Insgesamt erhält man bei der Berücksichtigung aller signifikanten Variablen ein Pseudo-R^2 von 0,288. Das bedeutet, daß 28% der Devianz des Modells mit Hilfe dieser Variablen erklärt werden kann. Dies ist ein vergleichsweise guter Wert, wenn man berücksichtigt, daß Erklärungen, die zwischen 20% und 40% liegen, bereits als sehr hohe Vorhersagewerte angesehen werden können (Urban 1989, S. 42; Kühnel/Terwey 1990, S. 86).

Wir wollen noch fragen, wie gut das Modell die Daten tatsächlich geschätzt hat, d.h. wie genau die erwarteten und die tatsächlichen Werte übereinstimmen. Mit dem so berechneten Modell wurden 39 der insgesamt 42 Betriebe mit kooperativen betrieblichen Beziehungen richtig geschätzt. Das entspricht einer Erklärungsquote von 93%. Für die Betriebe mit nicht-ko-

12 Bei der logistischen Regression wird die maximum-likelihood Methode zur Schätzung der Koeffizienten benutzt. Siehe Norusis 1990, S. B-40.

operativen Beziehungen ist die Erklärungsquote wesentlich geringer. Sie liegt mit 16 von 27 Betrieben bei nur 60%. Alles in allem können mit Hilfe des Modells 55 von 69 Betrieben richtig geschätzt werden, was einer Quote von 80% entspricht.

Neben den vier HRM-Elementen konnten wir ebenfalls einen signifikanten Einfluß der kollektiven Ebene der Beziehungen im Betrieb auf die individuelle Ebene nachweisen. Dieser Einfluß zeigt sich besonders, wenn man das Verhältnis von kooperativen zu nicht-kooperativen individuellen Beziehungen in Betrieben betrachtet, die alle 4 HRM-Elemente praktizieren und einmal kooperative kollektive Beziehungen und einmal nicht-kooperative kollektive Beziehungen haben. Im Gegensatz zu dem zuvor genannten Verhältnis von 4 zu 1 in Betrieben mit den 4 HRM-Elementen und nicht-kooperativen kollektiven Beziehungen steigt das Verhältnis in Betrieben mit den 4 HRM-Elementen und kooperativen kollektiven Beziehungen auf 12 zu 1 an. Werden jetzt Betriebe mit kooperativen kollektiven Beziehungen mit Betrieben mit nicht-kooperativen Beziehungen verglichen, erhöht sich die Eintrittswahrscheinlichkeit für kooperative individuelle Beziehungen um das 2,7-fache. Dieser Befund und das positive Vorzeichen vor dem Koeffizienten führt zu dem Schluß, daß die individuellen Beziehungen im Betrieb nachweisbar kooperativer werden, wenn die kollektiven Beziehungen kooperativ sind. Alles in allem läßt sich der hier beschriebene Zusammenhang folgendermaßen darstellen:

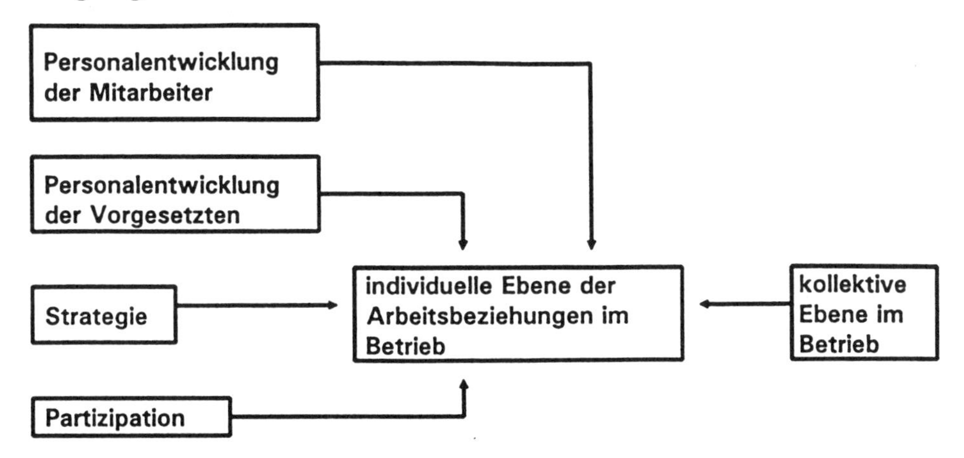

Abb. 5: HRM und individuelle Beziehungen im Betrieb

Bei der Betrachtung dieses Modells fällt zum einen auf, daß z.B. die Betonung einer gemeinsamen Unternehmenskultur nicht vorhanden ist, obwohl man vielleicht erwartet hätte, diese Variable vorzufinden. Aber als Ergebnis unserer Untersuchung können wir sagen, daß die Betonung einer gemeinsamen Unternehmenskultur keinen signifikanten Einfluß auf die individuelle Ebene der industriellen Beziehungen im Betrieb hat. Ebenso verhält es sich mit der Förderung der Kommunikation zwischen Arbeitnehmer und Vorgesetzten. Obwohl vermutet werden darf, daß diese Variable eng mit der Partizipation verbunden ist, spielt sie - im Gegensatz zur Partizipation - hier keine Rolle. Von den vier signifikanten HRM-Elementen hat die strategische Orientierung des Personalmanagements den größten Einfluß auf die individuellen Beziehungen im Betrieb. Dies könnte als ein empirisches Indiz für die Relevanz des Michigan-Ansatzes gewertet werden. Daneben spricht die Signifikanz der Variable "Partizipation" ebenfalls dafür, daß sich der Harvard-Ansatz empirisch belegen läßt. Offensichtlich ist es so, daß erst beide Ansätze zusammen das volle Spektrum des HRM beschreiben. Das eigentlich Überraschende dieser Ergebnisse ist der signifikante Einfluß der kollektiven Ebene der Beziehungen im Betrieb auf die individuelle Ebene. Daraus kann gefolgert werden, daß ein kooperatives Verhältnis von Betriebsrat und Management ebenfalls in gewissem Umfang zu einem kooperativen Verhältnis von Arbeitnehmern und Management führt. Insoweit muß der oben angenommene einseitige Zusammenhang (siehe Abb. 6) durch eine Interaktion der beiden Ebenen ersetzt werden.

HRM und kollektive Beziehungen im Betrieb

Im Gegensatz zu dem zuvor beschriebenen Modell werden nun die kollektiven Beziehungen im Betrieb als abhängige Variable in das Modell eingeführt. Daneben fließen die sieben HRM-Elemente und die individuelle Ebene der Beziehungen im Betrieb als unabhängige Variablen ein. Ein signifikanter Zusammenhang konnte lediglich zwischen der Personalentwicklung der Mitarbeiter und der kollektiven Ebene der Beziehungen festgestellt werden. Berechnet man wiederum die Wahrscheinlichkeit, daß ein Betrieb kooperative kollektive Beziehungen hat, wenn er keine Personalentwicklung der Mitarbeiter praktiziert, erhält man den Wert 0,19. Dieser Wert liegt unterhalb der 0,5-Grenze, so daß gefolgert werden kann, daß ein solcher Betrieb höchstwahrscheinlich keine kooperativen kollektiven Beziehungen hat. Konkreter: Das Verhältnis von kooperativen zu nicht-kooperativen kollektiven Beziehungen liegt in solchen Betrieben bei 1 zu 4,5. Im Gegensatz dazu steigt der Wert für Betriebe mit Personalentwicklung der Mitarbeiter auf 0,63 an, was dafür spricht, daß solche Betriebe höchstwahrscheinlich kooperative kollektive Beziehungen haben. Anders gesagt: Das Verhältnis von kooperativen zu nicht-kooperativen kollektiven Beziehungen liegt in solchen Betrieben bei knapp 2 zu 1. Insgesamt läßt sich sagen, daß die Wahrscheinlichkeit des Eintretens kooperativer kollektiver Beziehungen im Betrieb in Betrieben mit einer Personalentwicklung der Mitarbeiter im Gegensatz zu Betrieben ohne eine solche Personalentwicklung um das 7,14-fache zunimmt.

Ebenso verhält es sich bei dem Einfluß der individuellen Ebene auf die kollektive Ebene der Beziehungen im Betrieb. Auch hier ist ein positiver Zusammenhang feststellbar. Dieser zeigt sich an dem Vergleich der Verhältnisse von kooperativen und nicht-kooperativen kollektiven Beziehungen in Betrieben mit kooperativen und nicht-kooperativen individuellen Beziehungen. Während das Verhältnis in Betrieben ohne kooperative individuelle Beziehungen wiederum bei 1 zu 4,5 liegt, verbessert es sich in Betrieben mit kooperativen individuellen Beziehungen auf 1 zu 1. Und wenn man gar Betriebe betrachtet, in denen sowohl eine Personalentwicklung der Mitarbeiter praktiziert wird als auch kooperative individuelle Beziehungen vorherrschen, steigt das Verhältnis auf 7,5 zu 1 an. Vergleicht man nun noch Betriebe mit kooperativen individuellen Beziehungen mit Betrieben mit nicht-kooperativen Beziehungen steigt die Eintrittswahrscheinlichkeit von kooperativen kollektiven Beziehungen um das 4,5-fache an. Insgesamt erreicht man mit diesem zweiten Modell ein Pseudo-R^2 von 0,13. Dieser Wert ist zwar schlechter als der des ersten Modells, aber statistisch immer noch befriedigend. Von den 22 Betrieben mit nicht-kooperativen kollektiven Beziehungen wurden 11 richtig geschätzt. Bei den Betrieben mit kooperativen kollektiven Beziehungen wurde mit 37 von 45 eine bedeutend höhere Quote erreicht. Alles in allem stimmen in 72% der Betriebe die erwarteten und die geschätzten Werte überein. Schematisch lassen sich die Ergebnisse des zweiten Modells folgendermaßen zusammenfassen:

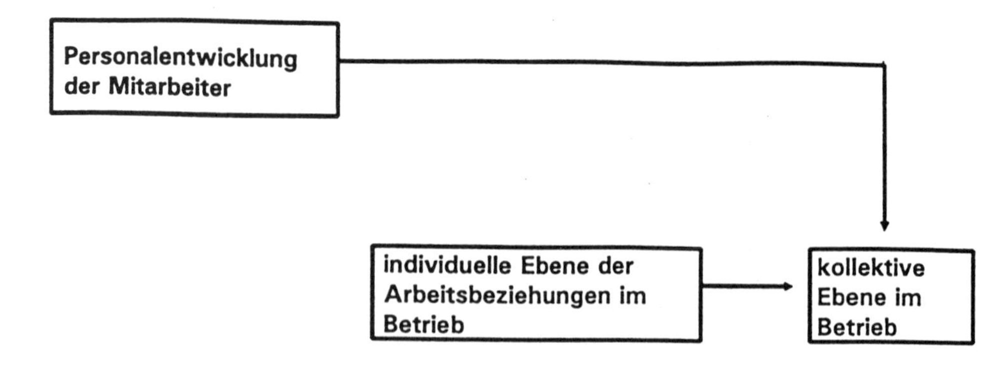

Abb. 6: HRM und kollektive Beziehungen im Betrieb

Bei diesem zweiten Modell ist besonders überraschend, daß von allen sieben HRM- Elementen nur die Personalentwicklung der Mitarbeiter einen signifikanten Einfluß auf die kollektive Ebene hat. Dies entspricht der originären gewerkschaftlichen Forderung nach betrieblicher Weiterbildung. Damit wird vom Management ein Personalprogramm implementiert, das die volle Unterstützung der Gewerkschaften und in der Regel auch der Betriebsräte hat. Das führt zu einer größeren Zufriedenheit der Betriebsräte, die sich dann in hohem Maße auf die kollektiven Beziehungen im Betrieb auswirkt. Neben der Personalentwicklung der Mitarbeiter hat nur noch die individuelle Ebene einen signifikanten Einfluß auf die kollektive Ebene im Betrieb. Dieses Ergebnis spricht für die Vermutung, daß eine größere Zufriedenheit der einzelnen Arbeitnehmer auch mit kooperativen Beziehungen des Managements zu den Betriebsräten einhergeht. Man kann damit deutlich sehen, daß das Ergebnis dieses Einflusses in Deutschland - im Gegensatz zu Großbritannien - nicht die Beseitigung der kollektiven Ebene im Betrieb ist. Genau das Gegenteil ist der Fall, denn HRM bewirkt vielmehr einen Anstieg an Kooperation und damit sogar eine Förderung der Stabilität des Systems der kollektiven Interessenvertretung.

Zusammenfassung und Vergleich der beiden Modelle

In einem dritten Schritt können nun die beiden zuvor dargestellten Modelle zusammengefaßt werden, um so den Einfluß von HRM auf beide Ebenen der betrieblichen Beziehungen zu zeigen. Dabei fallen besonders vier Besonderheiten auf. Zum einen der wesentlich geringere Einfluß der sieben HRM-Elemente auf die kollektive Ebene der Beziehungen im Betrieb als auf die individuelle Ebene, zum zweiten der relativ größere Einfluß der individuellen Ebene auf die kollektive Ebene als umgekehrt; drittens die Tatsache, daß drei HRM-Elemente auf keine der beiden Ebenen einen signifikanten Einfluß haben und schließlich noch der doppelte Einfluß der Personalentwicklung der Mitarbeiter. Diese vier Punkte werden mit Hilfe der folgenden Abbildung des Gesamtmodells besonders deutlich, wobei den Pfeilen jetzt Zahlen zugeordnet sind, die die Erhöhung der Eintrittswahrscheinlichkeit von kooperativen Beziehungen beim Wechsel vom Nicht-Praktizieren zum Praktizieren des jeweiligen HRM-Elements, bzw. von nicht-kooperativen zu kooperativen Beziehungen auf der jeweils anderen Ebene der Beziehungen beschreiben:

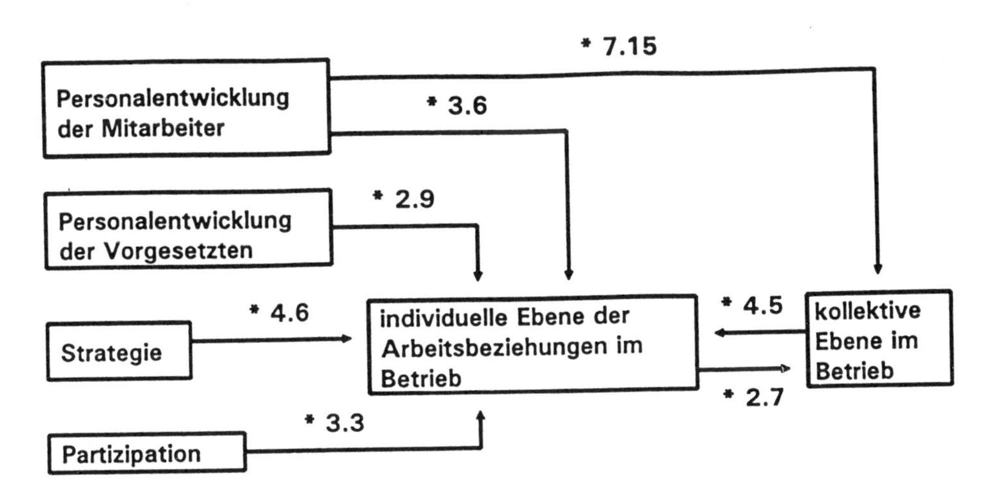

Abb. 7: Gesamtmodell: HRM und Beziehungen im Betrieb

HRM wird von D. Guest und anderen anglo-amerikanischen Autoren hauptsächlich als Managementansatz gesehen, der die individuellen Beziehungen im Betrieb fördert, indem die Arbeitnehmer stärker an den Betrieb gebunden werden. Damit setzt das HRM eindeutig auf der individuellen Ebene an, was unsere Untersuchung auch empirisch bestätigte. Von allen sieben HRM-Elementen haben vier einen signifikanten Einfluß auf die individuelle Ebene im Betrieb, wogegen lediglich die Signifikanz eines HRM-Elementes für die kollektiven Beziehungen nachgewiesen werden konnte. Neben diesem Punkt spricht auch ein Vergleich der erklärten Devianzen in den beiden Modellen für den größeren Einfluß des HRM auf die individuelle Ebene im Betrieb. Während mit den sieben HRM-Elementen 28% der Devianz der individuellen Ebene erklärt werden konnte, sinkt die Erklärungskraft für die kollektive Ebene auf 13% ab.

Neben diesem Aspekt ist vor allem der wechselseitige Einfluß der beiden Ebenen der betrieblichen Beziehungen von Interesse. Einerseits wird im zweiten Modell die Vermutung bestätigt, daß es sich bei den individuellen Beziehungen um eine intermediäre Variable innerhalb des Gesamtmodells handelt, über die die kollektive Ebene beeinflußt werden kann. Andererseits zeigt das Ergebnis des ersten Modells, daß in gewissem Umfang genauso die kollektive Ebene die Bedeutung einer intermediären Variablen hat. Ein Vergleich des wechselseitigen Einflusses zeigt, daß die kollektive Ebene den Eintritt von kooperativen individuellen Beziehungen um das 2,7-fache erhöht, während diese Erhöhung der Eintrittswahrscheinlichkeit im umgekehrten Fall auf das 4,5-fache ansteigt. Dieser Vergleich führt zu der Annahme, daß der Einfluß der individuellen Ebene auf die kollektive Ebene größer ist als der umgekehrte Einfluß, was als Indiz für die empirische Relevanz des modifizierten Ansatzes von Guest für Deutschland gewertet werden kann.

Betrachtet man noch den Einfluß der einzelnen HRM-Elemente auf die beiden Ebenen, fällt auf, daß drei HRM-Elemente gar keine Bedeutung spielen, während die Variable "Personalentwicklung der Mitarbeiter" als einzige einen Einfluß auf beide Ebenen hat. Überraschend ist dabei, daß bei den drei Variablen ohne Einfluß Variablen wie "Kommunikation" und "Unternehmenskultur" sind. Gerade von der Unternehmenskultur, deren Bedeutung spätestens seit der Veröffentlichung von Peters/Waterman in der Literatur eingehend diskutiert wird, hätte man einen signifikanten Einfluß erwartet (Peters/Waterman 1982). Vor allem deshalb, weil in der Literatur häufig der Zusammenhang zwischen Unternehmenskultur und einer daraus abgeleiteten Identifikation der Mitarbeiter hergestellt wird, die zu einer engeren Bindung an den Betrieb führen soll. Ein solcher Zusammenhang konnte zumindest bei den 74 untersuchten Betrieben der chemischen Industrie in Baden-Württemberg nicht bestätigt werden.

Alles in allem können wir sagen, daß die theoretische Verbindung von HRM und industriellen Beziehungen im Betrieb, wie sie Guest vorgenommen hat, teilweise empirisch bestätigt wird. Dabei gewinnt das Modell von Guest an Bedeutung, wenn die Beziehungen im Betrieb für Deutschland modifiziert und zwei Ebenen unterschieden werden. Durch diese Unterscheidung wird einerseits besonders die Zielrichtung des HRM deutlich, die fast ausschließlich auf das Verhältnis von Management und Arbeitnehmer zielt. Das bestätigt die These von Guest, daß die Beziehungen im Betrieb durch das HRM individualisiert werden. Andererseits wird gerade durch die Ergebnisse für den Einfluß des HRM auf die kollektive Ebene der zweite, länderspezifische Teil von Guest erwartungsgemäß verworfen. Während Guest durch das HRM eine Destabilisierung der traditionellen Beziehungen im Betrieb annimmt, führt dieser Managementansatz in Deutschland genau zum Gegenteil, nämlich zu Kooperation und damit auch zu Stabilität.

Konflikt und Kooperation in Perspektive

Betrachten wir die deutlich unterschiedliche Wirkung des HRM auf die individuellen und kollektiven industriellen Beziehungen im deutschen Kontext nochmals im internationalen Vergleich, so stellt sich die interessante Frage, inwieweit wir es überhaupt mit *einer* Dimension "Konflikt-Kooperation" zu tun haben. Sind Institutionen zur Regelung des Konflikts und Management zur Herstellung von Vertrauen eventuell zwei soziale Dimensionen, die zwar aufeinander aufbauen, aber unabhängig variieren können? Wir sind in unsere Studie mit der Annahme eines Kontinuums hineingegangen. Vieles spricht jedoch dafür, daß nicht nur individuelle und kollektive Ebene unterschieden werden müssen, sondern daß wir außerdem zwei Ebenen in der Dimension "Konflikt-Kooperation" zu unterscheiden haben.

Peter Ulrich weist auf den zweidimensionalen, gespaltenen Charakter des modernen Rationalisierungsprozesses hin. Er kontrastiert die funktionale Rationalisierung von Organisationen, nach der die Modernisierung von Organisationen sich vollzogen hat, und plädiert für die Öffnung zur kommunikativen Rationalisierung im Sinne einer kooperationsförderlichen Organisationsphilosophie, letztlich einer "Ethik der Kooperation in Organisationen" (Ulrich 1991). In diesen Kategorien läßt sich die Regelung des industriellen Konflikts als funktionale Rationalisierung begreifen. Der Arbeitgeber wird eingebunden durch *Mitbestimmung*. Durch Teilhabe an der Information wird das Vertragsrisiko des Arbeitnehmers vermindert, dies ist Verminderung von akutem *Konflikt*potential. Damit ist jedoch noch nicht die Kooperation des Arbeitnehmers angesprochen. *Kooperation* entsteht erst durch zusätzliches Bemühen, das eine langfristige Bindung ständig bestätigt, wie dies z.B. durch Human Resource Management geschieht.[13]

Vielleicht läßt sich der Abbau des Konfliktpotentials in den betrieblichen industriellen Beziehungen als Hygiene bezeichnen, als eine notwendige Maßnahme, die als solche noch nicht mehr bewirkt, als das Risiko des Konflikts zu vermindern.[14] In einem akuten Zustand des Konflikts läßt sich Kooperation nicht herstellen. Abbau von Konfliktpotential ist also Voraussetzung, aber auch nur Voraussetzung, für den Aufbau von Kooperation. Kooperation muß dann mit anderen Mitteln erst aktiv aufgebaut werden. Dabei kann das Niveau der Konfliktregelung unterschiedlich sein, wie auch das Niveau der Kooperation. Die Endpunkte der Dimensionen können also zueinander variieren.

---

13 Für eine transaktionstheoretische Begründung dieses Ansatzes s. Schmidtchen 1987, S. 145.

14 Diese Begriffsverwendung ist in Analogie zu Herzbergs Motivationstheorie entwickelt.

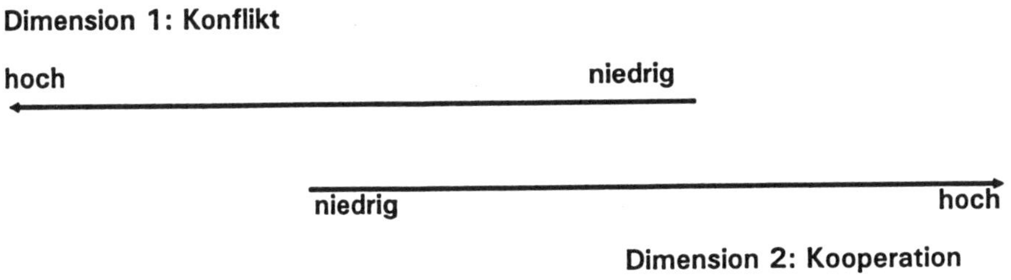

Abb. 8: Die zwei Dimensionen von Konflikt und Kooperation in den Arbeitsbeziehungen im Betrieb

HRM in Deutschland würde damit auf einem höheren Niveau der Konfliktregelung aufbauen können (weiter rechts in der Konfliktebene) als in Großbritannien. Dort und in den USA ist das HRM vermutlich entstanden, um konfliktäre kollektive Beziehungen zu vermeiden. HRM hätte also in diesem Kontext eine sehr viel breitere Aufgabe zu leisten. In der Literatur wird immer wieder darauf hingewiesen, daß Konfliktregelung durch Mitbestimmung oder einen kooperativen Führungsstil erreichbar ist. Die "rationale Systemsteuerung" ist im zweiten Fall sicher schwieriger und weniger gesichert, die Verknüpfung mit einer Kooperationsethik eher erleichtert.

Die Prüfung dieser weiterführenden Thesen wäre erst mit einer weiteren Untersuchung in einem Land möglich, das die rechtlich institutionalisierte Mitbestimmung nicht kennt.

Literatur

Ackermann, K., 1986: A Contingency Model of HRM-Strategy, in: Management Forum Bd. 6, S. 65-83.

Anthony, R., 1965: Planning and Control Systems: A framework for analysis, Harvard.

Arbeitgeberverband Chemie Baden-Württemberg 1991: Geschäftsbericht des Jahres 1990, Baden-Baden.

Beer, M., u.a. 1985: Human Resource Management, Free Press, London.

Chandler, A., 1980: Strategy and Structure: Chapters in the History of the American Industrial Enterprise, The M.I.T. Press, 11. Aufl. Cambridge.

Christensen, R., 1990: Log-Linear Models, Springer Verlag New York.

Devanna, M., Fombrun, C., Tichy, N., 1981: Human Resource Management: a strategic approach, in: Organizational Dynamics, S. 51-67.

Devanna, M., Fombrun, C., Tichy, N., 1982: Strategic Human Resource Management, in: Sloan Management Review, S. 47-61.

Devanna, M., Fombrun, C., Tichy, N., 1984: Strategic Human Resource Management, New York.

Dierkes, M., 1988: Unternehmenskultur und Unternehmensführung, in: Zeitschrift für Betriebswirtschaft, 58. Jg., Nr.5/6, S. 554-575.

Dyer, L., 1984: Studying Human Resource Strategy: An Approach and an Agenda in: Industrial Relations, Vol.23, No. 2., S. 156-169.

Edwards, P., 1991: Konflikt und Konsens. Die Organisation der betrieblichen industriellen Beziehungen, in: Müller-Jentsch, W., Konfliktpartnerschaft, München und Mering, S. 31-62.

Evans, P., 1986: The Context of Strategic Human Resource Management Policy in Complex Firms, in: Management Forum Bd. 6, S. 105-117.

Farnham, D., 1988: Personnel Managers or Human Resources Managers, in: Sundridge Park Management Review, S. 26-38.

Fowler, A., 1987: When chief executives discover HRM, in: Personnel Management, Vol. 19, No.3, S. 3.

Goodman, L., 1978: Analyzing Qualitative/Categorical Data, Addison-Wesley, London 1978.

Guest, D., 1987: Human Resource Management and industrial relations, in: Journal of Management studies, Vol. 24, No. 5, S. 503-521.

Guest, D., 1989: Human Resource Management: its implications for industrial relations and trade unions, in: Storey, J., (Hrsg.): New Perspectives on Human Resource Management, Routledge , London 1989, S. 41-55.

Guest, D., 1990: Human Resource Management and the American Dream ,in: Journal of Management studies, Vol. 27, No. 4, S. 377-397.

Guest, D., Dewe, P., 1991: Company or Trade Union: Wich Wins Workers Allegiance ? A Study of Commitment in the UK Electronics Industry, in: British Journal of Industrial Relations, Vol. 29, No.1, S. 75-96.

Hendry, C., Pettigrew, A., 1986: The Practice of strategic human resource Management, in: Personnel Review, Vol. 15, No. 3, S. 3-8.

Horwitz, F., 1990: HRM: An Ideological Perspective, in: Personnel Review, Vol. 19, No. 2, S. 4-11.

Hosmer, D., Lemeshow, S., 1989: Applied Logistic Regression, John Wiley & Sons, New York.

Keenoy, T., 1990: HRM: A Case of the Wolf in Sheep's Clothing, in: Personnel Review, Vol. 19, No. 2, S. 3-10.

Kochan, Th. u.a. 1986: The Transformation of American Industrial Relations, Basic Books Inc., New York.

Kühnel, S., Terwey, M., 1990: Einflüsse sozialer Konfliktlinien auf das Wahlverhalten im gegenwärtigen Vierparteiensystem der Bundesrepublik, in: Müller, W.: Blickpunkt Gesellschaft, Westdeutscher Verlag, S. 63-94.

Legge, K., 1989: HRM: a critical analysis, in: Storey, J., (Hrsg.): New perspectives on HRM, London, S. 19-40.

Marr, R., 1986: Strategisches Personalmanagement des Kaisers neue Kleider ?, in: Management Forum Bd. 6, S. 13-23.

Moran, M., 1983: Die Ursprünge des Industrial Relations Act, in: Windolf, P., (Hrsg.): Gewerkschaften in Großbritannien, Campus Verlag, Frankfurt a.M., S. 259-284.

Müller-Jentsch, W., 1991: Productive Forces and Industrial Citizenship: An Evolutionary Perspective on Labour Relations, in: Economic and Industrial Democracy, London, Vol. 12, S. 439-467.

Norusis, M., 1990: SPSS/PC+ Advanced Statistics 4.0, SPSS Inc. 1990.

Oechsler, W., 1992: Personalwirtschaft: Ökonomie in ihren sozialen Schranken, in: Die Betriebswirtschaft, 52 Jg., Nr. 2, S. 272-276.

Ott, A. 1983: Die Wirtschaft des Landes Baden-Württemberg, Landeszentrale für politische Bildung, Stuttgart.

Peters, Th Waterman, R. 1982: In Search of Excellence, New York.

Schein, E., 1987: The Art of Managing Human Resources, Oxford University Press, Oxford.

Schmidtchen, D., 1987: Sunk costs, Quasirenten und Mitbestimmung, in: Jahrbuch für Neue Politische Ökonomie, 6. Band, S. 139-163.

Staehle, W., 1988: Human Resource Management (HRM) - Eine neue Managementrichtung in den USA ?, in: Zeitschrift für Betriebswirtschaft, 58. Jg., Nr. 5/6, S. 576-586.

Staehle, W., 1989: Human Resource Management und Unternehmensstrategie, in: Mitteilungen aus der Arbeitsmarkt- und Berufsforschung, 22. Jg., Nr. 3, S. 388-396.

Staehle, W., Schirmer, F., 1990: Untere und mittlere Manager als Adressaten des Human Resource Managements (HRM), in: Die Betriebswirtschaft, 50. Jg., Nr.6, S. 707-720.

Thomas, R., 1988: What is Human Resource Management ?, in: Work, Employment & Society, Vol. 2, No. 3, S. 392-402.

Ulrich, P. 1991: Zur Kritik der Kooperation in Organisationen, in: Wunderer, R. (Hrsg.): Kooperation. Gestaltungsprinzipien und Steuerung der Zusammenarbeit zwischen Organisationseinheiten, Stuttgart, S. 69-89.

Urban, D., 1989: Multinominale LOGIT-Modelle zur Bestimmung des Abhängigkeitsstruktur qualitativer Variablen mit mehr als zwei Ausprägungen, in: ZA-Information 26,S. 36-61.

Walton, R., 1985: From control to commitment in the workplace, in: Harvard Business Review, Vol. 63, S. 77-84.

Walton, R., 1987: Innovating to compete: Lessons for Diffusing and Managing Change in the Workplace, Jossey-Bass Publishers, San Francisco.

Weitbrecht, H., 1991: Industrial Relations in the European Environment - A Management Perspective, in: Sadowski, D., Jacobi, O., (Hrsg.): Employers' Associations in Europe: Policy and Organisation, Baden-Baden, S. 170-187.

Wohlgemuth, A., 1986: Human Resource Management aus unternehmungspolitischer Sicht, in: Management Forum, Bd. 6, S. 85-103.

Wohlgemuth, A., 1990: Wettbewerbsvorteile schaffen durch Human Resources Management, in: Zeitschrift für betriebswirtschaftliche Forschung und Praxis, 42. Jg., Nr. 1, S. 84-96.

Welche Maske zu welcher Gelegenheit?

Anmerkungen zur Debatte um Frauen und Management

Claudia Weber

Die Unterrepräsentation von Frauen in wirtschaftlichen Führungspositionen ist zweifellos nur ein Aspekt ihres generellen Defizits an öffentlicher Einflußnahme und Macht. Während ihr diesbezüglicher Rückstand in zentralen gesellschaftlichen Bereichen wie Politik, Wissenschaft und Kultur seit langem offenkundig ist, wurde ihr de facto Ausschluß aus dem Management erst relativ spät, dann aber um so vehementer thematisiert. Daraus hat sich eine lebhafte und weitverzweigte Debatte entwickelt, an der sich Experten beiderlei Geschlechts und vielerlei Provenienz beteiligen und die manch seltsame Blüte treibt. Ihre Hauptargumentationsmuster und -wendepunkte möchte ich im folgenden in ideologiekritischer Absicht darstellen und analysieren.

Dabei verzichte ich bewußt auf den Versuch einer säuberlichen Grenzziehung zwischen seriösen und halb- oder unseriösen Beiträgen, weil ich meine, daß letztere für das ideologische Klima dieser Debatte, das mich vorrangig interessiert, mindestens ebenso aufschlußreich sind wie wissenschaftliche Studien. Der Ton, den sie anschlugen, prägte die Diskussion insgesamt stärker als die Ergebnisse der wenigen einschlägigen empirischen Untersuchungen. Zeitlich betrachtet ging das modische Gerede über "Frauen im Management", über einen neuen, angeblich weiblichen, Führungsstil, der sozialwissenschaftlichen Beschäftigung mit diesen Themen in der Organisationssoziologie voraus. Es ist bezeichnend, daß es der frühen Studie von R. M. Kanter ("Men and Women in the Corporation", 1977) nicht gelang, "Organisation und Geschlecht" als legitimen Forschungsgegenstand der Organisationssoziologie zu etablieren: "The gendered nature of organizations and their management has not been part of the dominant male stream traditions of theorizing on organizational activity. Until very recently, academia, in this case at least, has obscured life rather than reflected it." (Burrell/Hearn 1969, S. 1)

Daß die traditionelle Geschlechtssubordination auch im Unternehmensmanagement von ambitionierten Frauen in Frage gestellt wurde (und einigen wenigen tatsächlich der Aufstieg gelang), wurde anscheinend erst wahrgenommen, als sich die Medien (zuerst in den USA) der "Karrierefrauen" als exotischer Spezies annahmen, wobei sie sich vorwiegend für die erotischen Implikationen - sprich Affären und Skandale - interessierten. Inzwischen stoßen Forschungsvorhaben, die explizit "Sexualität und Organisation" thematisieren, wie Burrell/Hearn berichten, zwar immer noch auf "sarcasm, embarrassment and hostility" (ebd. S. 10) und lassen Forschungsfinanziers bei der Mittelvergabe zögern, aber die Organisationssoziologie und verwandte Disziplinen klammern die Problematisierung des Geschlechterverhältnisses (auf allen Etagen der Unternehmen) nicht mehr wie früher aus ihrem Interessenspektrum gänzlich aus.

Aus der hier nur knapp angedeuteten Vorgeschichte des Forschungsfeldes "Frauen im Management" resultiert ein verständliches Unbehagen an der populärwissenschaftlichen (und häufig "halbseidenen") Präsentation dieses Themas, das sich vorwiegend als Kritik an der schmalen oder gar nicht ausgewiesenen empirischen Basis vieler Behauptungen äußert (vgl. Schiersmann 1992, S. 5; Brumlop 1992, S. 9). Nun ist es eine Binsenweisheit, daß die populären Formen der Berichterstattung (über sogenannte Karrierefrauen bzw. Frauenkarrieren) nicht an wissenschaftlichen Kriterien gemessen werden können, sondern sich quasi auf den ersten Blick als Ideologie zu erkennen geben. Allzu deutlich ist ihr kompensatorischer Charakter angesichts der Tatsache, daß die überwältigende Mehrheit der erwerbstätigen Frauen in den Niederungen der Arbeitswelt glanzlose Jobs verrichtet. Es ist offensichtlich, daß der "Glamour" der Begriffsverbindung "Frau" und "Karriere" von der Alltagsmisere niedrigentlohnter, monotoner und perspektivloser Arbeit ablenken und in eine Traumwelt entführen soll, die Hollywood in Filmen über Karrierfrauen (vgl. "Working girl") bebildert.

So naheliegend diese ideologiekritische Deutung ist, so sehr verfährt sie meines Erachtens nach "Schema F", denn sie kann nicht erklären, warum die entsprechenden Themen ("Frauen im Management", "neuer Führungsstil" etc.) in den letzten Jahren - keineswegs nur von weiblichen Autoren - derart nachdrücklich aufgegriffen und diskutiert wurden. Meine These ist, daß es sich bei aller Effekthascherei nicht nur um eine Erfindung geschäftstüchtiger Publizisten (etwa vom Schlage Gerkens, "Management by Love" 1993) handelt, sondern daß diese Debatte bestimmte gesellschaftliche Entwicklungen teils widerspiegelt, teils vorantreibt. In einer Diskussion, die weit über die sogenannte Fachöffentlichkeit hinausreicht, bringen diese Schlagworte offensichtlich veränderte Qualifikationsanforderungen an wirtschaftliche Führungstätigkeit zum Ausdruck und stellen neue Verhaltensnormen für diejenigen auf, die Leitungspositionen innehaben oder anstreben. Sie formulieren Leitbilder in Form idealtypischer Beschreibungen und Anweisungen, die zeigen, wie innovativ, kreativ und souverän der neue Typus des Managers (der Managerin) Führungsprobleme lösen soll.

Ein beliebtes Stilmittel ist die abschreckende Schilderung autoritärer Methoden, die angeblich "überholt" sind, obwohl sie noch gestern als effizient und nachahmenswert galten. Es mangelt nicht an eingängigen Bildern, die Manager alten Schlages als beutegierige "Jäger" schildern. Ihnen wird das klassische Weiblichkeitsstereotyp der "fürsorgliche(n) Mutter" entgegengehalten (Johansson in Demmer 1988, S. 6). Das ist zweifellos halb-ironisch gemeint, aber bemerkenswert ist der hohe Grad an Übereinstimmung der Metaphern (Manager als "Haie", als "Mütter", vgl. Pascale/Athos 1981, S. 171 u. 200; Finne 1992). Den Vogel schießt dabei zweifellos der Meeresbiologe Hans Hass (1990) ab, der dem "Hai im Management" eine verhaltensbiologisch fundierte Studie gewidmet hat, die in der Maxime gipfelt: "Achte auf Feinde, damit Du nicht selbst im Magen anderer landest!" (ebd. S. 11).

Meine These ist, daß die modische Debatte um "Frauen im Management", "neuen Führungsstil" in Anspruch und Wirkung nicht zu vordergründig interpretiert werden darf. Notwendig ist eine Art Dechiffrierung: Anders als suggeriert geht es darin meines Erachtens nicht in erster Linie um die Karrierechancen von Frauen. Dies ist nur der "Aufhänger" für eine Diskussion, die die Neu- oder Umsozialisierung von Männern zum Gegenstand hat, auch und gerade durch die Reintegration als weiblich geltender Persönlichkeitszüge und Verhaltensweisen. Die Debatte um "Frauen im Management" enthält implizite Anweisungen an diejenigen, die heute immer noch überwiegend die Chefetagen bevölkern (und dies auch in Zukunft zu tun gedenken): an männliche Manager, denen sie tiefgreifende Veränderungen der Führungsmethoden, ja ihrer gesamten Selbstpräsentation, nahelegt.

Ich behaupte, daß mithilfe der hier vorgeschlagenen Interpretationsperspektive (einer Metadeutung gewissermaßen) verschiedene ideologische Argumentationsmuster der Debatte um "Frauen im Management" transparenter werden, als wenn man sie allzuwörtlich versteht. Verständlicher wird dann auch jenes Rätsel, warum Frauen im Management immer noch Seltenheitswert haben, obwohl ihrem Aufstieg in fortschrittlichen Unternehmen (siehe Werbung der "Deutschen Bank" etc.) angeblich nichts mehr im Wege stehe. Längst hat die Debatte um "Frauen im Management" (der Einfachheit halber im folgenden F/M-Debatte genannt) eine Eigendynamik entfaltet, die ich nunmehr skizzieren möchte.

Rhetorik der Klage

Von Anfang an unterschied sich die F/M-Debatte von anderen Diskussionen um Frauendiskriminierung durch eine besondere Vagheit der Definition und unpräzise Zahlenangaben. Weil unklar war, wer überhaupt zu den Führungskräften zählt, blieben Zahlenangaben zu "Karrierefrauen" vage: Danach sollen etwa 2 bis 3 Prozent des oberen Managements in Großbetrieben Frauen sein (Näser 1989 zit. bei Schiersmann 1992, S. 2), im mittleren Management sollen circa 8 Prozent Frauen tätig sein (Eurostat 1987 zit. bei Hörburger 1988, S. 223). Wie dünn die Luft an der Spitze für Frauen tatsächlich ist, machen am ehesten noch Angaben aus Regionen unterhalb des Gipfels deutlich: So waren 1987 in der obersten tariflichen Leistungsgruppe bei den (kaufmännischen und technischen) Angestellten nur 8,8 Prozent der weiblichen Angestellten eingruppiert, bei den männlichen Angestellten waren es 44,7 Prozent. Diese (verläßlicheren) Zahlen zur tariflichen Eingruppierung zeigen, daß Frauen höchst selten auch nur die erste Stufe der Karriereleiter erreichen, die im strikten Sinn erst bei außertariflicher Bezahlung beginnt (Statistisches Bundesamt, Fachserie 16, Reihe 2.1.2.2).

Von Ausnahmen wie Bischoff abgesehen, die 1990 Männer und Frauen im mittleren Management befragte, hat die F/M-Debatte bisher wenig hieb- und stichfeste Untersuchungen zu Ausmaß und Erscheinungsformen der Diskriminierung weiblicher Führungskräfte hervorgebracht. In Politik und Wissenschaft ist die Frauendiskriminierung vergleichsweise viel genauer dokumentiert (was mit der exakteren Definition des "politischen Mandats" oder der "Position im Wissenschaftsbetrieb" zusammenhängen mag). Gemessen an den dort vorgenommenen Bestandsaufnahmen (gewissermaßen Kartographien der Diskriminierung) gefiel sich die F/M-Debatte von Anfang an in mehr oder weniger gewagten Spekulationen über eine "weibliche Zukunft" im Management, über "latente weibliche Führungsqualitäten", die ihr eine spezielle Note verliehen, die sich von der anderer Diskriminierungsdiskurse stark unterschied. Im Gegensatz zu vielen Kritiker/innen sehe ich darin nicht nur einen Nachteil, etwa einen bedauernswerten Mangel an empirischer Exaktheit, sondern auch einen Vorzug, der etwa darin besteht, daß der Weg zur "Klagemauer" weniger häufig beschritten wird.

Die Diskriminierungsdebatten, an die sich die Öffentlichkeit als eine Art Hintergrundgeräusch gewöhnt hat, verknüpfen in der Regel den zahlenmäßig akribisch geführten Nachweis der Frauendiskriminierung mit einer Rhetorik der Klage und Anklage, der Schuldzuweisungen und (auf der Gegenseite) "good will"-Erklärungen. Es genügt, sich den entsprechenden Typus der Diskussion um "Frauen in der Politik", "Frauen in der Wissenschaft" vor Augen zu führen (ohne in die Details zu gehen), um einzusehen, daß ihre Sterilität in genau jener Verbindung von Fakten und Dauerempörung besteht. (Damit möchte ich nicht behaupten, daß diese Debatten überflüssig sind, sondern nur, daß sie als institutionalisierte Dauerdiskussion Ersatz sind für ernstgemeinte Problemlösungen.) Es ist eine spezielle Eigenart des F/M-Diskurses, daß er auf das etablierte Rollenspiel (hier Klägerinnen - dort Angeklagte) weitgehend verzichtet und damit auch auf den wohlbekannten Ablauf eines Rituals. Dieser "Klageverzicht" kommt nicht von ungefähr, sondern trägt meines Erachtens den spezifischen Bedingungen des Gegenstandsbereichs "Ökonomie" Rechnung: In einer Marktwirtschaft macht es wenig Sinn, nach einer Beschwerdeinstanz, einem "Übervater", zu suchen, bei dem sich die Beteiligung an wirtschaftlicher "Führung" einklagen ließe. Daß der F/M-Diskurs diesen ausgetretenen "Klageweg" links liegen läßt, beweist Realismus: So sind beispielsweise im Kontext der Debatte um "Frauen im Management" Forderungen nach Frauen-Aufstiegsquoten selten erhoben worden - und wenn, dann nur in Form freiwilliger Selbstverpflichtung (vgl. Steckmeister 1992 zur VW-Frauenförderung).

Von dieser realistischen Ausgangslage hat die Auseinandersetzung mit der Frage, warum Frauen im Management selten vertreten sind und wie sich ihre Präsenz dort steigern ließe, meines Erachtens profitiert (was aber nicht bedeutet, daß die Antworten immer realistisch ausgefallen sind). Zwei charakteristische Antworten (zugleich Frühstadien der Debatte) möchte ich im folgenden knapp skizzieren: die These von der "Führungslücke" und die These vom "plastischen Selbst". Beides sind wichtige Etappen, die sich diametral unterscheiden und die zugleich den für das Selbstverständnis der Protagonisten/innen entscheidenden Umschlagpunkt von Passivität in Aktivismus anzeigen. Mit der Diskussion über eine als notwendig erachtete Selbst-Transformation ist jenes Stadium erreicht, in dem die F/M-Debatte sich zu einem beide Geschlechter ansprechenden Diskurs über einen neuen Führungsstil weitet: Danach müssen sich nicht nur traditionell-sozialisierte Frauen, sondern auch Männer "transformieren", weil ihre Sozialisation sie nicht oder nicht mehr adäquat auf Managementaufgaben vorbereite. (In diesem Zusammenhang spielt auch das "Modell Japan" seine fragwürdige Rolle.) In Wirklichkeit sind diese Argumentationsmuster jedoch nicht eindeutig als Stadien hintereinandergeschaltet: So ist die "Lückenthese" keineswegs obsolet, sondern taucht in immer neuen Varianten auf. Das zeigt, daß sie in der Debatte um "Frauen im Management" eine ganz bestimmte sozialpsychologische Funktion erfüllt.

Automatisch zum Erfolg

Die "Lückenthese" geht davon aus, daß der Rückgriff auf Frauen als Führungskräfte automatisch erfolgen wird, aus "nüchterne(n) demographischen Berechnungen", wie eine ihrer Protagonistinnen im FAZ-gesponserten Sammelband "Frauen ins Management" schreibt (Henes-Karnahl 1988, S. 33). Unter Berufung auf "renommierte Forschungsinstitute" (von denen nur Prognos ohne Quellenangabe namentlich genannt wird), prognostiziert sie bis zur "Jahrtausendwende ...eine(n) Mangel an Führungskräften in Höhe von rund 500.000 Personen" (ebd.). Diese vom demographischen

Schrumpfungsprozeß verursachte "Lücke" dünne schon "ab Mitte der neunziger Jahre im Management die Personaldecke aus" (ebd.).

Allen Varianten dieser "Lückenthese", auch den solider fundierten des Instituts für Arbeitsmarkt und Berufsforschung, nach denen der Anteil der Beschäftigten mit planenden und dispositiven Funktionen im nächsten Jahrzehnt von knapp 10 auf 14 Prozent aller Erwerbstätigen steigen wird (Stooss/Weidig zit. bei Schiersmann 1992, S. 6), ist das Grundmuster eines Entwicklungsautomatismus eigen. Die dagegen vorgebrachten Argumente prangern den Pseudo-Objektivismus von Zukunftsprognosen an, die mit unsicheren Zahlenangaben jonglieren und bestenfalls Trendextrapolation betreiben. Vor allem machen sie geltend, daß gegenläufige Tendenzen der Enthierarchisierung ignoriert würden, als ob die Zahl der Führungspositionen eine fixe Größe jenseits allen historischen Wandels sei. In Wirklichkeit deute aber vieles darauf hin, daß genau jene mittleren Führungspositionen schwinden werden, die am ehesten noch in der Reichweite von Frauen lägen (Schiersmann 1992, S. 6; Brumlop 1992, S. 10).

Der Popularität der "Lückenthese" konnte Kritik bisher - wie erwähnt - nichts anhaben. Wird in den Medien über "Frauen im Management" berichtet, dann taucht unter Garantie, von scheinbar vertrauenerweckenden Zahlen untermauert, das "Lücken"-Argument auf. Die Hartnäckigkeit, mit der es sich behauptet, leitet sich offensichtlich von der optimistischen Botschaft ab, die es für beide Geschlechter bereithält: Frauen verleiht die "Lückenthese" ein "Nothelfer"-Image, das an historische Erfahrungen aus Kriegs- und Nachkriegszeiten anknüpft. Daß sie damals wie zukünftig als Lückenbüßerinnen fungieren, scheint nicht zu stören: "Frauen helfen Zukunftsprobleme lösen" lautet ganz unironisch eine Kapitelüberschrift bei Henes-Karnahl (ebd. S. 40), die der Devise "Frauen ins Management" einen fast karitativen "Touch" verleiht. Offensichtlich ermöglicht es diese Deutung, das eigene Selbstbild und "Image" von als bedrohlich empfundenen aggressiv-konkurrenten Zügen freizuhalten. Vor allem befreit sie vom Handlungszwang und suggeriert, die Stunde X einfach abzuwarten. Die Popularität der Lückenthese ist nicht zuletzt ein Indiz dafür, daß Frauen gemeinhin jene Haltung, die man in Frankreich "ôte toi que je m'y mette" nennt, noch immer schwerfällt, obwohl man sie ihnen neuerdings gern pauschal unterstellt.

Die Kaschierung der Führung als Helferrolle kommt aber auch jenen Männern entgegen, denen die Vorstellung, Frauen könnten ohne "Not" an die Spitze gelangen, Unbehagen bereitet und manchmal massive Abwehrreflexe auslöst. So hat der Attentismus der "Lückenthese" den Vorteil, beide Geschlechter zu beruhigen: Einmal, indem er Frauen darin bestärkt zu glauben, daß ihre Zeit, ein "New Age" des weiblichen Managements, automatisch kommen wird. Zum anderen, indem er das männliche Establishment an den Gedanken einer unvermeidlichen, aber glücklicherweise noch weit entfernten weiblichen Partizipation gewöhnt.

Das plastische Selbst

Verglichen mit der optimistischen, aber passiven Ausrichtung der "Lükkenthese" zeichnet sich diese Variante der F/M-Debatte durch eine radikal andere Haltung aus: durch aktiv praktizierten Masochismus. Es ist deshalb zunächst kaum vorstellbar, daß die Idee eines "plastischen Selbst" (wie eingangs behauptet) den Rahmen eines "Frauenthemas" sprengen wird. Zum Argument, daß auch (männliche) Manager sich neue Persönlichkeitszüge aneignen müssen (und sei es als "Maske") führt ein weiter Weg, der sich in einer ziemlich verschlungenen Diskussion niederschlägt. Ihr Kennzeichen ist eine radikale Subjektivierung des Aufstiegsproblems, als ob Aufstieg nur noch davon abhinge, über bestimmte Persönlichkeitszüge (qua Sozialisation oder "Transformation") zu verfügen - und sei es als Maske. Objektive Barrieren oder Chancen (wie demographische Trends) spielen in diesem Argumentationsmuster keine Rolle mehr. Die Managementkarriere wird von der sorgfältig kultivierten (oder simulierten) Selbstpräsentation abhängig gemacht: Wer beansprucht, andere zu managen, muß nach dieser These erst einmal erfolgreiches Selbst-Management betreiben. Die weibliche Unterrepräsentation im Management wird mit Defiziten der weiblichen Sozialisation in Zusammenhang gebracht, die für ein defektes "Ego" verantwortlich seien oder zumindestens für eins, das für den unternehmensinternen Konkurrenzkampf gänzlich ungeeignet sei: "The process of gender socialization is a culture trap in which women are relatively ill-prepared for organizational life." (Mills 1989, S. 34).

Vertreter/innen dieser These begnügen sich in der Regel nicht mit dieser (zumindest bei weiblichen Autoren) masochistisch getönten Defizitanalyse, sondern propagieren Therapien, die - wie die Flut der diversen Ratgeber des Genres "Mut zum Erfolg" (vgl. Schenkel 1986) und ihre Auflagenhöhe zeigt - auf Frauen offensichtlich eine unwiderstehliche Anziehungskraft ausüben. Dort wird ein "plastisches Ich" suggeriert und die Selbstheilungskräfte gepriesen (freilich nicht ohne auf den Beistand der "Ratgeberinnen" zu verweisen). Daß ein angeblich deformiertes weibliches Wesen nach dem Kraftakt der Selbst-Transformation zur "Karrierefrau" wie Phönix aus der Asche steigt, macht den Clou dieser These aus.

In diesem Genre halte ich das Buch von B. L. Harragan (1977) für besonders aufschlußreich, weil ich erlebt habe, wie stark sich Frauen vom Titel angesprochen fühlen (der auch mich spontan zum Kauf bewegte): "Games Mother Never Thaugt You - Corporate Gamesmanship for Women". Der Hinweis auf mangelnde Spielerfahrung und Regelkenntnis artikuliert offensichtlich für viele Frauen ein tiefempfundenes Gefühl der Versagung und des Versagens, das sie für Harragans Präsentation eines Sündenbocks empfänglich macht (eine Rolle, für die sich "Mutter" offensichtlich so gut wie niemand sonst eignet). Wie andere Autorinnen dieses Genres reduziert Harragan die Arbeit in Organisationen auf ein "power game" (vgl. ihr Vorwort), das heißt auf ein Spiel um Aufstieg und Macht, das ungeschriebenen Regeln folge. Traditionell-feminines Verhalten stelle darin ein "Handicap" dar.

In einer für die entsprechende Karriere-Ratgeberliteratur charakteristischen Weise erscheint die subjektiv-defekte Natur plastischer, das heißt leichter veränderbar als die harte, quasi-objektive Realität der Regeln. Deswegen beziehen sich die detaillierten Veränderungsvorschläge von Harragan und anderen auf das "Äußere" der Karriereaspirantinnen (d.h. auf ihr Auftreten und ihre Erscheinung) und auf das "Innere" (auf ihre Gefühle, ihre Selbstwahrnehmung), aber niemals auf die Regeln der Organisation als unerschütterliche soziale Realität. Nach Hochschild (1990a, S. 291), die die Ratgeber als Soziologin analysiert, lehren sie: "how to act and feel. Such books guide women in their surface acting (where they try to change how they outwardly appear) and in their deep acting (where they try to change how they actually feel)."

Die propagierte Selbstmodellierung basiert darauf, daß Personen in untergeordneter Position ("subordinates") gezwungen sind, "mehr zu schauspielern" ("to act more") und sich nach denen zu richten, die die Kontrolle ausüben." Da Frauen generell Männern untergeordnet sind, mußten sie immer schon mehr Anpassungsbereitschaft demonstrieren. Für aufstiegsorientierte Frauen reicht es aber nicht mehr aus, sich traditionell-feminin zu präsentieren. Mißerfolge lehren sie, erfolgreiches, in der Regel männliches Verhalten, zu kopieren. Daraus folgt häufig ein mehr oder weniger bewußt strategischer Umgang mit Geschlechtercodes: "The study of gender strategy becomes the study of the ways in which women switch codes, mix codes, and balance codes, trying unconsciously to seem just so feminine in one aspect of self in order to seem just so masculine in another" (ebd. S. 292). Je reflektierter der Einsatz der entsprechenden Codes, desto größer der Vorsprung vor denjenigen, die den strategischen Umgang mit traditionell-geschlechtstypischem Verhalten (noch) nicht praktizieren (Harragan: "give you an edge over males").

Auch im selbstmanipulativen Umgang mit Gefühlen - "feeling rules, emotion work" (ebd.) -, der Frauen immer schon in größerem Umfang als Männern abverlangt wurde, erweist sich die Karrierefrau "in spe" als überlegen, insbesondere wenn es um das Problem geht "how to manage her emotions so that she can feel about a situation what is useful to feel?" (Hochschild 1990b, S. 198). Ziel ist ein perfekt gemanagtes Selbst, Ausschalten jeder Friktion zwischen "Innen" und "Außen": Nur wer sich selbst perfekt managt, verdient es, ins Management aufzusteigen: Ein Erfolgskriterium ist der Machtgewinn im "power game" (Harragan). Ein alle realen Hindernisse transzendierender Optimismus als "feeling rule" (Hochschild 1990b, S. 199), kennzeichnet die Unterstellung eines "plastischen Selbst". Im Leitbild des "neuen Managers", der androgyne Persönlichkeitszüge und Verhaltensweisen zeigt, schlägt sich dieser Anspruch nieder.

Hase und Igel

Damit weitete sich die feministisch inspirierte Debatte um "Frauen im Management" zu einer Diskussion über neue Managementformen. In mancher Hinsicht erinnert diese Wendung an ein Wettrennen zwischen Hase und

Igel: Während Karriereberaterinnen wie Harragan etc. noch mit beschwörendem Unterton aufstiegsorientierten Frauen die angeblich unverzichtbaren Karrierenormen von "detachment, coolness, psychic toughening" (Hochschild 1990b, S. 196, S. 201) nahezubringen suchten, prangerten männliche Managementkritiker längst ihre negativen ökonomischen Implikationen an: "Being tough is not good business" (Ouchi, S. 152). Es sind "weiche", angeblich japanische Verhaltensmuster und Führungsmethoden, die sie in Bestsellern (vgl. Pascale/Athos 1981, Ouchi 1981) zum neuen Vorbild stilisieren.

In der Perspektive dieses populären (ausschließlich von Männern gepflegten) "Modell Japan"-Genres verwandeln sich die von den weiblichen Karriereberatern wortreich denunzierten Verhaltensaspekte (Emotionalität, Dependenz, Ambiguität) plötzlich in Insignien des Erfolgs. Dagegen werden Managementmethoden, die vor nicht allzulanger Zeit noch als non plus ultra durchsetzungsstarken Verhaltens galten, kurzerhand für den Niedergang der amerikanischen Wirtschaft verantwortlich gemacht (vgl. Ouchi 1981, S. 152). An einem prominenten Beispiel demonstrieren Pascale/ Athos diese Umwertung der Werte: Ein amerikanischer Spitzenmanager (H. S. Geneen), der die Leitung des international operierenden Konzerns ITT zwei Jahrzehnte lang inne hatte, dient ihnen dabei als "Buhmann".

Der "Fall Geneen" ist aufschlußreich, weil er eine Konfrontation von Selbst- und Fremdbild gestattet, denn fast zeitgleich mit der Veröffentlichung von Pascale/Athos hat Geneen selbst sein Managementverständnis zu Papier gebracht (Geneen 1984). Vergleicht man seine Selbstdeutung mit der Interpretation seiner Person und seines Stils bei Pascale/Athos, dann wird deutlich, welche Kluft sich zwischen den sogenannten Macho-Managern und ihren männlichen Kritikern, ohne direkte Bezugnahme auf die feministisch inspirierte Managementdebatte, aufgetan hat: Was die einen als "Rambo - Stil" kritisieren oder als egozentrische Borniertheit, das gilt den Trägern solcher Persönlichkeitszüge und Verhaltensstile als Ausfluß selbstloser Energie "im Dienste der Sache".

Blinder Fleck

Seinen Kritikern an Humor überlegen, weist Geneen das ihm verpaßte Etikett "eines schwierigen gnadenlosen Schweinehundes, der seine Untergebenen mit seinem fanatischen Kampf um Quartalserträge vorzeitig ins Grab treibt" nur halbherzig zurück (ebda. S. 145). Tatsächlich sind ihm, der seine "Buchhalternatur" (S. 44) nicht verhehlt, wie er freimütig einräumt, die "Zahlen" das wichtigste: "...alles andere ist in meinen Augen Nonsens." (S. 119). Daß er damit wirklich nur die kurzfristige Ertragssituation meint, geht, wie er stolz berichtet, aus der von ihm persönlich redigierten "kürzesten Hausmitteilung in der Geschichte von ITT" hervor. Sie lautete: "Von nun an gibt es keine langfristige Planung mehr" (S. 55). Mißtrauisch, zwanghaft, kontrollierend ("den Topf läßt man nie aus den Augen" (S. 37)), unterstellt er seinen Untergeben prinzipiell, ihm die "unshakable facts" (S. 104), auf die alles ankomme, vorenthalten zu wollen. Dennoch, meint er im Rückblick, habe das Managementteam unter seiner Leitung die Entwicklung des Unternehmens "in vollen Zügen genossen" (S. 145).

In seinem Buch kommt Geneen tatsächlich dem Bild sehr nahe, das seine Kritiker von ihm entwerfen (und das man ohne seine authentischen Äußerungen evtl. für ein Zerrbild gehalten hätte). Daß es sich dabei nicht um einen skurrilen Einzelfall handelt, hat erst kürzlich ethnologische Feldforschung im amerikanischen Management bestätigt (Morrill 1991, vgl. Finnes "Haifischteich"): In den oberen Etagen fliegen alle Tage die Fetzen und gelegentlich auch die Fäuste. Morrill berichtet von einer Schlägerei zweier Manager auf dem Firmenparkplatz unter den Augen mehrerer tausend Belegschaftsangehöriger (Morrill 1991, S. 885). Die offene Konfrontation, das "shoot-out" nach den strengen Regeln des Duells, ist das Standardmodell der sozialen Beziehung. Man/n bewährt sich im Kampf, ist "stark" und wird so für andere - potentielle Verbündete - attraktiv: "Ein Manager ohne Ehre oder ohne Allierte ist in dieser Firma tot." (Morrill, S. 887). "Die darwinistische Bewährung an der Front ist die Chance zum Aufstieg" (Finne 1992). Die informelle Wertschätzung (und nicht zuletzt der Aufstieg) resultieren, wie Morrill (S. 885f.) ausdrücklich betont, nicht daraus, ob Manager profitable neue Produktvorschläge entwickeln oder die Effizienz der Organisation steigern.

Im Kontrast dazu stufen die "Modell Japan"-Anhänger japanisches Managementverhalten als vorbildhaft ein. So stilisieren etwa Pascale/Athos (S. 66-86) den Firmengründer K. Matsushita zum "Gegenbild" Geneens. Ob sie japanisches Managementverhalten damit angemessen beurteilen, ist eine Frage, der ich hier nicht nachgehen möchte. Unabhängig von der empirischen Evidenz ihres Japanbildes leitete die "Modell Japan"-Diskussion eine Rehabilitierung verpönter Verhaltensstile ein. Ohne daß dies ihre Absicht gewesen wäre, trug sie damit auch zur partiellen Rehabilitation der Persönlichkeitszüge bei, die einer angeblich defizienten (weiblichen) Sozialisation entstammen sollen. Auf diese Weise legen sie den (von ihnen nicht gezogenen) Schluß nahe, daß Frauen auch ohne rigorose Selbst-Transformation Managementaufgaben übernehmen können.

Der Umweg über "Japan" läßt sich also in gewisser Hinsicht als "Wiederkehr des Verdrängten" deuten. Nun ist der Projektionsmechanismus, der im "Orientalen" die abgespaltenen, unterdrückten Eigenanteile wahrnimmt, keineswegs neu, wie die Untersuchungen von Said zum "Orientalismus-Syndrom" zeigen. Ob es sich "nur" um Projektion handelt oder ob beispielsweise die japanische Kultur, wie manche meinen, tatsächlich eine Affinität zum "Femininen" aufweist, kann hier unentschieden bleiben. Folgende Einschätzung dürfte allerdings unstrittig sein: "Wer dominant, (verbal) aggressiv, selbstbewußt auftritt, findet in Japan schwerlich Zustimmung und hat kaum Chancen auf Beförderung. Die Kunst sich einzufühlen, die Wahrnehmung auch nicht geäußerter Wünsche, Harmonie, Ausgleich gelten als Basis von Erfolg." (Vollmer-Schubert 1988). Dabei ist unerheblich, ob ein solches Verhalten innerer Überzeugung entspricht oder simuliert wird.

In der Debatte um "Frauen im Management" läßt der Verweis auf Japan meines Erachtens jedoch zwei ganz unterschiedliche Schlußfolgerungen zu, die explizit selten gezogen wurden: Unterstellt man die idealisierenden Schilderungen eines kommunikationsorientierten, im ganzen subtileren japanischen Managements als zutreffend, dann wird damit zum einen deutlich, daß Managementverhalten (vor allem das Verhalten männlicher Manager) stärker als früher angenommen vom jeweiligen sozio-kulturellen Kontext geprägt ist und es deshalb die postulierten absoluten Maximen ökonomisch-organisatorischer Effizienz gar nicht geben kann. Zum anderen zeigt aber auch das japanischen Beispiel, daß das gesellschaftliche Machtungleichgewicht zwischen den Geschlechtern bei aller "Feminität" des Verhaltensstils um keinen Deut geringer ausfällt. Offensichtlich verträgt sich ein "weicher", weiblich-konnotierter Verhaltens- und Managementstil problemlos mit sexistischer Exklusivität (Weber).

Wa(h)re Weiblichkeit

Obwohl die skizzierten Stränge der Diskussion ("Modell Japan" bzw. "Frauen im Management") weitgehend nach Geschlecht separiert blieben und sich argumentativ nur partiell berührten, gibt es auffällige Querverbindungen: So hat der Hinweis auf ein angeblich mütterliches Rollenverständnis japanischer Manager (Pascale/Athos 1981, S. 200) die F/M-Debatte in ihrer globalen Bewertung der Mutterschaft beeinflußt. Die Hauptprotagonistin dieser jüngsten Wendung der Debatte, Sally Helgesen, vertrat in einem vielzitierten Buch ("Frauen führen anders", 1991) die These, daß "Mutterschaft eine exzellente Schule für Führungskräfte ist, da in beiden Bereichen oftmals die gleichen Fähigkeiten erforderlich sind: Organisationstalent, rationelle Arbeitsplanung, die Abwägung zwischen widerstreitenden Ansprüchen, die Fähigkeit, anderen etwa beizubringen, sie anzuleiten und zu beaufsichtigen sowie unvorhergesehene Zwischenfälle zu meistern" (Helgesen, S. 43).

War das "Weibliche" in der Perspektive der frühen F/M-Debatte das Defiziente, so wird es von Helgesen und anderen Autorinnen - je nach Akzentsetzung strikt kulturell oder auch biologisch fundiert - nun mit einem fixen "Set" von Verhaltensmustern (Fürsorglichkeit, Empathie, Kooperationsfähigkeit) identifiziert. Bei Helgesen sind sie die Fundamente eines neuen, partizipativen Führungsstils, der nicht pyramidal organisiert sei, sondern die Betroffenen in ein kreisförmiges Netz einbinde (Helgesen 1991, S. 60). Man hat den Eindruck, daß die dem traditionellen Geschlechtsrollenstereotyp entsprechende ideologische Gleichsetzung "weiblich = mütterlich" nicht nur halbherzig in Kauf genommen, sondern im Zeichen einer neuproklamierten "Differenz der Geschlechter" bewußt rehabilitiert wird. Die Resonanz, die Helgesen trotz fundierter Kritik an ihren Thesen (vgl. Nerge 1992, S. 81ff.) erzielt, belegt die plakative Anziehungskraft der Forderung "Mütter ins Management" angesichts der gutdokumentierten Tatsache, daß die überwältigende Mehrheit der Managerinnen (im Gegensatz zu Managern) kinderlos bleibt (Schiersmann 1992, S. 4): Was widerspräche auf der Ebene der Metaphern und Archetypen auch mehr dem Bild des "einsamen Jägers" als das Bild der "fürsorglichen Mutter" (vgl. Johansson in Demmer 1988, S. 6) Daß "Mutter" in dieser Formulierung (und man könnte vermuten in dieser Diskussion insgesamt) im wesentlichen als Chiffre benutzt wird - unter weitgehender Ausklammerung der konkreten "coping"-Probleme zwischen Management und Mutterschaft - kollidiert mit dem feministischen Anspruch der Diskussion anscheinend überhaupt nicht.

Auch die von Helgesen initiierte "Mütter ins Management"-Debatte rechnet mit einer Frauenkarrieren begünstigenden Entwicklungsautomatik. Sie wird von ihr allerdings nicht demographisch, sondern eher soziologisch bzw. "produktionslogisch" begründet. An einem informationsorientierten Arbeitsplatz sei es kein Vorteil mehr, als Mann sozialisiert zu sein, zitiert Helgesen den Trendforscher Naisbitt, der vom "Siegeszug der Frauen in Führungspositionen" überzeugt sei. An der Schwelle vom Industrie- zum Informationszeitalter helfe nicht mehr die "Peitsche ... nur Motivation, Kreativität, Intuition, Vertrauen statt Kontrolle" (Helgesen nach Weber-Herfort 1992, S. 74). Die propagierte Ideologie des neuen, "weiblichen", Führungsstils geht von einem nur in groben Zügen skizierten Passungsverhältnis zwischen neuen Produktionsbedingungen (angesichts gesättigter Märkte und qualitätsähnlicher Produkte) und spezifischen Zügen des weiblichen Sozialcharakters aus. Dessen energischer Umbau ist überhaupt kein Thema mehr. Trotz scheinbarer Passivität ("Bleibe die Frau/Mutter, die Du bist") wirkt diese Ideologie aktivistisch, weil sie "Weiblichkeit" als altbekannte Ware in neuer Glitzerverpackung auf einem nur zögernd aufnahmebereiten Markt abzusetzen versucht. Sie betreibt das Management des "Weiblichen" nach den Gesetzen einer informationsgesättigten Gesellschaft - und dies der Resonanz nach zu urteilen in Grenzen durchaus erfolgreich.

Die Masken des Managements

Längst hat die Debatte um den neuen Führungsstil die feministische Enklave verlassen. Daß Frauen ins Management aufrücken wollen, stößt allenthalben auf ein Wohlwollen, das direkt proportional ist zu ihrer dazu noch immer großen Entfernung. Es ist chic geworden für Unternehmen, sich ein frauenfreundliches Image, eine feminine Aura (des gepflegten Miteinander; familiär, aber nicht kumpelhaft) zuzulegen. Häufig sollen damit potentielle Kundinnen gelockt bzw. weibliche Arbeitskräfte für nicht karriereträchtige Positionen geworben werden. Der Sozialforscher Domsch beschreibt seine diesbezüglichen Erfahrungen in der FAZ vom 20.3.1993 folgendermaßen: "Man habe selbstverständlich nichts gegen Frauen, gegen Frauen im Management schon gar nicht. Das hört sich gut an. Aber dann, bei intensiver Nachfrage, kommt es doch anders: Man bekomme leider gar nicht soviel karriereorientierte Frauen wie man brauche (das Wort brauche fällt tatsächlich fast immer). Auch machten eventuelle Bemühungen schon deshalb keinen Sinn, weil da immer noch die Sache mit der Biologie sei (hier folgen dann in den Gesprächen meist einige Aufklärungsversuche, die mich an meinen Biologieunterricht vor etlichen Jahrzehnten erinnern)... Insofern gewinne ich immer mehr die Überzeugung, daß heute zunächst intensive Männerförderung wichtiger ist. Dem Syndikat der Männer sollte es dadurch endlich ermöglicht werden, dieses Thema auf ein höheres Diskussionsniveau zu (be)fördern."

Zwar wird Frauen Managementfähigkeit nicht mehr prinzipiell aberkannt, aber im entscheidenden Moment fungiert "Biologie" wie eh und je als Abwehrzauber. Die Referenz an "weibliche Werte" verträgt sich nahtlos mit dem Wunsch, Positionen, die nahezu exklusiv mit Männern besetzt sind, auch in Zukunft (und nach Übernahme gewisser Formen "mütterlichen Denkens", Ruddick 1993) nicht für weiblichen Managementnachwuchs zu räumen. Deshalb liegt der Sinn der "Frauen ins Management"-Forderung (bzw. der Reaffirmation des "Weiblichen") meines Erachtens - wie anfangs behauptet - auch nicht darin, die Zulassung von Frauen in bislang verbotene Bezirke ökonomischer Macht vorzubereiten. Ich deute die Diskussion über "weibliche Werte", neuen "weiblichen" Führungsstil als eine Art "Skript" oder Regieanweisung, wie sich männliche Manager in Zukunft in Szene setzen wollen/sollen, welche Masken für angemessen gehalten werden.

Die Plastizitäts-Vorstellung, die Idee, die eigene "Natur" nach sozial vorgegebenen Kriterien umzuformen, hat sie damit voll eingeholt. Dies ist ein Bruch mit der lange gehegten Überzeugung, daß der männliche Sozialcharakter (als Ergebnis primärer Sozialisation) den Funktionsbedingungen moderner Großorganisationen prinzipiell angepaßt sei. Dies war zweifellos der Fall, als sich Unternehmen überwiegend an militärischen und bürokratischen Organisationsmodellen orientierten. Gemessen an den heute in Spitzenunternehmen schon üblichen Anforderungen an selbstkontrollierte Leistung, enthierarchisierte Vernetzung und zwischenmenschliche Beziehungsqualität erweist er sich jedoch zunehmend als obsolet. Gefordert ist nicht mehr der "harte Macher", sondern eine Führungspersönlichkeit, die soziale, affektive, selbstreflexive und problemorientierte Fähigkeiten aufweist. Diese sind unter anderem neuerdings Gegenstand persönlichkeitszentrierter Lernangebote.

Die Berliner Sozialwissenschaftlerin Helga Manthey (1991) hat ihre Zielsetzungen unter dem Titel: "Der neue Manager: die allseits entwickelte männliche Persönlichkeit als Vision vollendeter Autonomie" einer ebenso ironischen wie scharfsinnigen Analyse unterzogen. Danach geht es in den entsprechenden Kursen zunächst darum, bisherige psychisch-emotionale Abspaltungs- und Verdrängungsmanöver als dysfunktional zu erkennen und eigene Verhaltensweisen und Bedürfnisse sensibler wahrzunehmen. Dies sei Voraussetzung für Beziehungsfähigkeit, insbesondere für die neue Managementkompetenz, "Konfliktmuster und emotionale Betroffenheit durch Konkurrenz oder auch Rangunterschiede wahrnehmen und thematisieren zu können" (Manthey 1991, S. 51) und Arbeitsgruppen und Teams entsprechend zu motivieren.

Die Reintegration emotionaler Persönlichkeitsanteile werde jedoch von vielen Männern krisenhaft-ambivalent erlebt. Zum einen impliziere sie eine allzu große Nähe zum "Weiblichen" (auf die die sinnlich-emotionalen Anteile traditionellerweise projiziert waren), zum anderen erfolge sie im Leistungskontext beruflicher Arbeit. So bleibe die Persönlichkeitsentwicklung in Qualifizierungsprozesse eingebunden, die eine neue Form von "Gefühlskontrolle" anstreben: "Grundsätzlich ist der Weg zur neuen Führungspersönlichkeit ambivalent. Er erfordert einerseits selbstbewußten Umgang, demokratisches und beziehungsfähiges Verhalten. Diese Fähigkeiten müssen aber auf der anderen Seite dazu dienen, einen durch Herrschaft und instrumentelle Beziehungen strukturierten (beruflichen) Raum im Sinne der Effektivität harmonischer zu gestalten, ohne seine Strukturelemente grundlegend in Frage zu stellen" (Manthey 1991, S. 54). Notwendigerweise führe dies zu einer veränderten Selektion beim Managementnachwuchs: "Fortan können ... nur die Männer die Position behaupten, die als Person flexibel genug sind, die veränderten Anforderungen zu integrieren, ohne daß (unerträgliche) Ängste aktualisiert oder Krisen ausgelöst werden." (ebd.) Als Ausweg biete sich an, die "Erweiterung des Verhaltensspektrums ... als funktionale (zu) vollziehen ... aus der Notwendigkeit beruflicher Anpassung". Zu fragen wäre hier jedoch, ob die Ergebnisse ausreichend "Echtheit" und "Überzeugung" gewährleisten (ebd.).

Was der Diskurs über den "neuen Manager" spiegelt, sind also Veränderungen des Männlichkeits- und Managementkonzepts (nicht unbedingt des Verhaltens realer Männer und Manager), die unter anderem auch eine Reintegration feminisierter Qualifikationen beinhalten. So schult etwa der Kommunikationsberater H. Goldmann "Europas führende Manager" darin, "auch Gefühle (zu) zeigen" (FAZ v. 10.3.92). Wie H. Manthey meines Erachtens überzeugend begründet, würde sich mit dieser Reintegration - im Fall des Gelingens - "eine Vision männlicher Allmacht, vollendeter Autonomie" erfüllen: "ein einziges (männliches) Geschlecht, das nur sich selbst gehört und genügt." (1991, S. 48, S. 56).

Obwohl Allmachtsphantasien im Kontext der Managementdiskussion unverkennbar sind, sind wir davon noch weit entfernt. Wie eine für Inhalt jeglicher Art offene "Führungspersönlichkeit" unter heutigen Bedingungen agiert, beschreibt der amerikanische Managementforscher Jackall in einer brillianten Feldstudie. Nicht Arbeit, meinen die von ihm interviewten Nachwuchsmanager, sondern "to project the right image to the right people" garantiere den Erfolg (Jackall 1988, S. 24). (Andernfalls laufe man nur Gefahr, mit "Arbeit ohne Anerkennung" überhäuft zu werden (ebd. S. 43)). Was zähle, sei nicht das widerstrebende Überstülpen einer Maske, sondern "a mastery of the social rules that prescribe which mask to wear to which occasion" (ebd. S. 46). Dieses Selbst-Marketing -"What I sell is myself" (S. 61) - erfordere gleichermaßen Selbstdisziplin und grenzenlose Anpassungsfähigkeit: "Above all, one must learn to streamline oneself shamelessly, learn to wear all the right masks, learn all the proper vocabularies of discourse, get to know all the right people, and cultivate the subtleties of self-promotion." (S. 74). Auch bei Jackall ist erfolgreiche Selbstmanipulation Voraussetzung für das subtile Manipulieren von Untergebenen. In beiden Formen der Manipulation haben Frauen als kulturelles Relikt ihrer Subordination einen gewissen Vorsprung. Die Übernahme dieses Umgangsstils wird für den männlichen Managementnachwuchs eine

Annäherung an kulturell "weiblich" definierte Persönlichkeitszüge und Verhaltensweisen bedeuten - und sei es in der Form der Simulation. Entgegen den Suggestionen der F/M-Debatte wird jedoch der Aufstieg für Frauen deshalb nicht leichter. Ich teile Helga Mantheys Annahme, daß der Anpassungsleistung des "neuen Managers" ein "männliches Interesse zugrundeliegt, den eigenen Rang in der männlichen Gruppe zu behaupten... So gesehen würden auch andere Konstitutionsbedingungen von Männlichkeit keinen Gewinn für Frauen bedeuten" (1991, S. 57). Sollte sich jedoch in Zukunft auf breiter Front bestätigen, daß sich mit Hilfe kulturell "weiblicher" Strategien der Sozialintegration langfristig mehr produktive Energien in Organisationen bei geringeren Reibungsverlusten mobilisieren lassen, könnten sich eventuell daraus für Frauen noch nicht absehbare positive Veränderungen ergeben. Ganz sicher werden sie ihnen aber nicht "automatisch" Führungspositionen bescheren.

Literatur

Bischoff, Sonja, 1990: Frauen zwischen Macht und Mann, Reinbek

Brumlop, Eva, 1992: Frauen im Management: Innovationspotential der Zukunft ? 'Neue Unternehmenskultur' und Geschlechterpolitik, in: Neue Gesellschaft/Frankfurter Hefte, 39. Jg., 1, S. 8-27

Burrell, Gibson/Hearn, Jeff, 1989: The Sexuality of Organization, in: J. Hearn/D.L. Sheppard (Hg.), op.cit., S. 1-28

Demmer, Christine (Hg.), 1988: Frauen ins Management, Frankfurt/M

Domsch, Michael, "Zur Sache", in: Frankfurter Allgemeine Zeitung vom 20. März 1993

Finne, Rainer, "Haifischteich-Feldforschung am Manager", in: Frankfurter Allgemeine Zeitung vom 24.Juni 1992

Geneen, Harold, 1986: Manager müssen managen, Landsberg/Lech, 2. Auflage

Gerken, Gerd, 1993: Management by Love: Mehr Erfolg durch Menschlichkeit, Düsseldorf, Wien

Goldmann, Heinz, "Ein Unternehmer muß auch Gefühle zeigen", in: Frankfurter Allgemeine Zeitung vom 10. März 1992

Harragan, Betty Lehan, 1977: Games Mother Never Taught You, New York

Hass, Hans, 1990: Der Hai im Management. Zur Biologie wirtschaftlichen Fehlverhaltens, Frankfurt/M.

Hearn, Jeff/Sheppard, Deborah (Hg.), 1989: The Sexuality of Organization, London

Helgesen, Sally, 1991: Frauen führen anders, Frankfurt/M.

Henes-Karnahl, Beate, 1988: Wertewandel im Management, in: C. Demmer (Hg.), op. cit., S. 31-53

Hochschild, Arlie Russell, 1990a: Gender Codes in Women's Advice Books, in: S. H. Riggins (Hg.), Beyond Goffman, Berlin S.277-294

dies., 1990b: The Need for Nurture and the Culture of Coolness: A Study of Advice Books for Women, in: W. Zapf (Hg.), Die Modernisierung moderner Gesellschaften. Verhandlungen des 25. Deutschen Soziologentages, Frankfurt/M.

Hörburger, Hortense, 1988: Europäerinnen in Managementpositionen, in: C. Demmer (Hg.), op. cit., S.219-259

Jackall, Robert, 1988: Moral Mazes. The World of Corporate Managers, New York

Johansson, Björn, 1988: Vorwort zu: C. Demmer (Hg.), op. cit., S.5-6

Kanter, Rosabeth Moss, 1977: Men and Women of the Corporation, New York

Manthey, Helga, 1991: Der neue Manager: die allseits entwickelte männliche Persönlichkeit als Vision vollendeter Autonomie, in: Frauenforschung 9. Jg., 1+2, S.48-57

Mills, Albert J., 1989, Gender, Sexuality and Organization Theory, in: J. Hearn/D. Sheppard (Hg.), op. cit., S. 29-44

Morrill, Calvin, 1991: The Customs of Conflict Management Among Corporate Executives, in: American Anthropologist, 93. Jg., S. 871-893

Nerge, Sonja, 1992: Weiblicher Führungsstil und die doppelte Vergesellschaftung von Frauen, in: Frauenforschung, 10. Jg., 3, S. 79-88

Ouchi, William G., 1981: Theory Z. How American Business Can Meet The Japanese Challenge, New York

Pascale, Richard Tanner; Athos,Anthony G., 1981: The Art Of Japanese Management, New York

Ruddick, Sara, 1989: Mütterliches Denken, Frankfurt/M.

Said, Edward, 1980: Orientalism, London

Schenkel, Susan, 1985: Mut zum Erfolg, Frankfurt/M.

Schiersmann, Christiane, 1992: Muß Führungskräfteweiterbildung frauenspezifisch gestaltet werden? erscheint in: Bundesminister für Bildung und Wissenschaft (Hg.): Dokumentation der Fachtagung Weiterbildung von Frauen in und für Führungspositionen

Steckmeiste, Gabriele, 1992: Männliche Wagenburg und weibliche Mittäterschaft im Unternehmen, Vortrag in Tübingen am 13.1.1992

Vollmer-Schubert, Brigitte, 1988: Typisch männlich? Typisch japanisch? In einem anderen Land - erstaunliche Beobachtungen, in: Kommune, 5. Jg., S. 66-68

Weber, Claudia, 1992: Die Zukunft des Clans. Überlegungen zum japanischen Organisationstyp und Managementstil, in: G. Krell/M. Osterloh (Hg.), Personalpolitik aus der Sicht von Frauen, Sonderband der Zeitschrift für Personalforschung, München

Weber-Herfort, Christine, 1992: Mütter als Spitzenmanagerinnen, in: Psychologie heute, April 1992, S. 73-74

Kontrolle auf dem Prüfstand

Gerd Schienstock

In der deutschen Industriesoziologie ist das Thema Kontrolle erst relativ spät aufgegriffen worden (Dörr et al. 1983, Manske 1991, Manske 1987, Seltz 1986, Seltz/Hildebrandt 1985, Seltz 1984, Schienstock et al. 1987). Der Grund hierfür ist im Vorherrschen eines technischen bzw. ökonomischen Determinismus zu sehen, der Kontrolle als gegeben und unproblematisch ansah. Zweifelsohne sind die entscheidenden Anstöße für eine Beschäftigung mit dem Thema von der englischen "labour process debate" ausgegangen. Attraktiv am Kontrollbegriff war zunächst, daß er den Blick auf die Gesamtstruktur des Betriebes lenkte und damit wegführte von der starken forschungsstrategischen Zentrierung auf die Ebene des Arbeitsplatzes, die an der deutschen Industriesoziologie wiederholt kritisiert worden ist (z.B. Herkommer 1972).

Es war allerdings nicht so sehr Braverman, dessen Buch "Labor and Monopoly Capital" (1974) bekanntlich die Kontrolldiskussion im Rahmen der "labour process debate" ausgelöst hat, mit dem sich deutsche Industriesoziologen vorrangig beschäftigten, denn dessen Funktionalismus konnte kaum neue Impulse bringen. Interessanter waren Autoren wie Burawoy (1979) und Fox (1974), die mit den Begriffen "Konsens" und "Vertrauen" Themen angesprochen haben, die in der deutschen Industriesoziologie lange Zeit tabu waren. Obwohl der Kontrollbegriff inzwischen Eingang in die deutsche Industriesoziologie gefunden hat, fehlt es weiterhin an einer umfassenden theoretischen Auseinandersetzung (vgl. auch Minssen 1990).

Warum Kontrolle?

Die Notwendigkeit betrieblicher bzw. managerieller Kontrolle wird aus der Eigentümlichkeit des Arbeitsvertrages abgeleitet. Zwar enthält dieser, wie der Kaufvertrag, zwei Elemente: eine Übereinkunft über die zu zahlende

Entlohnung und eine solche über die zu leistende Arbeit (Behrend 1957, S. 505). Die Leistung, zu der sich der Arbeitende verpflichtet und derentwegen der Käufer bereit ist, Lohn zu zahlen, ist jedoch nicht eindeutig festgelegt. Der Arbeitsvertrag enthält nur allgemeine Rahmenbedingungen, zu denen die gekaufte Arbeitskraft in Anspruch genommen und für vorher nicht spezifizierte Zwecke genutzt werden kann (Offe/Hinrichs 1977, S. 20). Da die Vertragsparteien hinsichtlich der Verausgabung von Arbeitskraft, so wird unterstellt, divergierende Interessen verfolgen, bleibt der Austausch Lohn gegen Leistung umstritten (Bowles/Gintes 1990). Das Kapital bzw. dessen Repräsentant, das betriebliche Management, muß wegen der Unbestimmtheit des Arbeitsvertrages seinen erworbenen Leistungsanspruch intern, das heißt im Arbeitsprozeß selbst durchsetzen. Zu diesem Zweck muß es sich die Kontrolle über den Arbeitsprozeß zu sichern versuchen. Nur dann ist es dem betrieblichen Management möglich, die Beschäftigten zu der für die Profiterzielung erforderlichen Arbeitsleistung zu zwingen.

Hier sollen zunächst zwei Kritikpunkte, die eine industriesoziologische Zentrierung auf managerielle Kontrollstrategien grundsätzlich infragestellen, aufgegriffen werden. Einwenden läßt sich, daß das Problem der Transformation von Arbeitskraft in Arbeit nicht unbedingt durch die Ausübung von Zwang mit Hilfe bestimmter Kontrollstrukturen gelöst werden muß. Um seine Ziele zu erreichen, ist das Kapital bzw. das betriebliche Management nicht oder zumindest nicht ausschließlich auf die Androhung von Zwang und die Anwendung von Kontrolle angewiesen. Es gibt, so argumentieren Westergaard und Resler, gesellschaftliche Strukturmomente, die in ihrer Wirkungsweise bestimmte Interessen eindeutig begünstigen (1976, S. 142). Macht wird somit zu einer Eigenschaft von Strukturen, sie muß nicht mehr bewußt ausgeübt werden (Minett 1992, S.82). Markt und Privateigentum, als zentrale gesellschaftliche Institutionen unumstritten, unterstützen, so die Autoren, das Kapital bei der Verfolgung seiner Interessen. Das zeigt sich nicht nur in der Tatsache, daß wichtige betriebliche Entscheidungen aufgrund von Eigentumsrechten vom Management getroffen werden, deutlich wird dies auch in den alltäglichen Routinehandlungen im Betrieb. So sorgt die Konkurrenz am Arbeitsmarkt für eine freiwillige Unterwerfung der Beschäftigten (Westergaard/Resler 1976, S. 143f.).

Mit ihren Ausführungen verweisen die Autoren auf die Bedeutung struktureller Macht für das Organisationshandeln, die stets latent durch ihre Präsenz wirkt. Gerade deshalb bedarf es, so die Kritiker des Kontrollansatzes, keiner unmittelbaren Machtanwendung im Rahmen managerieller Strategien. Vielmehr eröffnet umgekehrt das Wirksamwerden von struktureller Macht im betrieblichen Routinehandeln die Option, Zwang und Kontrolle im Arbeitsprozeß in weniger starkem Ausmaße zur Anwendung zu bringen. Littler und Salaman schließen aus der Tatsache, daß sich Kontrolle auch unabhängig vom Produktionsprozeß erreichen läßt, daß diese im Betrieb irrelevant wird (1982, S.164f.)

Der zweite Einwand verweist darauf, daß für das kapitalistische Unternehmen nicht Mehrwertproduktion und Kontrolle, sondern Kapitalakkumulation erste Priorität besitzt. Verschiedene Autoren kritisieren deshalb die zu enge Perspektive einer allein auf den Kontrollaspekt bezogenen Analyse betrieblicher Arbeitsorganisation (Tomlinson 1982, S. 23; Coombs 1985, S. 144). Kelley gebraucht den Begriff "full circuit of capital", womit er zum Ausdruck bringt, daß eine Untersuchung des Arbeitsprozesses sich nicht nur mit der Frage des effizienten Arbeitskräfteeinsatzes, sondern auch mit den Aspekten der Verwertung der produzierten Güter und des Kaufs von Arbeitskraft und anderen Produktionsfaktoren zu befassen hat (1985). Diese anderen Aspekte des Kapitalumlaufs können für die Gestaltung des Arbeitsprozesses von größerer Bedeutung sein als Kontrolle.

Derartige Einwände gegen eine Dominanz der Kontrollperspektive in der Industriesoziologie haben durchaus ihre Berechtigung. Es trifft sicherlich des öfteren zu, daß Manager, wenn sie Entscheidungen über die Struktur der betrieblichen Arbeitsorganisation treffen, weniger die Arbeitskräfte, als vielmehr den Absatzmarkt im Blickfeld haben. Nicht alle Organisationsstrategien sind somit gegen die Beschäftigten gerichtet und nicht immer spielt die Kontrolle des Arbeitsprozesses eine vorrangige Rolle. Diesem Einwand läßt sich entgegenhalten, daß Organisationsentscheidungen, die zunächst unter anderen, bspw. Marktgesichtspunkten getroffen wurden, auch für die Beschäftigten Konsequenzen haben können (Child 1985), Kontrolle sich also als mehr oder weniger unintendierter Nebeneffekt einstellt. So werden neue Technologien nur sehr selten mit dem ausdrücklichen Ziel der Kontrolle von Arbeitskräften eingeführt; nichtsdestotrotz besitzen sie ein Kontrollpotential, das vom Management jederzeit genutzt werden kann.

Die Konsequenz aus den hier vorgebrachten Einwänden kann nicht sein, die Kontrollperspektive in der industriesoziologischen Analyse aufzugeben. Das ist sicherlich auch nicht gemeint, wenn Littler und Salaman davon sprechen, daß Kontrolle zu einer Nicht-Erscheinung im Betrieb wird. Mit ihrem Hinweis werfen die Autoren vielmehr die Frage nach dem Verhältnis von betrieblicher Umwelt und manageriellen Kontrollstrategien und somit nach dem Stellenwert von Struktur und Handlung im Rahmen organisatorischer Restrukturierungsprozesse auf. Das Konzept des "full circuit of capital" läßt sich in gleicher Weise interpretieren. Auch hier geht es nicht darum, die Kontrollperspektive zu eliminieren, es soll vielmehr darauf hingewiesen werden, daß die Arbeitsorganisation zusätzlichen Einflüssen, etwa den Bedingungen am Absatz- und Arbeitsmarkt, ausgesetzt ist.

Das funktionalistische Kontrollkonzept

Im Rahmen des Kontrollansatzes fand zunächst ein funktionalistisches Konzept Anwendung. Managerielle Strategien werden als in der Arbeitsorganisation auffindbare Kontrollmuster interpretiert, die aus einem evolutionären Prozeß kapitalistischer Entwicklung resultieren. So stellt der Taylorismus für Braverman die dem Stadium des Monopolkapitalismus adäquate Kontrollstruktur dar (1974). Der Taylorismus, so sein Argument, zerstört mit seinem Programm der Fragmentierung, Homogenisierung und Dequalifizierung menschlicher Arbeit die qualifikatorische Basis für ein mögliches Widerstandshandeln der Beschäftigten und sichert über einen problemlosen Zugriff auf den Arbeitsprozeß eine intensive und effiziente Nutzung des gekauften Arbeitspotentials. Braverman verbindet in seiner Argumentation die Dynamik der kapitalistischen Produktionsweise in funktionalistischer Weise mit den manageriellen Kontrollstrategien im Betrieb. Aus einem generellen Kontrollimperativ leitet er eine gesetzmäßige Entwicklung der betrieblichen Kontrollstrukturen im Sinne der Anwendung tayloristischer Organisationsprinzipien ab.

Innerhalb der "labour process debate" wurden massive Einwände gegen Bravermans Ansatz erhoben, die in der Feststellung gipfelten, daß der Autor den Kontrollimperativ, der sich aus dem besonderen Charakter des Arbeitsvertrages ergibt, mit einer spezifischen Kontrollform verwechselt habe. Es muß jedoch, so kritisiert Edwards (1986), von einer relativen Autonomie betrieblicher Kontroll- und Arbeitsstrukturen gegenüber der kapitalistischen Verwertungslogik ausgegangen werden.

Damit wird zugleich auf die Bedeutung sozialer Aspekte im Rahmen managerieller Kontrollstrategien verwiesen. Das "Soziale" wird in der Kontrolldiskussion zunächst im Sinne von Durkheim als "soziale Tatsache" verstanden. Verschiedene Autoren weisen die Existenz unterschiedlicher Kontrollstrategien im Rahmen einer allgemeinen Kapitallogik anhand historischer Analysen oder vergleichender Fallstudien nach, wobei spezifische Kontrollformen jeweils auf besondere Verwertungsbedingungen zurückgeführt werden. Edwards etwa unterscheidet bei seiner historischen Typisierung zwischen einfacher, bürokratischer und technischer Kontrolle und begründet den Wandel mit einer jeweils veränderten Machtposition der Arbeiter (1979); Friedman (1977) und Gordon et al. (1982) verweisen auf die Möglichkeit einer historischen Gleichzeitigkeit unterschiedlicher Kontrollstrukturen. Ob "direkte Kontrolle" oder "verantwortliche Autonomie" als Kontrollstrategie der Vorrang gegeben wird, hängt ihrer Auffassung nach vor allem von den Anforderungen der vorherrschenden Marktbedingungen ab. Burawoy schließlich sieht einen Trend von einem direkten, auf Zwang beruhenden, zu einem auf Konsens basierenden integrativen Kontrollregime. Neuere Entwicklungen schließlich deutet er als Übergang zu einem hegemonialen Despotismus, wobei für ihn Machtverschiebungen im Verhältnis von Kapital und Arbeit entscheidend für diesen Wandel sind (1985).

Trotz der Kritik an Braverman unterscheiden sich die genannten Autoren nicht von dessen funktionalistischer Betrachtungsweise. Edwards und Burawoy haben nichts anderes getan, als die Trendaussage Bravermans durch ihre eigene zu ersetzen (Littler/Salaman 1982). Unter der Bedingung veränderter Rahmenbedingungen der Kapitalverwertung etablieren sich, so die Annahme, gleichsam automatisch neue Kontrollregime. Es ist jedoch problematisch, der Umwelt eine derart dominierende Rolle einzuräumen, wird doch unterstellt, daß Kontrollstrukturen erst dann abgeändert werden, wenn sich ein Wandel der Umwelt vollzogen hat. Kontrollstrategien sind demnach nichts anderes als Anpassungsleistungen des Managements an die neuen Anforderungen einer geänderten Umwelt.

Das hier dargestellte Kontrollkonzept ist viel zu mechanistisch. In der Umwelt finden nicht schubweise, sondern kontinuierlich Veränderungen statt, die ständig neue Kontrollanforderungen stellen und somit die bestehenden Kontrollstrukturen permanent infragestellen. Zudem ist der Charakter der Anforderungen externer Rahmenbedingungen an die Gestaltung betrieblicher Arbeitsorganisation oft widersprüchlich, es wird also durch die Umwelt keineswegs ein eindeutiger Entwicklungspfad für betriebliche Kontrollstrukturen vorgegeben. Vielmehr resultieren aus den widersprüchlichen Anforderungen der Umwelt Spannungen, auf die das betriebliche Management durch arbeitsorganisatorische Gestaltungsmaßnahmen zu reagieren versucht. Zu welchen Kontrollstrukturen die Versuche, mit den auftretenden Spannungen umzugehen, letztlich führen, hängt wesentlich von den manageriellen Entscheidungsträgern und deren Wahrnehmung der sich vollziehenden Umweltveränderungen ab (Minett 1992).

Kontrollstrategien als rationale Wahl

Wenn betriebliche Kontrollstrukturen durch die gesellschaftlichen Rahmenbedingungen nicht eindeutig festgelegt sind, dann rückt der Prozeß ihrer sozialen Gestaltung in den Vordergrund des Interesses. Dabei kommt es auch zu einem neuen Verständnis von Strategie. Bisher wurde davon ausgegangen, daß Strategien sich im nachhinein als Muster in der betrieblichen Arbeitsorganisation herauskristallisieren. Organisationsstrukturen sind demnach geronnene Kontrollstrategien des Managements, Kontrollstrategien werden nur als abgeleitetes Phänomen betrieblicher Organisationsstrukturen dargestellt.

Im Gegensatz dazu betont eine andere Strategiedefinition (Ramsay 1991) stärker die Intentionalität und nennt, wenn auch noch eher diffus, ein gewisses Maß des Abwägens und eine Zielorientierung als wesentliche Momente von Strategie (Littler/Salaman 1982, S. 39f; Rose/Jones 1985; Thurley/Wood 1983). Crow hebt fünf zentrale Momente des Strategiebegriffs hervor: die Existenz von Wahlmöglichkeiten; rationales, zielbezogenes Handeln; ein Element langfristiger Planung; ein individueller bzw. kollektiver Entscheidungsträger sowie die Ausübung von Macht (1989).

Ein solcher Strategiebegriff liegt auch dem von Bowles und Gintes entwikkelten Modell des "contested exchange" zugrunde. Wie Braverman leiten die Autoren das Problem der Kontrolle des Arbeitsprozesses aus der Unvollständigkeit des Arbeitsvertrages ab. Arbeit wird allerdings nicht als abstraktes Potential ohne Subjektcharakter, sondern als intentionale menschliche Aktivität angesehen. Dementsprechend läßt sich auch die Annahme Bravermans, die Transformation von Arbeitskraft in Arbeit folge einer bestimmten Kontrollogik nicht aufrecht halten. Vielmehr wird davon ausgegangen, daß die interne Durchsetzung des sich aus dem Arbeitsvertrag ergebenden Leistungsanspruchs in einen Zielkonflikt zwischen dem Management und den eigene Interessen verfolgenden Beschäftigten eingebettet ist. Dieser Zielkonflikt läßt Bowles und Gintes von einem *umstrittenen Austausch* sprechen (1990). Das Management sieht sich demnach vor die Aufgabe gestellt, Kontrollstrukturen zu etablieren, die aus der Sicht der Beschäftigten die Verfolgung fremder Interessen zugleich auch als Wahrung der eigenen erscheinen lassen. Denn nur so läßt sich Widerstand der Beschäftigten, die durchaus über Machtmittel verfügen, vermeiden.

Das Konzept des *umstrittenen Austausches* setzt hinsichtlich des Einsatzes von Kontrollmechanismen Wahlmöglichkeiten voraus. Bei der Auswahl verhalten sich, so eine weitere Annahme, die manageriellen Akteure rational. Nach Auffassung von Bowles und Gintes läßt sich aus der Sicht des Kapitals bzw. seiner betrieblichen Vertreter das Problem der Handlungssteuerung am effizientesten durch die Institutionalisierung einer Kontrollstruktur lösen, die die nachfolgenden Merkmale umfaßt:

- Als zentral heben die Autoren den Mechanismus "bedingter Erneuerung" hervor (Bowles/Gintes 1990). Damit ist ein Versprechen seitens des Managements gemeint, den Arbeitsvertrag dann zu verlängern, wenn sich das Leistungsverhalten der Beschäftigten als zufriedenstellend herausstellt. Die damit gleichzeitig verbundene Drohung, das Arbeitsverhältnis zu beenden, sollte das Gegenteil der Fall sein, wird als entscheidender Mechanismus zur Leistungsstimulierung angesehen.

- Zweites wesentliches Moment eines effizienten Managementkonzepts ist, folgt man den beiden Autoren, eine überdurchschnittliche Entlohnung. Denn eine Drohung, das Arbeitsverhältnis zu beenden, ist nur wirksam, wenn der dadurch hervorgerufene finanzielle Verlust nicht durch Arbeitsplatzwechsel ausgeglichen werden kann.
- Als drittes Moment nennen Bowles und Gintes die Installierung einer effizienten Überwachungstechnik. Die Stabilität eines auf Überbezahlung, technischer Überwachung und Entlassungsdrohung beruhenden Kontrollkonzepts ist, so argumentieren die Autoren, insofern gegeben, als es aus der Sicht der Beschäftigten rational ist, die geforderte Leistung zu erbringen, da es sonst zur Auflösung des Arbeitsvertrages und damit auch zu hohen Einkommenseinbußen kommt. Insofern kann man von sich überschneidenden Interessenlagen ausgehen.

Bowles und Gintes, so ist einzuwenden, sehen die Beschäftigten nicht als Akteure, die aktiv im Gestaltungsprozeß ihre Interessen vertreten. Ihnen bleibt nur die Wahl, sich zu unterwerfen oder Widerstand zu leisten. In ihrer Kritik am Modell des umstrittenen Austausches heben Burawoy und Wright weiterhin hervor, daß es sich bei dem auf der Anwendung eines Überwachungs- und Bedrohungsmechanismus beruhenden Konzept nur um eine mögliche und keineswegs immer um die effizienteste Lösung des sog. "agency problems" handelt (Burawoy/Wright 1990). Zudem wird das Leistungsverhalten der Beschäftigten nicht ausschließlich durch strategische Rationalität, sondern auch durch nicht-strategische Normen bestimmt. Überwachung und Drohung erweisen sich, so die Autoren, nur dann als effiziente Steuerungsmechanismen, wenn die sozialen Beziehungen im Arbeitsprozeß von den Beschäftigten ihrem Charakter nach als Herrschaftsbeziehung interpretiert werden. Denn damit ist die Bereitschaft verbunden, sich den jeweils vom Management installierten Kontrollstrukturen widerspruchslos zu unterwerfen. Das Leistungsverhalten ist unter solchen Bedingungen besonders stabil, wenn das Gefühl der Verpflichtung und der Glaube an die Legitimität des Beschäftigers bei den Arbeitenden hinzukommen.

Sehen die Beschäftigten ihr Verhältnis zum betrieblichen Management dagegen eher als eine reziproke, wenn auch asymmetrische Beziehung an, so ist die Etablierung von auf Zwang beruhenden Kontrollstrukturen aus der

Sicht des Managements kontraproduktiv. Effizient ist vielmehr die Gewährung von Handlungs- und Entscheidungsspielräumen, läßt sich doch im Austausch ein bestimmtes Leistungsverhalten fordern. Damit sind Konflikte nicht grundsätzlich ausgeschlossen, sie vollziehen sich aber vor dem Hintergrund eines grundsätzlichen Kooperationseinverständnisses. Stabilisierend für das Leistungsverhalten der Beschäftigten wirkt im Falle asymmetrischer Reziprozitätsbeziehungen das eigene Verantwortungsgefühl und der Glaube an die Fairness des Managements.

Spiele als Integrationsmechanismus

Interessanterweise interpretiert Burawoy Kooperationsbereitschaft der Beschäftigten im Rahmen betrieblicher Kontrollstrategien nicht als einen Akt rationaler Entscheidung. Mit der Verwendung der Spielmetapher versucht Burawoy (1979) vielmehr eine Verknüpfung von handlungs- und strukturtheoretischer Argumentation. Spielsituationen im Betrieb zeichnen sich dadurch aus, daß die Beschäftigten in der Lage sind, ihren Arbeitsprozeß selbst zu gestalten; es besteht ein begrenztes Feld von Möglichkeiten der Selbstregulation. Die Attraktivität von Spielsituationen für die Beschäftigten besteht u.a. in der Chance, über das eigene Handeln die Verdienstmöglichkeiten, die sozialen Beziehungen und die Arbeitsbedingungen selbst zu beeinflussen. Sie stellen damit aber auch vielfältige Anforderungen an die Managementfähigkeiten und das Organisationstalent der Beschäftigten. Sie bewirken Spannungen im Kampf um die Einhaltung der Akkordnorm, verschaffen zugleich aber auch Prestige und Anerkennung. Sich an solchen Spielen zu beteiligen, eröffnet die Chance, ein gewisses Maß an Befriedigung in und durch die Arbeit zu erhalten.

Spiele zeitigen, so das entscheidende Argument Burawoys, aber auch ganz andere Folgen: Wenn Beschäftigte sich in solche Spiele einlassen, so produzieren und reproduzieren sie nicht allein die das Arbeitsverhalten kontrollierenden Regelungen, sie unterwerfen sich zugleich auch den allgemeinen Spielregeln kapitalistischer Produktion, insbesondere also dem Herrschaftsanspruch des Kapitals, dem Zwang zur Mehrwertproduktion und der privaten Aneignung von Profit. Teilnahme an Spielen stiftet, so Burawoy, Konsens (1979, S. 81).

Burawoy grenzt sich mit seinem Spielkonzept einerseits von den Vertretern eines traditionellen Marxismus ab, der Kooperationsbereitschaft und Konsens als falsches Bewußtsein auslegt, das den Beschäftigten gleichsam in manipulativer Weise aufgezwungen worden ist. Er setzt aber, im Gegensatz zu Parsons, auch nicht die Existenz eines übergreifenden Wertesystems voraus. Vielmehr produzieren die Beschäftigten selbst, wenn auch unbeabsichtigt, zusammen mit der Erzeugung von Gütern, Konsens im Arbeitsprozeß. Die Beschäftigten unterwerfen sich damit nicht einfach dem Herrschaftsanspruch des Managements, sie zeigen sich vielmehr durch ihre Teilnahme an den betrieblichen Spielen mit den bestehenden Kontrollstrukturen einverstanden (Burawoy 1981).

Burawoys Spielkonzept ist verschiedentlich Kritik ausgesetzt worden, wobei insbesondere der Vorwurf einer funktionalistischen Argumentation erhoben wurde. Denn Spiele müssen, so hat bspw. Thompson (1983) gezeigt, keineswegs immer zu Konsens führen. Beschäftigte nutzen arbeitsorganisatorische Gestaltungsspielräume durchaus auch zur Etablierung von Spielen aus, die gegen das Management gerichtet sind. Zu bezweifeln ist zudem, daß die Beschäftigten wirklich, wie Burawoy offensichtlich behauptet, alle Regeln kapitalistischer Produktionsweise akzeptieren, wenn sie im Arbeitsprozeß mit dem Management kooperieren. Eine solche Schlußfolgerung ist, wie Knights und Collinson (1985) gezeigt haben, keinesfalls gerechtfertigt. Wesentlich ist es, den Symbolgehalt von Handlungen zu deuten. So muß Kooperation nicht automatisch Konflikt ausschließen. Es kann sich hierbei auch um eine Form sekundärer Anpassung handeln, um eine Unterwerfung also, die unter Wahrung von Distanz und Offenhalten von Widerstand erfolgt (Goffman 1967).

Kann man nicht automatisch von der Existenz von Spielsituationen auf Konsens schließen, so stellt sich die Frage nach alternativen Erklärungen für das Auftreten von Konsens. Diese liefert Burawoy selbst nach. Die Beschäftigten sind, so läßt sich argumentieren, als Besitzer einer Einkommensquelle, nämlich ihrer Arbeitskraft, weniger an ihrer aktuellen Lohnsituation, als vielmehr an einem kontinuierlichen Fluß finanzieller Erträge aus dieser Einkommensquelle zur langfristigen Sicherung ihres Lebensunterhalts interessiert. Dies läßt sich allerdings nur durch den Verkauf von Arbeitskraft und durch deren effizienten Einsatz im Arbeitsprozeß erreichen (Flatow/Huisken 1973). Aus dieser Sicht müssen die Interessen des Kapitals an einer effizienten Produktion zugleich auch als die der Beschäftigten erscheinen. In der ökonomischen Abhängigkeit der Beschäftigten liegt somit die materielle Basis für Konsens (Burawoy 1985, S. 34f.). Zurecht kritisiert Mahnkopf, daß eine solche Argumentation alle politischen und ideologischen Dimensionen von Kontrolle grob vernachlässigt und Kooperation somit nur eine rein ökonomische Begründung findet (1987, S. 258).

Kontrolle als Auseinandersetzungsprozeß

Nicht nur die Tatsache, daß die Umwelt widersprüchliche Signale aussendet, bedingt eine weitgehende Unbestimmtheit betrieblicher Kontrollstrukturen, auch das Ziel des Kapitals, die Arbeitskraft so effizient wie möglich zu nutzen, führt - anders als Braverman dies annimmt - nicht zu einer widerspruchsfreien Anforderungsstruktur an die Gestaltung des Arbeitsprozesses (Hyman 1987). Um einige Beispiele zu geben:

- Die Auswahl von Produktionstechnik kann sich an verschiedenen Kriterien wie Produktivität, Produktqualität, Anpassungsfähigkeit an Umweltveränderungen aber auch Kontrolle des Arbeitshandelns orientieren.
- Bei der Gestaltung der sozialen Organisation der Arbeit führt verstärkte Arbeitsteilung zwar zur Senkung von Personalkosten, es besteht jedoch wegen des Fehlens eines qualifizierten Personals die Gefahr einer höheren Störanfälligkeit.
- Durch Formen direkter Kontrolle läßt sich möglicherweise eine hohe Arbeitsproduktivität erzielen, sie belasten aber in der Regel die Arbeitsbeziehungen durch Mißtrauen.
- Die Herausbildung interner Arbeitsmärkte bindet zwar die Beschäftigten an den Betrieb, reduziert damit aber auch die Möglichkeit des Betriebes, den Personalstand an konjunkturelle Schwankungen anzupassen und führt somit zu Kostenbelastungen.

Diese Widersprüche lassen es wenig zweckmäßig erscheinen, im Hinblick auf die Kontrolle der Arbeitskraft von Managementstrategien zu sprechen. Zum einen signalisiert der Begriff eine Rationalität managerieller Handelns, die in der betrieblichen Realität nicht gegeben ist. Da das Management immer damit konfrontiert ist, widersprüchliche Signale aus der Umwelt zu deuten und verschiedene Logiken und Handlungsrationalitäten auszubalancieren, können sie nicht strategisch im Sinne einer langfristigen Planung und zieladäquaten Wahl von Mitteln vorgehen. Die einseitige Orientierung an einer bestimmten Zielsetzung würde immer zugleich die effiziente Verfolgung anderer Ziele beeinträchtgen. Zum anderen verleitet der Strategiebegriff dazu, die Entwicklung von Kontrollstrukturen als etwas anzusehen, in das allein Manager involviert sind, während die Beschäftigten nur eine weitgehend reaktive Rolle im Sinne von Unterwerfung spielen. Widerstand der Beschäftigten ist zwar nicht ausgeschlossen, jedoch entsteht dieser erst, so wird angenommen, als Reaktion auf die Durchsetzung von bereits fertigen Kontrollstrategien des Managements.

Anstatt davon auszugehen, daß betriebliche Kontrollstrukturen das Ergebnis genau geplanter Managementstrategien sind, auf die die Beschäftigten dann mit Widerstand reagieren, ist es zweckmäßiger, das Phänomen der Kontrolle als einen Prozeß ständiger Auseinandersetzung zwischen den Parteien zu interpretieren und anstatt von Kontrollstrategien von Kontrollpraktiken zu sprechen. Damit ist die Vorstellung verbunden, daß Organisations- und Kontrollstrukturen das Ergebnis vielfältiger Bemühungen des Managements und der Beschäftigten sind, mit den externen und internen Widersprüchen und Spannungen umzugehen. Anpassung ist dann ebenso Teil der Kontrollauseinandersetzungen wie Unterwerfung, Widerstandshandeln oder konsensuale Problemlösung (Edwards o.J.). Auseinandersetzungen zwischen den beiden Parteien können also ganz unterschiedliche Verläufe nehmen. Der Begriff Auseinandersetzung schließt den Aspekt der Intentionalität nicht aus, ohne allerdings langfristige Planung vorauszusetzen. Zudem hat er den Vorteil, die Multidimensionalität von Kontrolle zu erfassen. Kontrolle schließt nämlich verschiedene und zudem sehr unterschiedliche Aspekte des Arbeitsprozesses ein, wie bspw. direkte Aufsicht, Vorstrukturierung von Arbeitsabläufen, Zeitregime, finanzielle Anreize, Entlassungsdrohung oder auch Leistungsnormen. Anstatt von einem Kontrollregime zu sprechen (Burawoy 1985), ist es zweckmäßiger, von verschiedenen Kontrollbeziehungen zwischen den Beschäftigten und dem Unternehmen auszugehen, die relativ unabhängig voneinander gestaltet werden können.

Kontrolle, wie sie bisher diskutiert wurde, ist auf einzelne Aspekte der Arbeitssituation bzw. des Arbeitsverhältnisses bezogen. Edwards spricht in diesem Zusammenhang von Detailkontrolle und grenzt diese gegenüber genereller Kontrolle ab (o.J., S.17). Detailkontrolle muß als Null-Summen-Spiel aufgefaßt werden, d. h. der Gewinn von Kontrollterrain für eine Seite bedeutet einen Verlust für die andere. Wenn es den Beschäftigten gelingt, durch informale Normen die Arbeitsleistung weitgehend festzulegen, so bedeutet dies einen Kontrollverlust für das Management. Da Detailkontrolle unterschiedliche Beziehungsdimensionen einschließt, ist es sehr anschaulich, von einer Kontrollgrenze zu sprechen (Littler 1982). Denn dieser Begriff macht deutlich, wie auf verschiedene Weise mit dem unbestimmten Leistungsanspruch aus dem Arbeitsvertrag im Arbeitsprozeß selbst umgegangen wird. Der Begriff der Kontrollgrenze bringt besonders gut zum Ausdruck, daß es unterschiedliche Kontrolldimensionen gibt, die nicht aufeinander bezogen werden können. Insofern läßt sich auch nicht, wie Thompson (1967) dies versucht, für einzelne Organisationen ein bestimmtes Kontrollvolumen festlegen, das mit denen anderer Organisationen vergleichbar ist und etwas über dem Demokratiegrad in einer Organisation aussagt.

Der Grenzbegriff läßt erkennen, daß einzelne Grenzabschnitte unterschiedliche Stabilität aufweisen können. Die Art der Grenzziehung kann auf den verschiedenen Kontrolldimensionen in sehr unterschiedlicher Weise erfolgen: durch formale Regelungen, informale Vereinbarungen, Handlungsroutinen oder soziale Praktiken. Allerdings bedingen auch formale Regelungen nicht eine besonders herauszuhebende Stabilität, da ihr Wirksamwerden im betrieblichen Alltag fast immer Interpretationen mit sich bringt, die die Stabilität formaler Grenzziehungen aufweichen. Der Grenzbegriff verweist zudem darauf, daß gleichzeitig Verschiebungen auf verschiedenen Dimensionen möglich sind. Durch freiwillige Aufgabe, Verhandlungen, Tauschgeschäfte oder konfliktreiche Auseinandersetzungen können immer wieder Veränderungen der Kontrollbeziehungen auftreten.

Diese Darstellung macht deutlich, daß die traditionelle Sicht, zwischen manageriellen Kontrollstrategien und dem Widerstand der Beschäftigten zu unterscheiden (Minssen 1990) wenig sinnvoll ist, da sie Kontrolle als bewußten und einseitigen Prozeß interpretiert. Durch den Begriff der Kontrollauseinandersetzungen wird aber auch ein Verständnis von Widerstand als geplantes und an konkreten Zielen orientiertes Handeln infragegestellt. Daß Kontrollpraktiken der Beschäftigten nicht ausschließlich Konflikt-, sondern auch Konsensmomente in sich tragen, läßt sich zeigen, wenn man Leistungszurückhaltung nicht als Widerstandshandeln, sondern als soziale Anpassung interpretiert, die dem Gerechtigkeitsgefühl der Beschäftigten entspringt. Es handelt sich dabei also um nichts anderes als eine bestimmte Form des Umgangs der Beschäftigten mit der unbestimmten Leistungskomponente des Arbeitsvertrages. Der grundsätzlich durch den Arbeitsvertrag gesicherte Leistungsanspruch des Unternehmers wird damit nicht infragegestellt.

Hegemoniale Kontrolle und betriebliche Legitimationsprinzipien

Der Hinweis darauf, daß die Gestaltung von betrieblichen Kontrollstrukturen nicht durch die Umwelt vorgegeben ist, sondern entscheidend von den Interpretationen und Deutungen betrieblicher Akteure abhängt, läßt die Wichtigkeit genereller Kontrolle deutlich werden. Sie bezieht sich nicht, um zunächst eine negative Abgrenzung vorzunehmen, auf den Arbeitsprozeß selbst. Generelle, oder noch besser, hegemoniale Kontrolle (Clegg/ Dunkerley 1980, S. 500) umfaßt vielmehr die institutionellen und kulturellen Voraussetzungen dafür, daß der Arbeitsprozeß kontinuierlich vollzogen wird. Hegemoniale Kontrolle bringt somit zum Ausdruck, inwieweit es dem Management gelungen ist, die Beschäftigten einer effizienten Produktion zu unterwerfen, ohne dabei Zwang anzuwenden (Edwards o.J., S. 23).

Gemeint ist damit nicht, daß der Interessengegensatz zwischen Kapital und Arbeit aufgehoben ist. Vielmehr ist nur festgehalten, daß es keine offenen Auseinandersetzungen um die Kontrolle im Arbeitsprozeß gibt, da die Beschäftigten ihre Arbeitskraft freiwillig in effizienter Weise einsetzen. Wenn sichergestellt ist, daß die Beschäftigten durch ihr Arbeitsverhalten den Interessen des Kapitals entsprechen, dann besteht keine Notwendigkeit für das Management, unmittelbar im Arbeitsprozeß Kontrolle auszuüben (Littler/Salaman 1982, S. 164f.).

Generelle Kontrolle impliziert im Gegensatz zur Detailkontrolle kein Null-Summen-Spiel. Das läßt sich am Beispiel teilautonomer Gruppen zeigen. Die damit verbundene Überlassung von Detailkontrolle im Arbeitsprozeß an die Beschäftigten bringt dem Unternehmen in aller Regel Vorteile. Denn durch eine Verbesserung der Motivation kommt es, wie viele Beispiele zeigen, zu einer erheblichen Steigerung der Produktivität. Zugleich aber kommen teilautonome Gruppen auch dem Interesse der Beschäfigten an mehr Autonomie entgegen.

Hegemoniale Kontrolle läßt sich problemlos mit Webers Legitimationskonzept in Verbindung bringen. Bekanntlich ist mit dem Begriff der Legitimation die Vorstellung der Anerkennung einer generellen Autorität der Organisationsspitze durch die Mitglieder verbunden. Letztere verpflichten sich im voraus dazu, Befehle, Anweisungen oder normative Setzungen der Leitung als für sich verbindlich zu akzeptieren. Diese Aussage läßt sich auch so interpretieren, daß die Ausübung hegemonialer Kontrolle durch das betriebliche Management unbestritten ist.

Allerdings ist Webers Legitimationskonzept durchaus Kritik ausgesetzt. Die Problematik der Weber'schen Argumentation ergibt sich aus der Tatsache, daß nicht klar zwischen Legitimation und Legitimität unterschieden wird (Parkin 1986, S. 77). Legitimation bezieht sich auf den Herrschaftsanspruch, den die Führungsspitze einer Organisation für sich selbst stellt; Legitimität dagegen meint die Bedingungen, unter denen solche Ansprüche von den Mitgliedern der Organisation akzeptiert und erfüllt werden. Weber hat zwar vereinzelt darauf hingewiesen, daß die Gründe, warum Organisationsmitglieder sich einem bestimmten Herrschaftsanspruch unterwerfen, andere sein können als jene, auf die sich der Herrschaftsanspruch selbst stützt. Jedoch scheint er letztlich der Auffassung zu sein, daß der Legitimationsanspruch der Organisationsspitze jeweils eine breite Unterstützung unter den Mitgliedern findet, daß sich also der Legitimitätsglaube der Beherrschten immer am Legitimationsanspruch orientiert (ebda., S. 78).

Das Konzept der Legitimation wird damit zweifelsohne in seiner Erklärungskraft überfordert. In Industriebetrieben steht das Management ständig vor der Aufgabe, seinen Legitimationsanspruch immer wieder neu zu begründen und durchzusetzen. Man muß wohl eher von fließenden und sich jeweils verändernden Legitimationsgrenzen sprechen. In welchem Umfange das Management Herrschaft ausüben kann und die Beschäftigten bereit sind, zu gehorchen, ist nicht auf Dauer festgelegt und jeweils für ein erneutes Aushandeln offen. Legitimation und damit generelle Kontrolle ist also niemals vollständig und dauerhaft gesichert.

Davon auszugehen, daß die legitimatorischen Grundlagen für das Managementhandeln im Betrieb Ergebnis von Aushandlungsprozessen mit den Beschäftigten sind, bedeutet nicht, daß für beide Parteien die gleichen Einflußmöglichkeiten unterstellt werden. Die Voraussetzungen dafür, die eigenen Ideen und Vorstellungen zu legitimieren, sind für Management und Beschäftigte höchst unterschiedlich. Für das Management ist es relativ einfach, die eigenen Vorstellungen zur Organisation betrieblicher Arbeit sich selbst gegenüber und auch gegenüber den Beschäftigten zu rechtfertigen, können sie sich doch auf im Betrieb mehr oder weniger unumstrittene Legitimationsprinzipien wie Profit, technische Effizienz oder fachliche Kompetenz stützen. Da diese im Betrieb wirksamen Legitimationsprinzipien in das allgemeine gesellschaftliche Wertesystem rückgebunden sind, knüpfen sie zugleich an generelle Orientierungsmuster an, die auch von den Beschäftigten geteilt werden. Aus diesem Grunde gibt es, welche Vorbehalte auch immer in der Kultur der Arbeiter bestehen mögen, kaum eine grundsätzliche Zurückweisung von Managementideologien (Armstrong et al. 1981, S. 127).

Das Problem der Legitimierung von Vorstellungen über die Organisation und Kontrolle des Arbeitsprozesses stellt sich aus der Sicht der Beschäftigten ganz anders. In der Regel entwickeln sie keine in der Konsistenz und Prägnanz mit den Managementphilosophien vergleichbaren Orientierungsmuster. Zur Interpretation von sozialen Phänomenen, die jenseits ihres unmittelbaren Erfahrungshorizonts liegen, greifen sie fast immer auf die in der Gesellschaft vorherrschenden Wertmuster zurück. Andererseits besteht jedoch auch das Bedürfnis, sich auf einen moralischen und normativen Bezugsrahmen stützen zu können, der im Gegensatz zu den dominierenden Wertmustern steht, um auch unter den restriktiven Bedingungen abhängiger Lohnarbeit personelle und soziale Identität entwickeln zu können (Mahnkopf 1987, S. 263). Hierbei handelt es sich jedoch nicht um konkurrierende Orientierungsmuster mit entsprechender Konsistenz, sondern um mehr oder weniger isoliert nebeneinander bestehende und sehr eingeschränkte Legitimationsprinzipien, die ihren Ausdruck eher in allgemeinen Praktiken und Gebräuchen finden (Armstrong et al. 1981, S. 128). Nach Parkin führt die Integration dieser beiden Orientierungsrahmen zu einer "ausgehandelten Version" der herrschenden Wertmuster im Betrieb (Parkin 1973, S. 79ff.).

Vor dem Hintergrund, daß die generellen Spielregeln im Betrieb vor allem durch Legitimationsprinzipien wie Profiterzielung, technische Funktionalität und managerielle Prerogative geprägt sind, wird der dominierende Einfluß des Managements auf die Kontrolle betrieblicher Arbeit verständlich. Das Management kann seine arbeitsorganisatorischen Vorstellungen unter Rückgriff auf derartige Legitimationsprinzipien jederzeit rechtfertigen. Es kann zugleich, ebenfalls auf derartige Legitimationskriterien gestützt, Forderungen der Beschäftigten als nicht verhandlungsfähig zurückweisen. Für die Beschäftigten ist es dementsprechend schwierig, ihre Vorstellungen hinsichtlich der Gestaltung betrieblicher Kontrollstrukturen argumentativ zu stützen, da sie sich nur auf relativ isolierte und begrenzte Legitimationsprinzipien beziehen können. Ein Hinweis auf bestehende Praktiken und Verfahren ist eher geeignet, ungerechtfertigte Anforderungen des Managements zurückzuweisen, als Forderungen nach Veränderungen zu rechtfertigen.

Es kann allerdings nicht davon ausgegangen werden, daß das Management seine Kontrollvorstellungen jederzeit problemlos rechtfertigen und damit auch durchsetzen kann. Bendix (1956) liefert eine Erklärung dafür, warum die Reichweite des manageriellen Kontrollanspruchs immer wieder neu ausgehandelt werden muß. Er verweist darauf, daß das Management zur Unterstützung seiner Vorstellungen und Handlungsweisen eine "zweite Struktur unterstützender Argumente" entwickeln muß, die dann selbst zum Kriterium seines eigenen Verhaltens werden. So werden betriebliche Kontrollpraktiken durch das Management nicht allein mit Profitabilität, Effizienz oder Konkurrenzfähigkeit begründet, häufig werden Humanisierung, Entscheidungsautonomie oder Qualifizierung als zusätzliche Argumente nachgeschoben. Diese werden Teil der Betriebskultur, sie erlangen ebenfalls den Status legitimierender Prinzipien. Hinter die damit formulierten Ansprüche können managerielle Kontrollkonzepte nicht zurückfallen. Auch die Beschäftigten können sich zur Wahrung ihrer Interessen oder zur Durchsetzung ihrer eigenen Forderungen darauf berufen.

Allgemein akzeptierte Verhaltensprinzipien, die sich nicht unmittelbar auf Managementinteressen beziehen, grenzen ebenfalls den Anspruch des Managements auf generelle Kontrolle ein. Gleichbehandlung, Fairness oder auch Gerechtigkeit stellen Prinzipien dar, auf die sich die Beschäftigten zur Begründung ihrer Forderungen vielfach berufen (Brown 1972). Schließlich ergeben sich Einflußchancen auch aus der Tatsache, daß Legitimationsprinzipien immer einen gewissen Interpretationsspielraum lassen. So ist nicht eindeutig festgelegt, wann betriebliche Kontrollformen effizient sind. Derartige Einschränkungen stellen zwar die dominierende Position des Managements bei der Gestaltung betrieblicher Kontrollstrukturen nicht grundsätzlich in Frage, sie begrenzen jedoch dessen Gestaltungsmacht. Was eine legitime Form der Kontrolle ist, steht somit nicht von vornherein fest, sondern muß jeweils neu ausgehandelt werden, orientiert allerdings an den bestehenden normativen Strukturen im Betrieb.

Das Konzept der hegemonialen Kontrolle weist über die Grenzen des Betriebes hinaus, sind doch die betrieblichen Legitimationsprinzipien an die geltenden gesellschaftlichen Wertvorstellungen gebunden. Dementsprechend begreift Gramsci den dominierenden Einfluß der Unternehmer auf alle gesellschaftlichen Institutionen als Teil hegemonialer Kontrolle. Die Klasse der Unternehmer, oder zumindest eine Elite unter ihnen, muß die Macht haben, als Organisator der Gesellschaft zu fungieren, einschließlich aller gesellschaftlicher Institutionen, um so die entsprechenden Voraussetzungen für eine effiziente Verfolgung ihrer eigenen Interessen schaffen zu können, oder sie müssen zumindest in der Lage sein, sich jene Gehilfen zu suchen, denen sie die Organisierung der sozialen Beziehungen außerhalb der Unternehmen übergeben können, die dann in ihrem Interesse handeln (Gramsci 1971, S. 5). Als Wächter der Sphäre der Ideologie, die die Mittel, das gesellschaftliche Bewußtsein zu beeinflussen, zur Verfügung stellen, sieht Gramsci die Intellektuellen. Diese beherrschen den gesamten Komplex privater und öffentlicher Institutionen, was sie in die Lage versetzt, die Vorstellungen und Definitionen der herrschenden Klasse zu den gesellschaftlich allgemein anerkannten Werten zu machen (Merrington 1968, S. 154). Die Abhängigkeit der Intellektuellen vom Kapital und somit die Kontrolle der gesellschaftlichen Institutionen der Wissens- und Wertevermittlung sind, so läßt sich Gramsci interpretieren, wesentliche Voraussetzungen dafür, daß hegemoniale Kontrolle im Betrieb wirksam werden kann.

Resümee

Die am Beginn der Kontrolldiskussion vorherrschende funktionalistische Argumentation hat längst an Attraktivität verloren. Betriebliche Kontrollstrukturen lassen sich nicht umstandslos aus einer allgemeinen Verwertungslogik des Kapitals und dem damit verbundenen Zwang zur Mehrwerterzeugung ableiten. Es muß vielmehr von einer relativen Autonomie der betrieblichen Kontrollformen gegenüber derartigen Strukturmomenten ausgegangen werden. Es besteht ein erheblicher Gestaltungsspielraum betrieblicher Kontrollstrukturen, der durch die vorherrschenden betrieblichen Rahmenbedingungen zwar eingeschränkt aber nicht völlig eliminiert wird. Das Konzept betrieblicher Kontrollstrategien bringt gegenüber einer funktionalistischen Erklärung nur begrenzte Fortschritte, basiert es doch auf der a priori Festlegung eines rationalen Entscheidungsverhaltens des Managements. Damit sind zwei zentrale Voraussetzungen verbunden, die in der betrieblichen Realität nicht gegeben sind. Weder sendet die Umwelt eindeutige Signale als Voraussetzung für eine rationale Wahl von Kontrollstrukturen aus, noch bieten die betrieblichen Zielvorstellungen klare Gestaltungskriterien. Beide Bereiche sind vielmehr durch eine Vielfalt von Widersprüchen gekennzeichnet, die strategisches Handeln des Managements bei der Gestaltung betrieblicher Kontrollstrukturen als unrealistische Annahme erscheinen lassen. Ebensowenig läßt sich umgekehrt Widerstand der Beschäftigten gegen das managerielle Kontrollhandeln als geplante und kalkulierte Gegenstrategie darstellen.

Kontrolle wird adäquater als Prozeß permanenter Auseinandersetzungen zwischen Management und Beschäftigten beschrieben, in dem es darum geht, die Grenzen managerieller Kontrolle bzw. der Autonomie der Beschäftigten ständig neu zu bestimmen. Dieser Auseinandersetzungsprozeß ist nicht durch langfristig geplante Strategien und Gegenstrategien geprägt, vielmehr handeln die betrieblichen Akteure eher situationsbezogen, spontan und an unmittelbaren Problemen orientiert. Kontrollhandeln läßt sich deshalb als ständiger Versuch betrieblicher Akteure, unter Wahrung eigener Interessen, mit unklaren und widersprüchlichen Situationen im Betrieb umzugehen, charakterisieren. Es ist dann angemessener, von Kontrollpraktiken anstatt von Kontrollstrategien zu sprechen.

Der Auseinandersetzungsprozeß um die Kontroll- bzw. Autonomiegrenzen im Arbeitsprozeß findet weder in einem institutionellen noch in einem kulturellen Vakuum statt. Ein wesentlicher Einfluß auf die Auseinandersetzungen um die betrieblichen Kontrollgrenzen geht von den im Betrieb allgemein akzeptierten Legitimationsprinzipien aus. Diese wiederum sind stark an das gesellschaftliche Wertesystem gebunden. Eine konfliktfreie betriebliche Produktion ist somit von der Aufrechterhaltung hegemonialer Kontrolle durch das Management abhängig. Diese weist über die Betriebsgrenzen hinaus und schließt die Beherrschung der gesellschaftlichen Institutionen der Wissens- und Wertevermittlung mit ein.

Literatur

Armstrong, P.J., J.F.B. Goodman and J.D. Hyman (1981): Ideology and Shop-Floor Industrial Relations: Theoretical Considerations, London.

Behrend, H. (1957): The Effort Bargain, in: Industrial and Labour Relations Review 10, S. 503-515.

Bendix, R. (1956): Work and Authority in Industry: Ideologies of Management in the Course of Industrialization, New York.

Bowles, S., H. Gintis (1990): Contested Exchange, New Microfoundation for the Political Economy of Capitalism, in: Politics and Society 2, S. 165-222.

Braverman, H. (1974): Labour and Monopoly Capital, New York.

Brown, W.A. (1972): A Consideration of Custom and Practice, in: British Journal of Industrial Relations X, S. 42-61.

Burawoy, M. (1979): Manufacturing Consent. Changes in the Labour Process under Monopoly Capitalism, Chicago/London.

Burawoy, M. (1981): Terrains of Contest: Factory and State Under Capitalism and Socialism, in: Socialist Review 58, S. 83-124.

Burawoy, M. (1985): The Politics of Production. Factory Regimes under Capitalism and Socialism, London.

Burawoy, M., E.O. Wright (1990): Coercion and Consent in Contested Exchange, in: Politics and Society 2, S. 251-266.

Child, J. (1985): Managerial Strategies, New Technology and the Labour Process, in: D. Knights, H. Willmott and D. Collinson (Hg.), Job Redesign, Critical Perspectives on the Labour Process, Cambridge, S. 107-141.

Clegg, St. and D. Dunkerley (1980): Organization, Class and Control, London/New York.

Coombs, R. (1985): Automation, Management Strategies and Labour Process Change, in: D. Knights, H. Willmott and D. Collinson (Hg.), Job Redesign, Critical Perspectives on the Labour Process, Cambridge, S. 142-170.

Crow, M. (1989): The Use of the Concept "Strategy" in Recent Sociological Literature, in: Sociology 23(1).

Dörr, G., H. Hildebrandt, R. Seltz (1983): Kontrolle durch Informationstechnologien in Gesellschaft und Betrieb, in: U. Jürgens, F. Naschold, Arbeitspolitik. Leviathan-Sonderheft 5/1983.

Edward, R. (1979): Contested Terrain. The Transformation of the Workplace in the Twentieth Century, New York.

Edwards, P.K. (1986): Conflict at Work, Oxford.

Edwards, P.K. (o.J.): Understanding Conflict in the Labour Process. The Logic and Autonomy of Struggle, unpubl.paper.

Flatow, S.V., F. Huisken (1973): Zum Problem der Ableitung des bürgerlichen Staates, in: Prokla 7.

Fox, A. (1974): Beyond Contract: Work, Power and Trust Relations, London.

Fox, A. (1985): Man Mismanagement, London.

Friedman, A.L. (1977): Industry and Labour: Class Struggle at Work and Monopoly Capitalism, London.

Goffman, E. (1967): Interaction Ritual, New York.

Gordon, D.M., R. Edward, M. Reich (1982): Segmented Work, Divided Workers: The Historical Transformation of Labour in the United States, Cambridge.

Gramsci, A. (1971): The Prison Notebooks, London.

Herkommer, S. (1972): Vom Elend der Industriesoziologie, in: Sozialistische Politik 16.

Hyman, R. (1987): Strategy or Structure? Capital, Labour and Control, in: Work, Employment and Society 1, S. 25-55 (dt.: Strategie oder Struktur? Die widersprüchliche Handlungskonstellation des Managements der Arbeit, in: W. Müller-Jentsch (Hg.), Konfliktpartnerschaft. Akteure und Implikationen der industriellen Beziehungen, 2. Auflage, München/Mering 1993, S. 65-105.)

Kelly, J. (1985): Management's Redesign of Work, in: D. Knights, H. Willmott and D. Collinson (Hg.), Job Redesign, Critical Perspectives on the Labour Process, Cambridge, S. 30-51.

Knights, D., H. Willmott and D. Collinson (Hg.) (1985): Job Redesign, Critical Perspectives on the Labour Process, Cambridge.

Knights, D., D. Collinson (1985): Redesigning Work on the Shop Floor: A Question of Control or Consent? in: D. Knights, H. Willmott and D. Collinson (Hg.) Job Redesign, Critical Perspectives on the Labour Process, Cambridge, S. 197-226.

Littler, C.R. (1982): The Development of the Labour Process in Britain, Japan and the USA, London.

Littler, C.R., G. Salaman (1982): Braverman and Beyond: Recent Theories of the Labour Process, in: Sociology 16, S. 251-269.

Mahnkopf, B. (1987): Hegemonie und Konsens. Regulationsmuster betrieblicher Sozialbeziehungen und ihr Legitimationseffekt, in: Leviathan Sonderheft 8, 253-269.

Manske, F. (1987): Ende oder Wandel des Taylorismus? Von der punktuellen zur systemischen Kontrolle des Produktionsprozesses, in: Soziale Welt 38, S. 166-180.

Manske, F. (1991): Neue Kontrollformen und Arbeit im Maschinenbau: weder Taylorismus noch neue Produktionskonzepte, in: E. Hildebrandt (Hg.) Betriebliche Sozialverfassung unter Veränderungsdruck. Konzepte, Varianten, Entwicklungstendenzen, Berlin, S. 145-171.

Merrington, J. (1968): Theory and Practice in Gramsci's Marxism', in: Socialist Register, London, S. 145-176.

Minett, S. (1992): Power, Politics and Participation in the Firm, Aldershot.

Minssen, H. (1990): Kontrolle und Konsens. Anmerkungen zu einem vernachlässigten Thema der Industriesoziologie, in: Kölner Zeitschrift für Soziologie und Sozialpsychologie, S. 365-382.

Offe, C., K. Hinrichs (1977): Sozialökonomie des Arbeitsmarktes und die Lage benachteiligter Gruppen von Arbeitnehmern, in: Projektgruppe Arbeitsmarktpolitik, C. Offe (Hg.):, Opfer des Arbeitsmarktes. Zur Theoriestruktur der Arbeitslosigkeit, Neuwied und Darmstadt, S. 3ff.

Parkin, F. (1973): Class Inequality and Political Order. Social Stratification in Capitalist and Communist Societies, London.

Parkin, F. (1986): Max Weber. Key Sociologists. Chichester/London/New York.

Ramsey, H. (1991): Strategy, Style or Serendipity? Corporate Policy and Practice on Employee Involvement. Paper for the 10th EGOS-Colloquium, Vienna, July 15-17.

Rose, M., B. Jones (1985): Managerial Strategy and Trade Union Response in Work Reorganisation Schemes at Establishment Level, in: D. Knights, H. Willmott and D. Collinson (Hg.) Job Redesign. Critical Perspectives on the Labour Process, Cambridge, S. 81-106.

Schienstock, G., J. Flecker, G. Rainer (1987): Kontrolle, Konsens und Ideologie. Ein Beitrag zur Diskussion über einen Paradigmenwechsel in der Industriesoziologie, in: Th. Malsch, R. Seltz (Hg.) Die neuen Produktionskonzepte auf dem Prüfstand. Beiträge zur Entwicklung der Industriearbeit, Berlin, S. 293-322.

Seltz, R. (1984): Neue betriebliche Machtressourcen und Wandel des Kontrollsystems durch elektronische Informations- und Kommunikationstechnologien. Eine theoretische und empirische Skizze zu "Kontrolle im Arbeitsprozeß und Arbeitspolitik", IIVG-discussion papers, Berlin.

Seltz, R., E. Hildebrandt (1985): Produktion, Politik und Kontrolle - arbeitspolitische Varianten am Beispiel der Einführung von Produktionsplanungs- und Steuerungssystemen im Maschinenbau, in: F. Naschold (Hg.) Arbeit und Politik - Gesellschaftliche Regulierung der Arbeit und soziale Sicherung. Frankfurt/Main.

Seltz, R. (1986): Re-Organisation von Kontrolle im Industriebetrieb, in: R. Seltz, U. Mill, E. Hildebrandt (Hg) Organisation als Sozialsystem. Kontrolle und Informationstechnologie in Arbeitsorganisationen, Berlin.

Thompson, J.D. (1968): Organization in Action, New York.

Thompson, P. (1983) The Nature of Work. An Introduction to Debates on the Labour Process, London.

Thompson, P. (1986): Crawling from the Wreckage. The Labour Process and the Politics of Production. Paper for 4th ASTON-UMIST Conference, April 1986, revised November 1986.

Thurley, K., S. Wood (1983): Business Strategy and Industrial Relations Strategy, in: K. Thurley, S. Wood (Hg.) Industrial Relations and Management Strategy, Cambridge.

Weber, M. (1972): Wirtschaft und Gesellschaft. Grundriß der verstehenden Soziologie, Tübingen.

Westergaard, J., H. Resler (1976): Class in a Capitalist Society, Harmondsworth.

Organisation und Mitbestimmung.

Evolution einer diffizilen Synthese

Walther Müller-Jentsch

Organisation und Mitbestimmung stehen realiter in einem engen und wechselseitigen Bedingungs- und Spannungsverhältnis, aber ihre wissenschaftliche Erforschung geht häufig noch separate Wege. Die Partizipationsforschung kann zwar nicht davon absehen, daß Mitbestimmung in der Regel in Organisationen stattfindet, ohne sich aber auf die - mittlerweile sehr feingesponnenen - Organisationstheorien einlassen zu müssen. Die Organisationsforschung ihrerseits behandelt die Thematik von Mitbestimmung und Partizipation zwar nicht als *quantité négligeable*, hält es aber gleichwohl nicht für zwingend, ihr den Status einer konstitutiven Strukturkomponente zuzugestehen.

Emergenz und Evolution

Gewiß ist indes, daß beide - Organisation und Mitbestimmung - emergente Phänomene moderner Gesellschaften sind; mit anderen Worten: Momente jenes universalhistorischen Prozesses, den Max Weber als okzidentale Rationalisierung bezeichnet und luzide analysiert hat. Läßt die Organisation sich als ein essentielles Medium dieses gesellschaftlichen Rationalisierungsprozesses identifizieren, dann die Mitbestimmung als eine typische Reaktionsform auf die ubiquitäre Organisationsbildung. Genese und Evolution von Organisation und Mitbestimmung können aus zwei verschiedenen gesellschaftstheoretischen Perspektiven - der der Organisationsgesellschaft[1] und der der Klassengesellschaft[2] - betrachtet werden.

Es ist eine in den Sozialwissenschaften weithin akzeptierte Vorstellung, daß moderne Gesellschaften aus funktional ausdifferenzierten Teilsystemen mit eigenen Rationalitäten, Steuerungsmedien und Dynamiken bestehen, und daß sie andererseits in den Organisationen ihre wichtigsten Akteure haben. Die Freisetzung des ökonomischen Subsystems aus den sozialen und normativen Bindungen der Gesellschaft des 18. und 19. Jahrhunderts zugunsten eines selbstregulierten Marktsystems - von Polanyi (1978) am Beispiel der englischen Sozialgeschichte eindrücklich beschrieben - setzte eine Dynamik frei, die ein sprunghaftes Wachstum von Wirtschaftsorganisationen (Unternehmen) stimulierte und eine ständig wachsende Zahl von Menschen, letztlich die Mehrheit der Bevölkerung, in die Lohnabhängigkeit zwang. Die enorme Leistungssteigerung des ausdifferenzierten Wirtschaftssystems hatte zur Kehrseite, daß seine Organisationen Unsicherheiten externalisierten: die Nicht-Eigentümer mußten soziale Kosten und Arbeitsmarktrisiken tragen, zu deren Bewältigung sie neue Organisationen schufen. Die zur Abwehr sozialer Folgeprobleme gegründeten Organisationen waren vornehmlich solche der Arbeiterbewegung. Sie entfalteten einerseits Gegenmacht, um die Wirtschaftsunternehmen zu zwingen, die Externalisierung sozialer Risiken zu begrenzen; und sie übten andererseits Druck aus auf die Institutionen des politischen Teilsystems (Parteien und Parlament), damit diese mit gesonderten, das heißt sozialstaatlichen Einrichtungen die externen sozialen Effekte kompensierten. Somit trugen die - als Reaktion auf freie Arbeitsmärkte und Fabriksystem entstandenen - Arbeiterorganisationen wiederum zur Bildung neuer Organisationen auf seiten des Staates und auch der Arbeitgeber bei.

Anders als die funktionsspezifisch operierenden Teilsysteme (wie Wirtschaft, Politik, Recht, Wissenschaft etc.) verfügen Organisationen nicht nur

---

1 Die theoretischen Grundlagen für die Beschäftigung mit Problemen der Organisation legten Robert Michels und Max Weber. Zum gesellschaftstheoretischen Konzept vgl. Jacoby 1969, Gabriel 1979 und Perrow 1989.

2 Die klassische Theorie der kapitalistischen Klassengesellschaft formulierten Marx und Engels; neuere Analysen fortgeschrittener Klassengesellschaften haben Giddens (1979) und Wright (1985) vorgelegt.

über eine strategische Handlungsfähigkeit, sie sind auch wichtige gesellschaftliche Integrationsmechanismen. Parsons (1960, S. 41) erkannte in der Organisationsbildung den "wichtigsten Mechanismus für eine hochdifferenzierte Gesellschaft, um das System 'in Gang zu halten' und Ziele zu verwirklichen, die die Möglichkeiten des einzelnen übersteigen". Als "Systeme kooperativer Beziehungen" (Parsons 1964, S. 72) erbringen Organisationen und ihre hybriden Formen, die interorganisatorischen Netzwerke (welche heute im Zentrum der Organisationsforschung stehen), unabdingbare Koordinationsleistungen für die Synthese und Reproduktion hochgradig interdependenter Gesellschaften (vgl. zuletzt Mayntz 1992).

Was bedeutete nun diese Entwicklung für die "Gesellschaft der Individuen" (um eine Formulierung von Elias aufzunehmen)? Sie erfuhren die Zurückdrängung und Ersetzung symbolisch strukturierter Lebenswelten durch sachlich-unpersönliche Sozialbeziehungen. Nicht nur traditionale Gemeinschaften (wie Mehrgenerationen-Familien, Nachbarschaften, Gemeinden und Religionsgemeinschaften), sondern auch Klassenmilieus lösten sich auf und wurden durch Organisationen ersetzt. Als notwendige Ordnungsmittel einer komplexen und entbalancierten Gesellschaft, die das beständige Zusammenwirken von Menschen bei der kontinuierlichen Durchführung von Aufgaben durch institutionalisierte Handlungsprogramme sicherstellen, sind Organisationen - in der Formulierung von Klaus Türk - "gesellschaftsevolutorische 'Erfindungen'": prinzipiell abgelöst von Tradition und Persönlichkeitsfaktoren, mit vielfältig gestaltbaren Binnenstrukturen und -prozessen und mit grundsätzlich freien Ein- und Austrittsmöglichkeiten. Die Menschen gehören jeweils mehreren Organisationen an, aber immer nur "ausschnitthaft", nie mit ihrer ganzen Person. Ihre "Partialinklusion" (wie die Organisationstheoretiker diesen Sachverhalt nennen) verlangt ihnen ein sachliches, zweckrationales Verhalten ab, welches selbst wiederum Entwicklungsprodukt jenes umfassenden okzidentalen Rationalisierungsprozesses ist und das Weber mit "methodisch-rationaler Lebensführung" gekennzeichnet hat. Da ihnen außerhalb der zweckorientierten und rational geplanten Organisationen kaum noch Raum für sozio-emotionale Bedürfnisse bleibt, versuchen sie insbesondere jene Organisationen, in denen sie den Hauptteil ihrer wachen Lebenszeit verbringen, nach ihren Bedürfnissen und Interessen mitzugestalten. Peter L. Berger hat einmal die schöne Wendung gebraucht, daß der Mensch ein anthropologisch begründetes Recht habe, "in einer sinnvollen Welt zu leben" (1976, S. 13).

Von Organisationsgestaltern ist dieses Problem früh erkannt worden. Mit Sozialtechniken haben *Human Relations*-Experten bereits in den dreißiger Jahren in den USA das seit der Untersuchung in den Hawthorne-Werken (Roethlisberger/Dickson 1939) bekannte Phänomen der informellen Gruppen für die Unternehmensorganisation produktiv nutzbar zu machen gesucht; seither findet die technisch-ökonomische Rationalisierung häufig ihre Ergänzung in der sozialen Rationalisierung.

Es liegt nahe, hier nun den systematischen Ort für die theoretische Begründung der *Mitbestimmung* zu sehen; aber eine solche organisationssoziologische Erklärung wäre zu harmlos. Historisch-genetisch und gesellschaftstheoretisch ist die Institution Mitbestimmung (im umfassenden Sinn von *Industrial Democracy*[3]) aus dem Kontext der gesellschaftlichen Klassenspaltung und kapitalistischen Warenproduktion zu erklären.

Die mit dem Aufkommen des Fabriksystems entstandenen Wirtschafts- und Arbeitsorganisationen brachten formal freie Arbeitskräfte unter einem Dach zusammen, ohne daß die frühen Unternehmer auf eine systematische Organisations- und Managementlehre zurückgreifen konnten; häufig diente die militärische Organisation als Vorbild für die Fabrikorganisation. In ihr reproduzierte sich das gesellschaftliche Klassenverhältnis: zum Zweck der wirtschaftlichen Ausbeutung wurden die Lohnarbeiter dem Kommando "industrieller Ober- und Unteroffiziere" (wie sie Marx bezeichnenderweise nannte) und den sachlichen Produktionsbedingungen unterworfen. Gegen diese Zumutungen der kapitalistischen Arbeitsorganisation schlossen sich die Arbeiter in Koalitionen zusammen. Mit der Bildung von gewerkschaftlichen und anderen Arbeiterorganisationen gewannen die Lohnarbeiter als Klasse oder Quasi-Gruppe strategische Handlungsfähigkeit, gewissermaßen als Pendant zu jener, die das Kapital bereits durch die Unternehmensorganisationen besaß und durch die Bildung von Unternehmerverbänden erwei-

3 Geprägt wurde der Begriff von den frühen Historikern und Theoretikern der britischen Gewerkschaftsbewegung, Sidney und Beatrice Webb (1898). Als *industrielle* oder *Wirtschaftsdemokratie* fand er auch in der deutschen arbeitsrechtlichen, sozial- und wirtschaftswissenschaftlichen Literatur Aufnahme.

terte. Geschaffen waren damit die Voraussetzungen für eine weitere "gesellschaftsevolutionäre Erfindung": die Tarifautonomie. Sie bedeutet - in der Wendung von Franz Neumann (1935) - den "Sieg des Paritätsgedankens", das heißt die Ersetzung unilateraler durch bilaterale Regelungen des Arbeitsverhältnisses. Die Kompetenz zur Mitbestimmung der Beschäftigungs- und Arbeitsbedingungen setzt des weiteren Kompromißfähigkeit voraus, die selbst wiederum ein Ergebnis organisationaler Lernprozesse ist. In der Frühzeit der Tarifautonomie wurden die Kompromisse häufig noch durch externe Institutionen gestiftet. *The rules of the game* mußten beide Seiten erst noch lernen und in ihren Organisationen durch die Ausdifferenzierung von Rollen und Strukturen für die Durchführung von Verhandlungen institutionalisieren.

Zwar machten sich schon früh aufgeklärte Unternehmer Gedanken darüber, wie sie ihre Beschäftigten beteiligen können.[4] Gleichwohl war der externe Geburtshelfer der Mitbestimmung die gewerkschaftliche Organisation. Sie nutzte das Instrument des Tarifvertrags, um die Bedingungen des Arbeitsverhältnisses mitzubestimmen, wenn auch zunächst nur deren wichtigste Eckwerte: Lohn und Arbeitszeit.

Mit der Einführung der *betrieblichen Interessenvertretung* der Arbeitnehmer kam es zu einem weiteren evolutionären Schub. Betriebsräte (oder ihnen funktionale Äquivalente) stellen eine Organisation in der Organisation dar: Als Interessenvertretung der Arbeitnehmer wird sie gleichsam der Unternehmensorganisation implantiert. Aber ob durch Gewerkschaft oder Betriebsrat ausgeübt, in beiden Fällen erfolgt die Mitbestimmung durch repräsentative Organisationen der abhängig Beschäftigten, welche ihrerseits die Interessenpolitik dieser Organisationen durch *Exit*- und *Voice*-Optionen (vgl. Hirschman 1974) beeinflussen können: Sie können aus der Gewerkschaft austreten bzw. sich bei den Betriebsratswahlen enthalten (*Exit*-Option) oder in den gewerkschaftlichen Basisorganen bzw. durch direkte

4 Exemplarisch kann hier auf Freeses "konstitutionelle Fabrik" (1922) verwiesen werden.

Gespräche mit dem Betriebsrat ihre Interessen und Vorstellungen zum Ausdruck bringen (*Voice*-Option).[5]

Neue Entwicklungsphase der Partizipation

Wenn die Anzeichen nicht trügen, findet gegenwärtig ein neuer Entwicklungsschub der Mitbestimmung in Wirtschaftsorganisationen statt. Zwar nicht durchgängig, aber doch mit bemerkenswerter Zuwachsrate werden in modernen Unternehmen der verarbeitenden Industrie und des Dienstleistungssektors die Formen repräsentativer Mitbestimmung ergänzt (und teilweise auch relativiert) durch Formen direkter Beteiligung der Arbeitnehmer. Die Verlängerung der Mitbestimmung zu den Beschäftigten der unteren Hierarchieebene, obwohl von Gewerkschaftern und gewerkschaftsnahen Wissenschaftlern schon in der Debatte über die "Humanisierung der Arbeit", allerdings ohne Erfolg, gefordert, geht heute zumeist auf Initiativen des Managements zurück.

Es sind vornehmlich zwei Organisationsformen, in denen Arbeitnehmer die Möglichkeit zur (begrenzten) Einflußnahme auf den Arbeitsprozeß erhalten: die eine ist die der Gesprächs- oder Problemlösungsgruppe (Qualitätszirkel und dergl.), die andere die der Team- oder Gruppenarbeit. Während Gesprächsgruppen im regelmäßigen Turnus zur Lösung eines Problems zusammenkommen und danach sich wieder auflösen, obliegt den teilautonomen Arbeitsgruppen die ständige Bewältigung der eigentlichen Arbeitsaufgabe.

Ihren besonderen Stellenwert erhält die Einführung von Modellen direkter Arbeitnehmerbeteiligung im Kontext umfassender Rationalisierungs- und Umstrukturierungsvorgänge der Arbeitsorganisation und des Produktionsablaufs seit Ende der siebziger Jahre. Unter dem Einfluß der Globalisie-

5 Nur anmerken kann ich hier, daß die Mitbestimmung in Interessenorganisationen, welche sich in der Regel aus einer Mitgliederschaft mit gleichen oder ähnlichen Interessen zusammensetzt, natürlich einen anderen Charakter hat, als die Mitbestimmung in Wirtschaftsorganisationen, die Gruppen mit konfligierenden Interessen zusammenbringt. Ich beschränke mich hier auf die Mitbestimmung in Wirtschafts- bzw. Arbeitsorganisationen.

rung des Wettbewerbs und der mikroelektronischen Revolution gewann neben der technisch-wirtschaftlichen auch die soziale Rationalisierung eine neue Qualität. Veränderte Nachfragestrukturen stellten die standardisierte Massenproduktion, der verstärkte Einsatz von Informations- und Kommunikationstechnologien und der kulturelle Wertewandel alte Produktionskonzepte in Frage. Verlangen Dynamik und Turbulenzen der Märkte erhöhte Flexibilität in der Produktion und größere Variabilität im Angebot, dann erfordert der steigende Kapital- und Technikeinsatz die effektivere Ausnutzung der Produktionsanlagen, und bedingt der Wertewandel die Berücksichtigung intrinsischer Arbeitsmotive (Arbeitsfreude, Entwicklungschancen, Sozialkontakte, Kreativität, Produzentenstolz etc.). Bewältigt werden diese Herausforderungen durch zwei spezifische Rationalisierungsstrategien.

Aus der Perspektive einer *arbeitszentrierten* Rationalisierung kommt den Human-Ressourcen eine strategische Bedeutung für Produktionsflexibilität und optimale Techniknutzung zu. Da die Leistungsbereitschaft der Arbeitnehmer offenbar nicht mehr mit den herkömmlichen Kontroll- und Anreizsystemen gesichert werden kann (es droht die Gefahr der "inneren Kündigung"), dienen neue Formen der Arbeitsorganisation, der Mitarbeiterbeteiligung sowie erweiterte Angebote betrieblicher Qualifizierung und Weiterbildung als nicht-monetäre Motivationsanreize für die erweiterte Nutzung der Arbeitskraft.

Eine zweite, *kapital- und technikzentrierte*, auch als *systemische* Rationalisierung bezeichnete Strategie zielt auf die Reorganisation des gesamten betrieblichen Ablaufs sowie der zwischenbetrieblichen Beziehungen. Die organisationstechnischen Potentiale der Informations- und Kommunikationstechnik werden benutzt für die Integration der betrieblichen Teilprozesse (vom Auftragseingang bis zur Auslieferung an die Kunden) und für den Aufbau zwischenbetrieblicher Netzwerke (zwischen Abnehmer und Zulieferer, Produzent und Händler). Rationalisierungsziel ist die Ökonomisierung des Kapitaleinsatzes durch schnelleren Materialfluß und Produktdurchlauf, lagerlose Fertigung und bestandslose Distribution.

Beide Rationalisierungsstrategien schließen sich in der Praxis nicht aus; ihre Gewichtung in einzelnen Unternehmen ist eine Frage der Empirie. Für die technikzentrierte Rationalisierung scheint der Faktor Arbeit an Bedeutung zu verlieren, während er für die arbeitszentrierte Rationalisierung einen strategischen Stellenwert erhält. Eine Schlußfolgerung der vieldiskutierten MIT-Studie über die Automobilindustrie (Womack et al. 1990) lautet, daß die "schlanke" oder "gestraffte" Produktion (*lean production*) nur in Kombination mit Arbeitsgruppen, die alle in ihrem Bereich anfallenden Arbeiten selbst ausführen, zu realisieren sei. Durch die Übertragung eines Maximums an Aufgaben und Verantwortlichkeiten an Teams von Produktionsarbeitern können die unter dem tayloristischen Rationalisierungsparadigma aufgeblähten und kostenintensiven indirekten Bereiche (wie Arbeitsvorbereitung, Arbeitsüberwachung und Qualitätskontrolle) teilweise abgebaut werden.

Aus der Sicht der Partizipationsforschung stellt die Ergänzung repräsentativer (und externer) Quellen der Mitbestimmung durch Modelle direkter Beteiligung eine evolutionäre Konsequenz interessen- und verbandspolitischer Entwicklungen dar. Analog zur Wertewandel-Diskussion verweisen auch Partizipationsforscher (z.B. Bolle de Bal 1989) auf einen Prioritätenwandel der Interessen und Bedürfnisse. Nachdem materielle und andere schutzbedürftige Interessen der Arbeitnehmer mit Formen *indirekter* Partizipation befriedigt worden seien, würde heute den Interessen an Autonomie, Initiative und Kommunikation höhere Priorität eingeräumt. Deren Befriedigung sei aber nur mit *direkter* Partizipation zu erreichen. Diesem Prioritätswandel tragen auch die Gewerkschaften Rechnung, wenn sie ihre Interessenpolitik von der *Schutz-* zur *Gestaltungspolitik* umgewichten. Gestaltende Arbeits- und Betriebspolitik bedingt die aktive Einbeziehung der Arbeitnehmer.

Krise und Weiterentwicklung der Organisationstheorie

Was die Partizipationsforschung mit Begriffen wie *direkte Partizipation, Mitbestimmung am Arbeitsplatz, Betriebsdemokratie* zu greifen sucht, findet sich in der Organisationsforschung wieder unter den begrifflichen Pendants *Enthierarchisierung, Dezentralisierung und Selbststeuerung* von Organisationen. Scott (1986a; 1986b) zufolge befindet sich die Organisationstheorie seit den siebziger Jahren in einer "produktiven Krise", die auf Veränderungen im Objektbereich verweisen. Die bis dahin dominanten, kontingenz- und systemtheoretischen Vorstellungen von Organisationen als zielorientierte, rational geplante Systeme mit objektiven und dauerhaften Strukturen bzw. als selbstreferentielle und operativ geschlossene Systeme weichen mehr und mehr einem Verständnis, das Organisationen eher als natürliche, lose gekoppelte und offene Systeme begreift, die sowohl als Kollektivitäten wie als Orte praktischen gesellschaftlichen Handelns unterschiedlicher und konfligierender Gruppen beschreibbar sind. Zu den Veränderungen im Objektbereich gehören die Rückkehr des Subjekts und der Politik in die Organisation (vgl. auch Türk 1989).

Wenn auch nicht alle Organisationsanalysen so rigoros wie die systemtheoretische die Person als Umwelt definierten, so trugen doch die wenigsten der Tatsache Rechnung, daß die Arbeitnehmer nicht nur Träger von Arbeitskraft sind (zwar mit entwicklungsfähigen Qualifikationen und - notfalls zu berücksichtigenden - menschlichen Bedürfnissen), sondern auch Mitglieder demokratischer Gesellschaften, denen sie eine Reihe von zivilen, politischen und sozialen Bürgerrechten verdanken (Marshall 1992). Schon unter dem Regime fordistisch-tayloristischer Produktionskonzepte konnten die abhängig Beschäftigten - nicht zuletzt dank ihrer politischen Bürgerrechte, insbesondere der Koalitionsfreiheit und des Streikrechts - durchaus nicht so nahtlos wie ein Maschinenteil dem Produktionsprozeß eingepaßt werden, wie uns manche industriesoziologische Abhandlung über die "reelle Subsumtion der Arbeit unter das Kapital" suggerierte.[6]

Wenn unter Bedingungen verbreiteter materieller Notlagen und hoher Arbeitsmarktrisiken die Leistungsbereitschaft der Arbeitnehmer vorwiegend durch den Entlohnungsmechanismus und die Entlassungsdrohung sichergestellt werden konnte, dann kann dies heute für eine große Zahl von Beschäftigten nicht mehr erwartet werden. Steigender Lebensstandard, permissive Erziehung und erweiterte Bildungschancen haben die Ansprüche und Erwartungen der Arbeitnehmer an den unternehmerischen Führungsstil und die inhaltlichen Momente der Arbeit erhöht.

---

6 Vgl. dazu zusammenfassend Beckenbach 1991, S. 96 ff. und Müller-Jentsch 1991, S. 255 ff. Die durch Bravermans Buch "Labor and Monopoly Capital" (1974) ausgelöste angelsächsische *Labour Process Debate* hat diesem theoretischen Mißverständnis ein verdientes Ende bereitet.

Neuere Organisationstheorien tragen dem insofern Rechnung, als sie für eine *Re-Humanisierung* der Organisationsforschung plädieren. Ihr Konzept der "Organisationsentwicklung" sieht in der Einräumung größerer Spielräume für die Gestaltung der sozialen Beziehungen Chancen für individuelle und organisatorische Lernprozesse, die wirtschaftliche und soziale Effizienz miteinander kompatibel machen können. In ihrer Kritik an zweckrationalen Modellen begreifen sie Organisationen, insbesondere Arbeitsorganisationen, als Assoziationen konkreter Individuen, die ihre soziale Lebenswelt nicht vor den Fabriktoren abstreifen und nur noch als Rollenträger agieren. Das modische Wort von der "Organisationskultur" kann durchaus etwas Ernstes meinen - wenn die aus sozialen Interaktionen hervorgehenden Handlungs- und Deutungsmuster, typischen Arbeitspraxen und Konfliktlösungen *aller* "Organisationsmitglieder" sich darin manifestieren. In diesem Kontext sind die in der Industriesoziologie für die Typisierung innerbetrieblicher Arbeitsbeziehungen verwendeten - von Alan Fox (1974) geprägten - Termini "high trust" bzw. "low trust" zentrale Indikatoren der Organisationskultur.

Größeres Gewicht hat heute auch die Metapher von der Organisation als *politisches System*. Bisherige Unterströme der Organisationsforschung, für die Namen wie Burns (1961/62) oder Crozier/Friedberg (1979) stehen, vereinigen sich nun mit dem *mainstream* der Organisationstheorie. Betriebliche Organisationen werden als Sozialordnungen ausgemacht, die von Personen, Gruppen und Koalitionen mit unterschiedlichen Interessen und Machtressourcen - teils implizit, teils explizit - ausgehandelt wurden. Der politik- und akteursorientierte Verhandlungsansatz - auch unter Bezeichnungen wie "negotiation of order", "strategische Organisationsanalyse", "Mikropolitik" oder "Arbeitspolitik" in der Literatur geläufig - bietet sich besonders an für die Erforschung der gegenwärtigen Auseinandersetzungen um die Einführung neuer Formen der Arbeitsorganisation und der direkten Partizipation.

Aus jüngeren Untersuchungen wissen wir, daß die skizzierten strukturellen Veränderungen in den Organisationen auf Widerstände und Beharrungsinteressen jener Gruppen stoßen, die dadurch Einbußen an Verantwortlichkeiten und Funktionen befürchten (müssen). Hierzu zählen Gruppen des unteren und mittleren Managements (z.B. die Industriemeister); aber auch

Betriebsräte sehen ihren institutionalisierten Einfluß bedroht. Quer zur alten Dichotomie zwischen Management und Werkstatt entstehen neue Konfliktlinien und rivalisierende Netzwerke. So können Gruppen des unteren Managements mit dem Betriebsrat eine Verhinderungskoalition gegen das obere Management bilden; es können aber auch Managementgruppen sich mit dem Betriebsrat verbünden, um Widerstände von Stäben und unteren Linienmanagern zu überwinden (vgl. Brünnecke et al 1992, S. 22ff.). Betriebsräte können überdies die Rolle von Promotoren bei Einführung von Beteiligungsmodellen übernehmen.[7]

Das betriebliche Sozialgefüge gleichsam als *ausgehandelte* Organisationsstruktur zu begreifen, dürfte angelsächsischen Organisations- und *Industrial Relations*-Forschern wesentlich leichter fallen, da in ihrer Forschungstradition informelle Prozesse - *Custom and Practice, Effort Bargaining* etc. - immer schon eine bedeutsame Rolle spielten (vgl. Edwards 1991), während die stark verrechtlichten Arbeitsbeziehungen in Deutschland für diese Phänomene weniger Raum zu lassen schienen. Nun haben allerdings Untersuchungen über die Sozialverfassung in deutschen Kleinbetrieben Phänomene vergleichbarer Art entdeckt.[8] Auch Dombois (1982) hat, vor allem für die Hafenarbeit, unterhalb der institutionalisierten ein Geflecht informeller Regelungen ausgemacht.

Für ein anderes, zur Zeit noch laufendes Projekt, das - vergleichend für drei Branchen in drei Ländern - die Arbeitnehmerpartizipation bei der Einführung programmgesteuerter Arbeitsmittel zum Thema hat[9] - wurde der "Verhandlungsansatz" aus zwei Gründen für sinnvoll erachtet: zum einen sind technische Prozeßinnovationen Ereignisse mit einem hinreichend ho-

---

7 So ist etwa der Betriebsrat von VW bei der Einführung von VW-Zirkeln - nach anfänglicher Skepsis - initiativ geworden und hat das Unternehmenskonzept über manche Halbheiten hinausgetrieben.

8 Beispielsweise haben Hilbert und Sperling (1990) in einer Untersuchung über die "kleine Fabrik" in der Paderborner Region in den leistungsfähigen Kleinbetrieben mit qualifizierten Arbeitskräften häufig eine projektförmige Arbeitsweise vorgefunden, die, in vielfältige Arbeits- und Sozialkontakte eingebunden, den Arbeitnehmern informelle Beteiligungschancen - sie nennen es "Schattenpartizipation" - eröffnete.

9 Zum theoretischen Ansatz und ersten Ergebnisssen vgl. Müller-Jentsch/Sperling 1993.

hen Aufmerksamkeits-Schwellenwert, um Betroffene und potentielle Akteure zu alarmieren; zum anderen suchen die Unternehmensleitungen ja gerade durch direkte Beteiligung Produktivitätsreserven zu mobilisieren und Technikakzeptanz bei den Beschäftigten zu erzeugen. Wenn von einer qualifizierten und selbstbewußten Arbeitnehmerschaft Motivation, Engagement und Loyalität erwartet wird, kann ihr schwerlich die direkte Mitwirkung an der Gestaltung der Arbeitsorganisation vorenthalten werden.

Resümee und Schlußfolgerungen

Unter dem Aspekt, daß Mitbestimmung und Organisation in ihrer historischen Genese Antworten auf unterschiedliche Erfordernisse und Herausforderungen moderner Wirtschaftsgesellschaften darstellen, war prima facie auch ihrer getrennten wissenschaftlichen Erforschung die Plausibilität nicht abzusprechen. Allerdings stellen heute die hier skizzierten Entwicklungen in beiden Objektbereichen mit ihren konvergierenden Tendenzen die bisherige wissenschaftliche Arbeitsteilung in Frage.

Wenn im Titel dieses Beitrags von einer "diffizilen Synthese" die Rede ist, dann ist damit zunächst gemeint, daß Organisationsforschung und Partizipationsforschung künftig gemeinsame Wege gehen müssen. Die Organisationsforschung kann Kooperation und Partizipation nicht mehr unter der bloßen Residualkategorie der *Informalität* abhandeln, sondern muß sie als konstitutive Strukturmerkmale anerkennen. Die Mitbestimmungsforschung ihrerseits wird gut beraten sein, die Partizipation nicht mehr allein unter dem Aspekt *schutzbedürftiger Arbeitnehmerinteressen* zu betrachten, sondern wird in ihr auch ein Instrument zur Lösung gravierender Organisationsprobleme erkennen müssen.

Als *diffizil* verstehe ich die Synthese vor allem im Hinblick auf die Organisationspraxis. Denn keine Partizipation, die diesen Namen verdient, ist ohne Risiko für die Organisation. In dem Maße, in dem sie ihren Mitgliedern Handlungsspielräume für die Selbststeuerung öffnet, gerät sie in stärkere Abhängigkeit von ihnen. Und wo solche Dependenzverschiebungen durch Unternehmenskultur, also durch kulturelle Steuerung des Managements, kompensiert werden sollen[10], besteht die Gefahr, daß diese auf die symbolische Repräsentation eines produktivistischen Clans oder auf das Wertesystem einer hegemonialen Gruppe beschränkt wird. Der politischen Kultur einer pluralen Zivilgesellschaft kann aber nur eine von allen beteiligten Akteuren geprägte Organisationskultur angemessen sein. Zu ihren Voraussetzungen gehört die Mitbestimmung in unterschiedlichen Formen und auf allen Ebenen. Sie wäre das Medium, in dem sich die ohnehin schon - meist implizit und subterran - vollziehenden Aushandlungsprozesse zu einer demokratischen Streitkultur offen entfalten könnten.

Bei aller Skepsis über die Lernfähigkeit von Organisationen stimmt doch die Beobachtung zuversichtlich, daß die kollektiven Akteure - Unternehmen, Betriebsräte und Gewerkschaften - in ihrer Verunsicherung über die derzeitigen sozialstrukturellen und wirtschaftlichen Turbulenzen zunehmend Organisations- und Partizipationswissen nachfragen und reflexiv auf sich selbst anwenden.

Literatur

Beckenbach, N., 1991: Industriesoziologie, Berlin und New York

Berger, P.L., 1976: Welt der Reichen, Welt der Armen. Politische Ethik und sozialer Wandel, München

Braverman, H., 1974: Labor and Monopoly Capital. The Degradation of Work in the Twentieth Century, New York

Burns, T., 1961/62: Micropolitics: Mechanism of Institutional Change, in: Administrative Science Quarterly, 6. Jg., S. 257-281.

Crozier, M./Friedberg, G., 1979: Macht und Organisation. Die Zwänge kollektiven Handelns, Königstein/Ts.

Dombois, R., 1982: Die betriebliche Normenstruktur. Fallanalysen zur arbeitsrechtlichen und sozialwissenschaftlichen Bedeutung informeller Normen im Industriebetrieb, in: K. Dohse/U. Jürgens/H. Russig (Hg.), Statussicherung im Industriebetrieb. Alternative Regelungsansätze im internationalen Vergleich, Frankfurt/M. und New York, S. 173-204.

Edwards, P.K. 1991: Konflikt und Kooperation. Die Organisation der betrieblichen industriellen Beziehungen, in: W. Müller-Jentsch (Hg.), Konfliktpartnerschaft. Akteure und Institutionen der industriellen Beziehungen, München und Mering, S. 31-62.

10 Vgl. dazu die Beiträge von Krell und Schienstock in diesem Band.

Fox, A., 1974: Beyond Contract: Work, Power and Trust Relations, London

Freese, H., 1922: Die konstitutionelle Fabrik, Jena, 4. Auflage.

Gabriel, K., 1979: Analysen der Organisationsgesellschaft. Ein kritischer Vergleich der Gesellschaftstheorien Max Webers, Niklas Luhmanns und der phänomenologischen Soziologie, Frankfurt/M. und New York

Giddens, A., 1979: Die Klassenstruktur fortgeschrittener Gesellschaften, Frankfurt/M.

Hilbert, J./Sperling H.J., 1990: Die kleine Fabrik, München und Mering

Hirschman, A.O., 1974: Abwanderung und Widerspruch, Tübingen

Jacoby, H., 1969: Die Bürokratisierung der Welt, Neuwied und Berlin

Marshall, T.H., 1992: Bürgerrechte und soziale Klassen. Zur Soziologie des Wohlfahrtsstaates, Frankfurt/M. und New York

Mayntz, R., 1992: Modernisierung und die Logik von interorganisatorischen Netzwerken, in: Journal für Sozialforschung, 33. Jg., S. 19-32

Müller-Jentsch, W., 1991: Technik als Rahmenbedingung und Gestaltungsoption industrieller Beziehungen, in: ders. (Hg.), Konfliktpartnerschaft. Akteure und Institutionen der industriellen Beziehungen, München und Mering, S. 245-273

Müller-Jentsch, W./Sperling, H.J., 1993: New Technology and Employee Involvement in Banking. A comparative view on British, German and Swedish banks (forthcoming).

Neumann, F., 1935: Die Gewerkschaften in der Demokratie und in der Diktatur, in: ders., 1978: Wirtschaft, Staat, Demokratie. Aufsätze 1930-1954, Frankfurt/M.

Parsons, T., 1960: Structure and Process in Modern Societies, Glencoe (USA)

Parsons, T., 1964 (1951): The Social System, Glencoe (USA)

Perrow, C., 1989: Eine Gesellschaft von Organisationen, in: Journal für Sozialforschung, 29. Jg., S. 3-19

Polanyi, K., 1978: The Great Transformation. Politische und ökonomische Ursprünge von Gesellschaften und Wirtschaftssystemen, Frankfurt/M.

Roethlisberger, F.J./Dickson, W.J., 1939: Management and the Worker, Chicago

Scott, W.R., 1986a: Grundlagen der Organisationstheorie, Frankfurt/M. und New York

Scott, W.R., 1986b: The sociology of organizations, in: U. Himmelstrand (Hg), The Social Reproduction of Organization and Culture, London, S. 38-58

Türk, K., 1989: Neuere Entwicklungen in der Organisationsforschung. Ein Trend-Report, Stuttgart

Webb, S. u. B., 1898: Theorie und Praxis der Englischen Gewerkvereine (Industrial Democracy), 2 Bde., Stuttgart

Womack, J.P./Jones, D.T./Roos, D., 1992: Die zweite Revolution in der Autoindustrie, Frankfurt/M. und New York

Wright, E.O., 1985: Classes, London

Autorinnen und Autoren

Ulrike Berger, geb. 1944, Dr., Diplom-Soziologin, zuletzt wissenschaftliche Angestellte an der Universität Mannheim (Lehrstuhl für allgemeine Betriebswirtschaftslehre und Organisation). Arbeitsschwerpunkte: Organisationssoziologie, Industriesoziologie, Wirtschaftssoziologie

Thomas Breisig, geb. 1957, Dr., Diplom-Ökonom, z.Zt. Vertreter eines Lehrstuhls für Betriebswirtschaftslehre, insbesondere Organisation und Personal an der Carl von Ossietzky-Universität in Oldenburg. Arbeitsschwerpunkte: Arbeit und Arbeitsgestaltung, Personalwesen, Organisation, industrielle Beziehungen

Christoph Deutschmann, geb. 1946, Dr. phil, Diplom-Soziologe, Professor am Soziologischen Seminar der Universität Tübingen, Arbeitsschwerpunkte: Arbeits- und Organisationssoziologie

Stephan Fischer, geb. 1966, M.A., wissenschaftlicher Mitarbeiter am Institut für Soziologie der Universität Heidelberg, Doktorand am Institut für Arbeitsrecht und Arbeitsbeziehungen in der Europäischen Gemeinschaft in Trier. Arbeitsschwerpunkt: Industrielle Beziehungen und Personalmanagement

Hartwig Heine, geb. 1937, Dr., Diplom-Soziologe, wissenschaftlicher Mitarbeiter am Soziologischen Forschungsinstitut Göttingen (SOFI). Arbeitsschwerpunkt: Umweltbewußtseinsforschung

Gertraude Krell, geb. 1952, Dr. rer. pol., Diplom-Volkswirtin und Diplom-Kauffrau, Professorin für Betriebswirtschaftslehre mit dem Schwerpunkt "Personal" an der Freien Universität Berlin. Arbeitsschwerpunkte: Betriebliche Gleichstellungspolitik, Bewertung von Frauenarbeit, vergemeinschaftende Personalpolitik, Unternehmenskultur, Aufwärtsbeurteilungen in Organisationen

Rüdiger Mautz, geb. 1954, Diplom-Sozialwirt, wissenschaftlicher Mitarbeiter am Soziologischen Forschungsinstitut Göttingen (SOFI). Arbeitsschwerpunkt: Umweltbewußtseinsforschung

Walther Müller-Jentsch, geb. 1935, Dr. rer. pol., Diplom-Soziologe, Professor für Soziologie an der Ruhr-Universität Bochum. Arbeitsschwerpunkte: Industrielle Beziehungen, Mitbestimmung und Organisation

Margit Osterloh, Dr. rer. pol. habil., Dipl.Ing., Professorin für Betriebswirtschaftslehre, insb. Organisationslehre an der Universität Zürich, Arbeitsschwerpunkte: Organisationstheorie, Unternehmensethik, Innovations- und Technologiemanagement, Frauen in der Unternehmung

Hans-Gerd Ridder, geb. 1951, Dr. rer pol., Diplom-Ökonom, Professor für Allgemeine Betriebswirtschaftslehre, insbes. Personal und Arbeit an der Universität Hannover. Arbeitsschwerpunkte: Personalwirtschaft, Organisationstheorie, Mitbestimmung

Gerd Schienstock, geb. 1943, Privatdozent, Dr., Diplom-Soziologe, wissenschaftlicher Mitarbeiter an der Akademie für Technikfolgenabschätzung, Stuttgart. Arbeitsschwerpunkte: Technik und Arbeitsorganisation, industrielle Beziehungen, Technologiepolitik und Technikfolgenabschätzung

Claudia Weber, geb. 1947, Dr. phil., Diplom-Soziologin, z.Zt. wissenschaftliche Mitarbeiterin im Projektverbund "Beziehungen zwischen Bildungs- und Beschäftigungssystem in Japan in vergleichender Perspektive" (VW-Stiftung/Fernuniversität Hagen). Arbeitsschwerpunkte: Organisationssoziologie, Geschlechterforschung, sozialwissenschaftliche Japanforschung

Hansjörg Weitbrecht, geb. 1938, Dr., Diplom-Soziologe, Leiter Hauptabteilung Personal Diagnostica, Boehringer Mannheim GmbH, Mannheim. Arbeitsschwerpunkte: Industrielle Beziehungen und Personalwesen

Weitere Bände der Schriftenreihe industrielle Beziehungen

Walther Müller-Jentsch (Hg.)

Konfliktpartnerschaft. Akteure und Institutionen der industriellen Beziehungen

Schriftenreihe industrielle Beziehungen, hrsg. von Walther Müller-Jentsch, Bd. 1

ISBN 3-87988-046-8, Rainer Hampp Verlag, 2. erw. Aufl./Studienausg., München u. Mering 1993, 334 S., DM 29.80

Der Band Konfliktpartnerschaft dokumentiert den Erkenntnis- und Forschungsstand über einen Gegenstand, der im deutschsprachigen Raum bisher noch nicht jene systematische und interdisziplinäre Beachtung gefunden hat, die er in den angelsächsischen Ländern durch eine eigenständige wissenschaftliche Disziplin - Industrial Relations - findet. Gemeint sind die wirtschaftlichen Austauschverhältnisse und sozialen Konfliktbeziehungen zwischen Kapital und Arbeit und die daraus hervorgehenden Normen, Verträge, Institutionen und Organisationen. Anstelle des geläufigeren, aber die Kapital-Arbeit-Beziehungen bagatellisierenden Begriffs der Sozialpartnerschaft wird dem der Konfliktpartnerschaft bewußt der Vorzug gegeben.

Die in diesem Band versammelten Essays haben zum Kompositionsprinzip die sachkundige Abhandlung eines spezifischen Ausschnitts der Industriellen Beziehungen anhand eines komplementären oder polaren Paarbegriffs, der zu Brechungen und wechselseitigen Spiegelungen einlud.

Josef Hilbert, Hans Joachim Sperling

Die kleine Fabrik. Beschäftigung, Technik und Arbeitsbeziehungen

Schriftenreihe Industrielle Beziehungen, Bd. 2, hrsg. von Walther Müller-Jentsch
ISBN 3-87988-057-3, Rainer Hampp Verlag, 2. Aufl., München u. Mering 1993, 207 S., DM 36.80

Klein- und Mittelbetriebe sind zu Hoffnungsträgern für die wirtschaftliche und soziale Entwicklung geworden. Die (Wunsch-)Vorstellung der markterfolgreichen, technisch und arbeitsorganisatorisch innovativen und sozial flexiblen kleinen Fabrik findet in Wissenschaft und Politik prominente Fürsprecher.

Entspricht dieses Bild der Wirklichkeit?

Die kleine Fabrik geht dieser Frage empirisch nach. In einem an der Universität Paderborn durchgeführten Forschungsprojekt wurden 225 Unternehmen schriftlich befragt, in 28 Unternehmen in vier Branchen führten die Autoren ausführliche Betriebsrecherchen durch.

Die Studie vermittelt einen empirisch gehaltvollen Beitrag zur aktuellen Debatte über soziale, ökonomische und technische Perspektiven von Klein- und Mittelbetrieben, wie sie derzeit in der Betriebs- und Personalwirtschaft und den Wirtschafts- und Sozialwissenschaften geführt wird.

Joachim Bergmann

Rationalisierungsdynamik und Betriebsgemeinschaft. Die Rolle der japanischen Betriebsgewerkschaften

Schriftenreihe industrielle Beziehungen, hrsg. von Walther Müller-Jentsch, Bd. 3
ISBN 3-87988-002-6, Rainer Hampp Verlag, München u. Mering 1990, 107 S., DM 26.80

Das Buch handelt von den Industriellen Beziehungen in Japan. Beschrieben wird, wie die japanischen Gewerkschaften den Konjunkturumbruch Mitte der siebziger Jahre und den nachfolgenden Rationalisierungsschub problemlos bewältigten. Gefragt wird nach den Gründen der widerstandslosen Anpassung an die geänderten ökonomischen Erfordernisse. Vom Management gezielt eingesetzte Strategien zur Sozialintegration und "Vergemeinschaftung" des Kollektivs der gewerkschaftlich organisierten Stammbelegschaften waren dafür entscheidend. Dabei waren auch spezifisch japanische, kulturelle Traditionen im Spiel, wichtiger jedoch war, wie sie genutzt wurden.

Die Untersuchung bestätigt die These, daß die Industriellen Beziehungen Japans dem westlichen Modell sich nicht annähern, sondern sich eher von ihm entfernen und einem eigenen Entwicklungspfad folgen. Die hierzulande gelegentlich geäußerten Erwartungen, die japanischen Verhältnisse würden sich denen in Westeuropa angleichen, dürften so rasch nicht eingelöst werden.

Ralf Greifenstein, Peter Jansen, Leo Kißler

Gemanagte Partizipation. Qualitätszirkel in der deutschen und der französischen Automobilindustrie

Schriftenreihe Industrielle Beziehungen, Bd. 4, hrsg. von Walther Müller-Jentsch
ISBN 3-87988-061-1, Rainer Hampp Verlag, München u. Mering 1993, 364 S., DM 52.80

In den 80er Jahren beherrschten Protagonisten der Qualitätszirkel die Szene. Auf das aus Japan importierte Konzept richteten sich die unterschiedlichsten Erwartungen und Befürchtungen. Management, Arbeitnehmer und Gewerkschaften sahen in diesem Ansatz wahlweise ein Rationalisierungsinstrument, ein Mittel der Personalführung, den Einstieg zur Mitbestimmung am Arbeitsplatz oder die stillschweigende Aushebelung der innerbetrieblichen Interessenvertretung.

Die Praxis zeigt, daß Qualitätszirkel zwar neue Spielräume eröffnen, aber sie verändern die Routine der Fabrikarbeit nicht, bauen die bestehende Arbeitsteilung oder vorherrschende hierarchische Strukturen nicht ab. Weil sie vorhandene Strukturen nicht ersetzen, sondern nur ergänzen, bleiben weiterreichende Ambitionen auf der Strecke. Die beobachtete Adaption eines Prinzips an wirtschaftliche Zwänge und nationale Gegebenheiten sollte all denen als Warnung dienen, die sich von heute gängigen Konzepten (lean production, Gruppenarbeit) kurzfristige Erfolge versprechen. Darüber hinaus macht der grenzüberschreitende Vergleich deutlich, daß Hoffnungen auf *universell* anwendbare Managementansätze dahin verbannt werden müssen, wo sie hingehören: ins Land der Träume.

Reinhard Bahnmüller, Reinhard Bispinck, Werner Schmidt

Betriebliche Weiterbildung und Tarifvertrag. Eine Studie über Probleme qualitativer Tarifpolitik in der Metallindustrie

Schriftenreihe Industrielle Beziehungen, Bd. 6, hrsg. von Walther Müller-Jentsch
ISBN 3-87988-066-2, Rainer Hampp Verlag, München u. Mering 1993, 300 S., DM 46.80

Nach Jahren bildungspolitischer Zurückhaltung rückte im Laufe der 80er Jahre die berufliche Weiterbildung wieder ins Zentrum gesellschaftspolitischer Diskussion. Ihr wurde eine Schlüsselrolle bei der Bewältigung des technisch-organisatorischen Wandels in den Betrieben zugesprochen. Tarifpolitisch sind Fragen betrieblicher Qualifizierung und Weiterbildung ein bisher noch recht junges, aber als zukunftträchtig angesehenes Themengebiet qualitativer Tarifpolitik.

Die vorliegende Studie beschäftigt sich mit der Umsetzung der Qualifizierungsbestimmungen des Lohn- und Gehaltsrahmentarifvertrags I für Baden-Württemberg von 1988, in dem erstmals in einem großen Flächentarifgebiet detaillierte Qualifizierungsregelungen vereinbart wurden. Darüber hinaus wird eine Bestandsaufnahme betrieblicher Personalplanung und Weiterbildungspraxis für die Metallindustrie Baden-Württembergs vorgenommen. Die Untersuchung basiert auf einer flächendeckenden Umfrage bei Personalmanagern und Betriebsräten sowie auf ausführlichen Fallstudien in ausgewählten Betrieben der Metallindustrie.

Industrielle Beziehungen

Zeitschrift für Arbeit, Organisation und Management

ISSN 0934-2779, erscheint jeweils zur Quartalsmitte im Rainer Hampp Verlag

Industrielle Beziehungen - ein aus dem Angelsächsischen übernommener Fachterminus - sind jene Netzwerke, Institutionen und Systeme, in die die verschiedenen Akteure der Arbeitswelt eingebunden sind und mit denen sie ihre wirtschaftlichen Austauschverhältnisse und sozialen Konfliktbeziehungen faktisch gestalten und normativ regeln. Es reicht heute nicht mehr aus, diese Akteure mit dem traditionellen dichotomischen Modell von Kapital und Arbeit zu beschreiben; ihre mannigfache Ausdifferenzierung in Rollen, Koalitionen und Organisationen sowie ihre zunehmende Interdependenz machen komplexere Analysekonzepte erforderlich.

In angelsächsischen Ländern konnten sich *Industrial Relations* schon früh als eigenständiges Wissenschafts- und Praxisgebiet etablieren. Im deutschen Sprachraum fand dieses Feld nur bei einem kleinen Kreis von Fachleuten aus unterschiedlichen Disziplinen Aufmerksamkeit, obwohl die deutsche institutionelle Lösung des industriellen Konflikts wegen seines Erfolgs in vielen Ländern mit großem Interesse studiert wurde.

In jüngster Zeit werden den industriellen Beziehungen auch in Deutschland größere Aufmerksamkeit gewidmet. Es sind vor allem die organisatorischen und technischen Umwälzungen in der Arbeitswelt und die politischen Veränderungen in Europa, die Wissenschaftler und Praktiker vor neue Herausforderungen stellen. Die europäische Einigung provoziert den Vergleich der historisch herausgebildeten nationalen Systeme industrieller Beziehungen und wirft die Frage auf nach ihrer Leistungsfähigkeit für die Konflikt- und Problemverarbeitung in einer dynamischen, vom globalen Wettbewerb bestimmten Wirtschaft. Industrielle Beziehungen werden nunmehr auch als zentrale Aufgabe des Managements gesehen. Der Untertitel - *Arbeit, Organisation und Management* - trägt diesen Veränderungen Rechnung.

Die neue Zeitschrift will den genannten Wandel zum Thema machen und bietet allen an den industriellen Beziehungen Interessierten ein aktuelles Forum der Analyse und Diskussion.

Industrielle Beziehungen erscheint 4x im Jahr jeweils zur Quartalsmitte. Der jährliche Abonnementpreis beträgt DM 78.- inkl. MWSt; Studenten-Abonnements sind ermäßigt und kosten gegen Vorlage der Immatrikulationsbescheinigung DM 39.- inkl. MWSt. Die Versandkosten betragen DM 6.-. Kündigungsmöglichkeit: 6 Wochen vor Jahresende.

Jahrgang 1 (1994) umfaßt inkl. dem 1. Heft in 4/93 5 Hefte. Subskriptionspreis DM 78.-.